**プリント形式のリアル過去問で本番の臨場感！**

三重県

# 三重大学教育学部附属中学校

**2025年春受験用**

# 解答集

本書は，実物をなるべくそのままに，プリント形式で年度ごとに収録しています。
問題用紙を教科別に分けて使うことができるので，本番さながらの演習ができます。

## ■ 収録内容

・解答集（この冊子です）

書籍ＩＤ番号，この問題集の使い方，最新年度実物データ，リアル過去問の活用，
解答例と解説，ご使用にあたってのお願い・ご注意，お問い合わせ

・2024（令和６）年度 ～ 2020（令和２）年度　学力検査問

| ○は収録あり | 年度 | '24 | '23 | '22 | '21 | '20 |
|---|---|---|---|---|---|---|
| ■ 問題収録 | | ○ | ○ | ○ | ○ | ○ |
| ■ 解答用紙 | | ○ | ○ | ○ | ○ | ○ |
| ■ 配点 | | | | | | |

全教科に解説があります

注）国語問題文非掲載:2023年度の1，2022年度の2

**問題文の非掲載につきまして**

著作権上の都合により，本書に収録している過去入試問題の本文の一部を掲載しておりません。ご不便をおかけし，誠に申し訳ございません。

本文の一部を掲載できなかったことによる国語の演習不足を補うため，論説文および小説文の演習問題のダウンロード付録があります。弊社ウェブサイトから書籍ＩＤ番号を入力してご利用ください。

なお，問題の量，形式，難易度などの傾向が，実際の入試問題と一致しない場合があります。

## ■ 書籍ＩＤ番号

入試に役立つダウンロード付録や学校情報などを随時更新して掲載しています。
教英出版ウェブサイトの「ご購入者様のページ」画面で，書籍ＩＤ番号を入力してご利用ください。

（有効期限：2025年9月30日まで）

**【入試に役立つダウンロード付録】**
「要点のまとめ(国語／算数)」
「課題作文演習」ほか

## ■ この問題集の使い方

年度ごとにプリント形式で収録しています。針を外して教科ごとに分けて使用します。①片側，②中央のどちらかでとじてありますので，下図を参考に，問題用紙と解答用紙に分けて準備をしましょう（解答用紙がない場合もあります）。

針を外すときは，けがをしないように十分注意してください。また，針を外すと紛失しやすくなりますので気をつけましょう。

① 片側でとじてあるもの

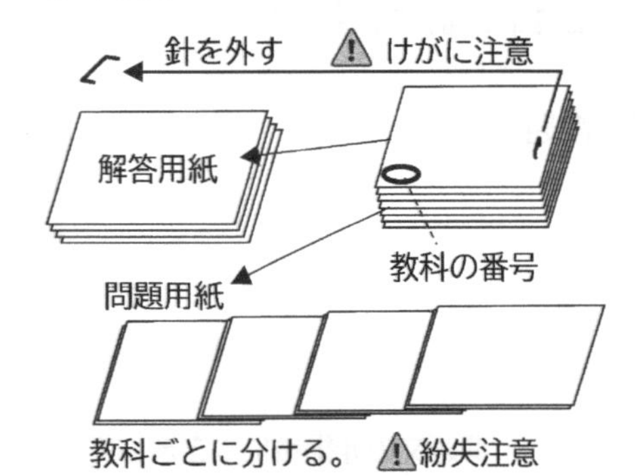


② 中央でとじてあるもの

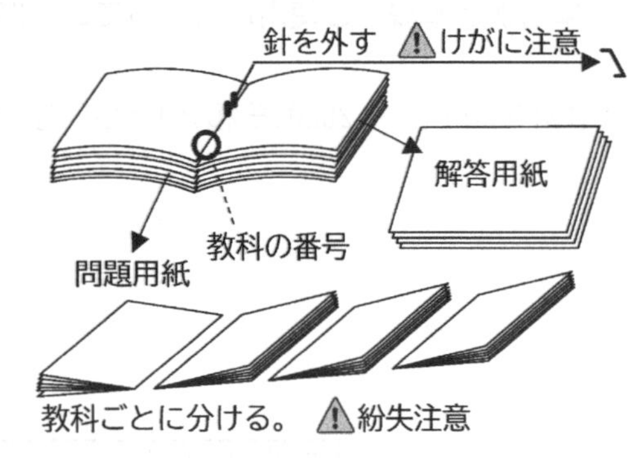


※教科数が上図と異なる場合があります。
解答用紙がない場合や，問題と一体になっている場合があります。
教科の番号は，教科ごとに分けるときの参考にしてください。

## ■ 最新年度 実物データ

実物をなるべくそのままに編集していますが，収録の都合上，実際の試験問題とは異なる場合があります。実物のサイズ，様式は右表で確認してください。

| | |
|---|---|
| 問題用紙 | Ａ４冊子(二つ折り)<br>国語別紙：Ｂ４片面プリント |
| 解答用紙 | Ａ３片面プリント |

# リアル過去問の活用

～リアル過去問なら入試本番で力を発揮することができる～

## 本番を体験しよう！

問題用紙の形式（縦向き / 横向き），問題の配置や余白など，実物に近い紙面構成なので本番の臨場感が味わえます。まずはパラパラとめくって眺めてみてください。「これが志望校の入試問題なんだ！」と思えば入試に向けて気持ちが高まることでしょう。

## 入試を知ろう！

同じ教科の過去数年分の問題紙面を並べて，見比べてみましょう。

**① 問題の量**

毎年同じ大問数か，年によって違うのか，また全体の問題量はどのくらいか知っておきましょう。どのくらいのスピードで解けば時間内に終わるのか，大問ひとつにかけられる時間を計算してみましょう。

**② 出題分野**

よく出題されている分野とそうでない分野を見つけましょう。同じような問題が過去にも出題されていることに気がつくはずです。

**③ 出題順序**

得意な分野が毎年同じ大問番号で出題されていると分かれば，本番で取りこぼさないように先回りして解答することができるでしょう。

**④ 解答方法**

記述式か選択式か（マークシートか），見ておきましょう。記述式なら，単位まで書く必要があるかどうか，文字数はどのくらいかなど，細かいところまでチェックしておきましょう。計算過程を書く必要があるかどうかも重要です。

**⑤ 問題の難易度**

必ず正解したい基本問題，条件や指示の読み間違いといったケアレスミスに気をつけたい問題，後回しにしたほうがいい問題などをチェックしておきましょう。

## 問題を解こう！

志望校の入試傾向をつかんだら，問題を何度も解いていきましょう。ほかにも問題文の独特な言いまわしや，その学校独自の答え方を発見できることもあるでしょう。オリンピックや環境問題など，話題になった出来事を毎年出題する学校だと分かれば，日頃のニュースの見かたも変わってきます。

こうして志望校の入試傾向を知り対策を立てることこそが，過去問を解く最大の理由なのです。

## 実力を知ろう！

過去問を解くにあたって，得点はそれほど重要ではありません。大切なのは，志望校の過去問演習を通して，苦手な教科，苦手な分野を知ることです。苦手な教科，分野が分かったら，教科書や参考書に戻って重点的に学習する時間をつくりましょう。今の自分の実力を知れば，入試本番までの勉強の道すじが見えてきます。

## 試験に慣れよう！

入試では時間配分も重要です。本番で時間が足りなくなってあわてないように，リアル過去問で実戦演習をして，時間配分や出題パターンに慣れておきましょう。教科ごとに気持ちを切り替える練習もしておきましょう。

## 心を整えよう！

入試は誰でも緊張するものです。入試前日になったら，演習をやり尽くしたリアル過去問の表紙を眺めてみましょう。問題の内容を見る必要はもうありません。どんな形式だったかな？受験番号や氏名はどこに書くのかな？…ほんの少し見ておくだけでも，志望校の入試に向けて心の準備が整うことでしょう。

そして入試本番では，見慣れた問題紙面が緊張した心を落ち着かせてくれるはずです。

※まれに入試形式を変更する学校もありますが，条件はほかの受験生も同じです。心を整えてあせらずに問題に取りかかりましょう。

# 三重大学教育学部附属中学校

## 《国　語》

**1** (1)①届　②準備　(2)A．オ　B．イ

**2** (1)イ　(2)昼からのむしゃくしゃ　(3)ウ　(4)ア　(5)跳ねあがって回ったり、壁に体をくっつけたり、まるで風車のようにゴーシュのまわりを回ったりする行動。　(6)(a)トロイメライ　(b)ア　(c)ウ　(d)エ

**3**

　日本の多くの小学校における学校行事には、「修学旅行」というものがある。私の学校は、中国・九州地方に行くが、「東京方面に行きたい」という声もあったようだ。
　私はというと、みんなで行った修学旅行は、とても楽しく、良い思い出になりました。

## 《算　数》

**1** (1)20　(2)$\frac{1}{12}$　(3)100　(4)2：3　(5)130　(6)10　(7)24.56　(8)ア，イ，エ

**2** (1)㋐21　㋑36　※(2)64

**3** (1)10　(2)50　(3)㋒5　㋓30　(4)㋔10　説明…円周率を3とすると，半径5㎝の円の円周の長さは $10\times3=30$(㎝)となり，6つの頂点が円周に接する正六角形の周りの長さと等しくなる。実際の円周の長さは正六角形の周りの長さより長いので，円周率は3より大きい。

※の求め方は解説を参照してください。

# 三重大学教育学部附属中学校

## 《2024　国語　解説》

2 (1)　「ホーシュ君か」と思ったが「大きな三毛猫」だったというつながり。よって、イの「ところが」が適する。

(2)　――線①の４行前の「ゴーシュは昼からのむしゃくしゃを、いっぺんに怒鳴りつけました」より。

(3)　ゴーシュは「では弾くよ」と言って、「まるで嵐のような勢いで、『インドのトラ狩り』という譜を弾き始めました」とある。それによって猫は、「いきなりパチパチパチッと眼をした～ぱっと扉の方へ飛びのきました。そしていきなりドンと扉へ体をぶっつけました～一生一代の失敗をしたという風に慌てだして、眼や額から～火花を出しました～口のヒゲからも鼻からも～はせ歩き出しました」という様子になった。よって、ウが適する。

(4)　『インドのトラ狩り』を聞いた猫が「ぱっと扉の方へ飛びのきました。そしていきなりドンと扉へ体をぶっつけましたが、扉は開きませんでした～こうしてはいられないぞというように、はせ歩き出しました」とあることから、アのような理由が読みとれる。

(5)　――線④の直後の２行に「猫は～跳ねあがって回ったり、壁に体をくっつけたりしました～しまいには～まるで風車のように～ゴーシュのまわりを回りました」と書かれている。この部分を、どのような「行動を起こした」かという点にしぼってまとめる。

(6)(a)　猫がゴーシュに弾いてほしいとたのんだ曲の名前が入る。猫は、――線①の直後で「シューマンのトロイメライを弾いてごらんなさい」と言い、――線③の３行後でも「トロイメライ、ロマンチックシューマン作曲」と言っている。　(b)　――線ⅱの「自分」は、ゴーシュのこと。猫がゴーシュの畑からとってきたものなので、アの「トマト」。　(c)　ゴーシュは猫に「誰が貴様に、トマトなど持ってこいと言った？～俺の畑のやつだ。何だ。赤くもならないやつをむしって」と怒り、猫の「聴いてあげます」という上から目線の言い方に、「生意気なことを言うな、猫のくせに」と腹を立てている。よって、ウが適する。　(d)　［　ⅳ　］の直後で、「だって『トラ』はネコ科の生き物だから、その音楽は猫を狩るような印象を与えるものだったんじゃないか」と理由を考察している。つまり猫は、狩られると思って怖がったということ。よって、エが適する。

3　書き出しと段落の書き始めは１マスあける。句読点やかぎかっこも１マスずつ使うが、句読点やとじかっこが行のはじめにきてしまう場合は、前の行の最後のマスに入れる。

## 《2024　算数　解説》

1 (1)　与式＝10＋10＝**20**　(2)　与式＝$\frac{9}{12}-\frac{8}{12}=\frac{1}{12}$

(3)　**【解き方】（往復の平均速度）＝（往復で移動した道のり）÷（往復するのにかかった時間）で求める。**

家から駅まで歩いた時間は 1500÷75＝20（分間），駅から家まで走った時間は 1500÷150＝10（分間）だから，往復の平均速度は，（1500×２）÷（20＋10）＝100 より，分速 **100**mである。

なお，往復の平均速度を，（75＋150）÷２＝112.5 より，分速 112.5mとするのは間違いである。

(4)　加藤さんの歩く速さは時速 5.4 km＝秒速（5.4×1000÷60÷60）m＝秒速 1.5mである。よって，鈴木さんと加藤さんの歩く速さの比は，１：1.5＝**２**：**３**である。

(5)　**【解き方】下げるおもりの重さと，のびるばねの長さは比例している。**

20ｇのおもりを下げると，ばねは 25－15＝10（cm）伸び，40ｇのおもりを下げると，ばねは 35－15＝20（cm）伸びる。よって，おもりの重さ１ｇに対してばねは（20－10）÷（40－20）＝0.5（cm）だけ伸びるから，ばねの長さが 80 cmになるとき，つまりばねの伸びが 80－15＝65(cm)になるとき，おもりの重さは 65÷0.5＝**130**(g)である。

(6)　**【解き方】樹形図をかいて考える。**

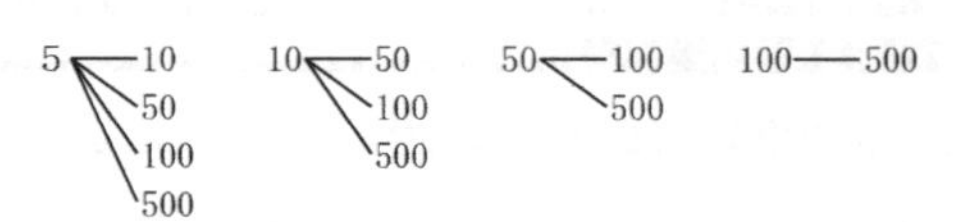


どの２枚の硬貨(こうか)を選んでも，合計金額が等しくなることはないので，２枚の合計金額は右の樹形図より **10** 通りある。

(7)　㋐は半径６cm，中心角 120° のおうぎ形の周の長さと等しいので，$6\times2\times3.14\times\frac{120°}{360°}+6\times2=$ **24.56**(cm)

(8)　ア．トルコの排出(はいしゅつ)量の 20 倍は 3.7×20＝74(億トン)だから，適する。

イ．ブラジルの排出量の 10 倍は 3.9×10＝39(億トン)だから，適する。

ウ．ドイツの排出量の２倍は 5.9×２＝11.8(億トン)だから，適さない。

エ．３位のインドと４位のロシアの排出量の差は 20.7－15.6＝5.1(億トン)で，８位のカナダの排出量と等しいので，適する。　　以上より，適するものは**ア**，**イ**，**エ**である。

**2**　(1)　㋐は 17 より４大きい数字だから，㋐＝17＋４＝**21** である。

㋑は３周目の一番大きな数である。３周目は正方形の１辺に４＋２＝６(個)の数が並ぶので，左上の㋐から右上の数，右上の数から右下の数，右下の数から左下の㋑までは，それぞれ６－１＝５ずつ大きくなっていく。よって，㋑＝21＋５×３＝**36** である。

(2)　一番大きな数は左下の数であり，１周目は４＝２×２，２周目は 16＝４×４，３周目は 36＝６×６となっている。これらの数はその周の縦，横に並ぶ数の個数をそれぞれ１辺の長さとした正方形の面積に等しい。１周増えるごとに縦，横に並ぶ数の個数は２個ずつ増え，４周目では６＋２＝８(個)並ぶから，４周目の一番大きな数は８×８＝**64** である。

**3**　(1)　正方形の対角線の長さは円の直径と等しいから，５×２＝**10**(cm)である。

(2)　**【解き方】ひし形(正方形)の面積は，(対角線の長さ)×(対角線の長さ)÷２で求められる。**

正方形の面積は，10×10÷２＝**50**(cm²)である。

(3)　正六角形は３本の対角線によって，６個の正三角形に分けられる。この対角線の長さは円の直径に等しいから，正六角形の１辺の長さは円の半径に等しく**５**cmであり，正六角形の周りの長さは５×６＝**30**(cm)となる。

(4)　円の直径は５×２＝**10**(cm)である。図を見ると明らかに正六角形の周りの長さより，円周の長さの方が大きいが，円周率を３としたときの円周は正六角形の周りの長さと等しくなり，つじつまが合わなくなる。

# 2023 解答例 令和５年度　三重大学教育学部附属中学校

## 《国　語》

1　(1)ⅰ．エ　ⅱ．ウ　(2)特別　(3)A．イ　B．エ　(4)エ　(5)ア　(6)本を読んでいてはっとする部分
(7)ⅰ．①きみ　②あんた　ⅱ．ア，エ　ⅲ．③他の人が訳した　④同じような表現をしている

## 《社　会》

1　(1)エ　(2)イ　(3)ⅰ．A．15 歳～64 歳の働く世代の人口が減っているね　B．外国人の人口は急激に増えているね　ⅱ．ウ

2　(1)エ　(2)命をかけて戦ったのに，十分な恩賞をいただけておりません　(3)ウ，カ　(4)ア

## 《算　数》

1　(1)９　(2)0.5　(3)A．ア　B．エ　(4)イ　(5)ウ

2　(1)日本　(2)35.9　(3)710.4　(4)143.6

3　(1)右図　(2)角ＡＯＥ，角ＢＯＡ，角ＣＯＢ，角ＤＯＣ，角ＥＯＤの角度の和。
〔別解〕点Ｏのまわりの角度の和。
(3)角ＦＡＥ，角ＦＢＣ，角ＧＣＢ，角ＧＤＥの角度の和。
〔別解〕点Ａ，Ｂ，Ｃ，Ｄそれぞれのまわりの角度のうち，三角形ＥＦＧの内側の角度の和。

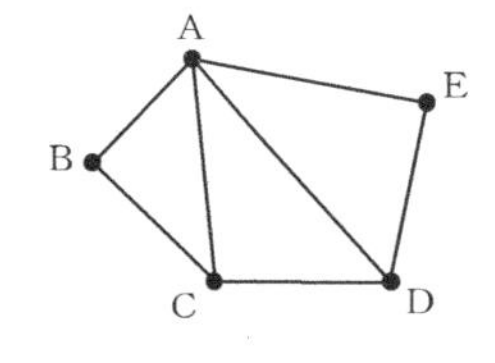


## 《理　科》

1　(1)関節　(2)イ

2　(1)ウ　(2)カ

3　(1)かげは太陽と反対の方向にできるから　(2)ア

4　(1)エ　(2)中村さんのブランコのひもの長さが鈴木さんのブランコのひもの長さよりも短かったから。

## 《2023 国語 解説》

1 (1)ⅱ アは「海」、イは「注」、エは「清」となり、どの漢字も部首はさんずいである。よって、ウが正解。

(3)A [A]の直前に「思考は深まらないかもしれません」とあり、直後に「王子さまが～深まりはじめます」とある。[A]の前後が反対の内容になっているので、イの「しかし」が入る。 B [B]の直後に「メモしておくことをおすすめします」とあり、その理由が[B]の直前に書かれている。よって、エの「だから」が入る。

(4) 直前の一文に「狐(きつね)の言う『仲良くなる』とは、絆(きずな)を深め、他のものとは違(ちが)う存在になること」とある。また、狐は王子さまに「あんたのバラをかけがえのないものにしたものは、費やした時間だ」と言った。つまり、王子さまにとって「あのバラ」は、時間を費やして絆を深め、他のものとは違う存在になっているという点で、「世界に一つだけしかない」特別なバラなのである。よって、エが適する。

(5) 少し前に「読解だけでなく、もう一歩自分に引きつけて考えてみましょう」「自分にとっての狐は」と考えていくなどとある。これらは、文章の内容を自分の生活と結びつけて考えるということである。そうすることで、自分の生活と物語がつながって「『深み』が見えてくる」、つまり、さらに深い読みができるのである。よって、アが適する。

(6) ２～３行前に「どこではっとしたか、なぜはっとしたのか忘れてしまう」とある。筆者は、そうした部分を忘れないように「メモしておく」ことをすすめているので、「本を読んでいてはっとする部分」をメモしておけばよい。

(7) 著作権上の都合により文章を掲載(けいさい)しておりませんので、解説も掲載しておりません。ご不便をおかけし、誠に申し訳ございません。

## 《2023 社会 解説》

1 (1) 郵便局(〒)の北東には記念碑(ひ)(記念碑の地図記号)があるので，エが正しい。 ア．荒地(荒地の地図記号)ではなく，田(田の地図記号)の誤り。 イ．工場(工場の地図記号)ではなく，発電所または変電所(発電所の地図記号)の誤り。 ウ．神社(⛩)は３つではなく，２つの誤り。

(2) Ｂの断面図は，等高線をみると左側が標高 440m程度で，真ん中より少し左あたりに 437mの地点があるので，イだと判断する。 ア．左側の標高が 450mより高くなっているので，Ａの断面図である。 ウ．左側の標高が 380m，右側に 310m程度の丘があるので，Ｄの断面図である。 エ．左側の標高が 350m程度で，右にいくにつれてゆるやかに下っているので，Ｃの断面図である。

(3)ｉ．Ａ．直後の会話に「だから総人口の減少につながっている」とあるので，2000 年から 2020 年にかけて，特に人口が減少している世代を読み取ると，15～64 歳であるとわかる。この世代は働く世代である。Ｂ．直後の会話に「今後，外国人の果たす役割が大きくなってくるね」とあることから，2020年付近の外国人の人口のグラフに注目するとよい。2015 年から 2020 年にかけて外国人の人口は急激に増えている。

2 (1)奈良時代，日本は中国に遣唐使を送り，唐の進んだ制度や文化を学んでいた。当時の唐には，シルクロードを通って西アジアから様々な宝物が渡っていた。この宝物の一部は，遣唐使によって日本に持ちこまれ，東大寺の正倉院に納められた。

(2)鎌倉時代，幕府(将軍)と御家人(武士)は資料６のような関係で結ばれていたので，竹崎季長は相手が元であっても命をかけて戦った。しかし，会話中に「相手が元で何も得られていないのだ」とあるように，元寇は防衛戦であったため，幕府は恩賞としての土地を御家人に与えることができなかった。場面２は竹崎季長が恩賞をもらうために，幕府の役人に訴えている様子である。

(3)江戸幕府はヨーロッパの植民地になることや，キリシタンが幕府の支配に抵抗することを恐れ，キリスト教を禁止した。幕府はキリスト教を布教しなかったオランダとのみ，長崎の出島に設けられたオランダ商館で貿易を行った。会話中にあるように，出島への人の出入りは厳しく監視されていた。よって，ウとカが正しい。

(4)イ．内閣と国会の役割が逆になっているので誤り。　ウ．非核三原則は，佐藤栄作首相が打ち出した方針であり，憲法には記されていないので誤り。　エ．憲法第 25 条の生存権に関する内容である。平和主義ではなく，基本的人権の尊重をもとにしているので，誤り。

## 《2023　算数　解説》

**1** (1)　与式＝３×３＝９

(2)　５ｍのひもを 10 等分すればよいのだから，５÷10＝0.5(ｍ)

(3)　図のＡでは，②，③の手順で正三角形の１辺の長さをコンパスではかり，３つの辺の長さが同じになるように作図している。図のＢでは，①の手順で引いた辺の両端から，点線部分の角度(60°)を分度器ではかり，２つの角が等しくなるように作図している。三角形の２つの角が 60° だと，残り１つの角も，180－60×２＝60 より，60° となる。これは，正三角形の３つの角がすべて 60° である性質を利用している。

(4)　アルコールを濃くしたり，薄くしたりしているわけではないので，アルコールの割合は変わらない。

(5)　身近な速さの知識や感覚を問う問題である。秒速 10m＝分速(10×60)ｍ＝分速 600m＝時速$\frac{600\times60}{1000}$㎞＝時速 36 ㎞である。　ア．床面から天井まではおよそ３ｍなので，秒速 10mのエスカレーターがあるとすると，１秒で３階分くらい移動することになる。明らかに不自然なので，適さない。　イ．自動車が高速道路を走行する速さはおよそ時速 100 ㎞なので，適さない。　ウ．100mの世界記録はおよそ 10 秒(正確には９秒 58)であり，秒速$\frac{100}{10}$ｍ＝秒速 10mだから，適切である。　エ．新幹線の最高速度はおよそ時速 300 ㎞なので，適さない。

**2** (1)　各国のハンバーガー１個の値段をアメリカドルで比べると，日本の 2.8 ドルが最も安い。

(2)　**【解き方】韓国とタイでは，アメリカドルにしたときのハンバーガーの値段が同じ 3.5 ドルなので，128 バーツ＝4600 ウォンである。**

１バーツは，4600÷128＝35.93…より，35.9 ウォンとなる。

(3)　**【解き方】アメリカドルで比べると，アメリカのハンバーガーは日本の$\frac{5.1}{2.8}$倍である。**

アメリカのハンバーガーの値段を日本円に直すと，$390\times\frac{5.1}{2.8}$＝710.35…より，710.4 円となる。

(4)　**【解き方】円とフランそれぞれで，１ドルあたりの金額を求めてから比べる。**

円は，１ドルあたり$\frac{390}{2.8}$円＝$\frac{975}{7}$円，フランは，１ドルあたり$\frac{6.5}{6.7}$フラン＝$\frac{65}{67}$フランである。

したがって，$\frac{65}{67}$フラン＝$\frac{975}{7}$円だから，１フランは，$\frac{975}{7}\div\frac{65}{67}=\frac{1005}{7}$＝143.57…より，143.6 円となる。

**3** (1)　「180×３」は，三角形３個分の内角の和を表すから，補助線を２本引き，３つの三角形に分ければよい。

(2)　「180×５－360」は，【鈴木さんの図】の五角形の内側にある５つの三角形の内角の和から，点Ｏに集まった５つの角度の和を引いた式である。

(3)　「180＋180×４－180×２」は，三角形ＥＦＧの内角の和と，右図の記号をつけた４つの角度の和(180×４)から，三角形ＡＦＢと三角形ＤＣＧの内角の和(180×２)を引いた式である。

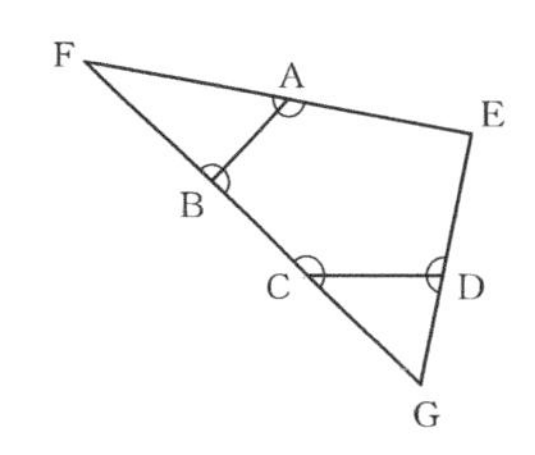

## 《2023　理科　解説》

1 (2) うでを曲げるときはAがちぢんでBがゆるむ。一方，うでを伸ばすときは，AがゆるんでBがちぢむ。

2 (1) あわが発生している水よう液は炭酸水である。炭酸水は二酸化炭素の水よう液で，酸性を示すので，青色リトマス紙を赤色に変化させる。なお，アルカリ性の水よう液は赤色リトマス紙を青色に変化させる。

(2) カ〇…食塩水は中性だから，実験４でリトマス紙の変化は見られない。よって，ＡとＤの実験３の結果を比べれば，白い固体が残ったＤが食塩水だとわかる。

3 (1) 太陽と逆方向ににげれば，かげが自分の進行方向にできるので，後ろから追いかけてくるオニがかげをふみにくくなる。

(2) 太陽は東の地平線からのぼり，南の空を通って，西の地平線にしずむので，棒のかげは西，北，東の順に動いていく。よって，17時のかげがのびている方向に近いアが東である。なお，イは南，ウは西，エは北である。

4 (1) エ〇…ふりこが１往復する時間はふりこの長さによって決まり，おもりの重さやふれはばによって変わらない。

(2) ブランコのひもの長さがふりこの長さにあたる。中村さんのブランコが鈴木さんのブランコよりもはやく往復したのは，中村さんのブランコの方が鈴木さんのブランコよりもひもの長さが短かったからだと考えられる。なお，中村さんが立ってブランコをこいで，鈴木さんがすわってブランコをこいだ場合でも，中村さんの体重がかかる点が鈴木さんの体重がかかる点よりも上になるので，中村さんのブランコの方がふりこの長さが短くなって１往復する時間が短くなる。

# ★三重大学教育学部附属中学校

## 《国　語》

1　(1)A．ウ　B．イ　(2)C．ア　D．エ　(3)写真に写っているものの正体　(4)ア　(5)ウ　(6)ⅰ．F．感じられない　G．感じる可能性がある　ⅱ．H．①，③　I．②，④　J．⑤，⑥　ⅲ．「本当は目が大きいのだが、たまたま細めてしまった人だと思われ」たがっている

2　(1)ⅰ．九　ⅱ．エ　ⅲ．卵　(2)ア　(3)前頭葉／自制心　(4)子供のスマホ依存　(5)パーティーに行く
(6)マシュマロを２個もらうために15分待つことができず、すぐに１個もらうような人物。　(7)ⅰ．1．スマホを使う　2．衝動的になりやすく　ⅱ．報酬を先延ばしにする能力　ⅲ．複数の調査

## 《算　数》

1　(1)18　(2)$\frac{8}{15}$　(3)56　(4)500
(5)75　(6)ア，イ，エ　(7)右図

1(7)の図

2　(1)ア．3　イ．12　(2)ウ．火曜
エ．すりきず　(3)右図

2(3)の図

(4)月曜と木曜の合計が100%にならないのは，割合を計算するときに小数第一位を四捨五入して整数で表しているから。／打ぼくの数が月曜より火曜の方が少ないのに，割合は月曜より火曜の方が大きいのは，ケガをした人数が，月曜より火曜の方が少ないから。
(5)ウ

3　(1)①辺の長さ／等しい
②角の大きさ／等しい
(2)③イ　④エ　(3)$(6\div2)\times4$
(4)【式①】$(6+2)\times(4\div2)$
【図②】右図から１つ
【式③】$6\times4-(6-2)\times4\div2$　(5)右図

3(4)【図②】の図

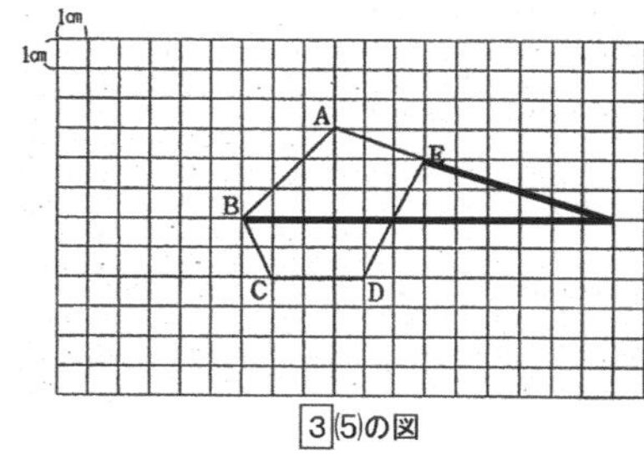

3(5)の図

4　(1)あ．4　い．5　う．6　え．4＋5＋6　お．15　(2)か．$7\times21+8\times21+9\times21$　き．$(7+8+9)\times21$
く．$24\times21$　(3)け．7　こ．8
さ．9　し．7　右図
(4)右図 から１つ　(5)①イ　②ア

| 49 | 49 | 49 |
|---|---|---|
| 56 | 56 | 56 |
| 63 | 63 | 63 |

4(3)の図

| 14 | 16 | 18 |
|---|---|---|
| 21 | 24 | 27 |
| 28 | 32 | 36 |

| 15 | 18 | 21 |
|---|---|---|
| 20 | 24 | 28 |
| 25 | 30 | 35 |

| 15 | 20 | 25 |
|---|---|---|
| 18 | 24 | 30 |
| 21 | 28 | 35 |

| 14 | 21 | 28 |
|---|---|---|
| 16 | 24 | 32 |
| 18 | 27 | 36 |

4(4)の図

(6)水谷さんの考え方のように，81個の数について，よこをならすと，１段目，２段目，…９段目の９個の数がそれぞれ，5，10，…45となる。この状態で81個の数の合計を計算すると，$5\times9+10\times9+\cdots+45\times9=(5+10+\cdots+45)\times9=\{5\times(1+2+\cdots+9)\}\times9=(5\times45)\times9$だから，最終的に，$225\times9$という式で表される。

## 《社　会》

1 ⑴イ　⑵ア　⑶①あ．高く　い．多い　②エ　⑷①半永久的に利用できる　②森林の整備，植林を行い，林業を振興する

2 ⑴ウ　⑵お．貴族　か．唐　き．塩　⑶①記号…D　正しい語句…書院造　②イ→ア→ウ　⑷百姓を農業に専念させ，幕府の収入を安定　⑸経済的にも軍事的にも欧米諸国と対等な立場の

3 ⑴記号…イ　正しい語句…立法権　⑵ウ　⑶育児　⑷①け．平等　こ．義務　②家庭内の男女の立場を平等にして，女性の社会活動を支え，権利を守る

## 《理　科》

1 ⑴ウ　⑵周辺の表面温度が上がると体温も上がる　⑶温度が高い地表から体をはなすことで，体温が上がりにくくなるから。　⑷標高が高い場所は気温が低く，生きることができないから。

2 ⑴②　⑵E　⑶オ

3 ⑴①エ　②二酸化炭素の体積の割合の大きさは，ろうそくの燃え方に関係しない。　③ア　⑵①ウ　②ろうそくが燃えた後のあたたかい空気が上に動くことで，上の方から酸素が不足していくから。

4 ⑴①イ，ウ　②図２の状態から太陽が西の地平線に向かって動くことで，日光のさしこみ方がさらに東よりになるから。　⑵エ　⑶あ．光　い．温度が高く

# 三重大学教育学部附属中学校

←解答例は前のページにありますので，そちらをご覧ください。

## 《2022　国語　解説》

1 (2) 傍線部①のある段落から、最後の段落までに説明されている。「写真から現実の被写体以上のオーラを感じる」現象として、二つの場合がある。一つ目は、見る者が「写真に写っているものの正体がわからない」ときに、その一部分の「拡大写真に奇妙なオーラを感じた」場合。二つ目は、「お茶の入ったコップ」のように、写真に写っているものの「実物を知っている」ときでも、「優れた写真家が、このカメラ自身の眼差しを生かして世界を切り取ったとき、撮られた写真にはオーラが宿る、というか、見る者がそれを感じる」場合。★の文は、後者(二つ目の場合)について説明している。よって、Cにはアが、Dにはエが入る。

(3) 「写真集の次のページを捲っ」てから、「飛行機の尾翼が拡大されたものだったのか」と「気づく」ものが「あれ」に当たるもの。よって、傍線部②の１行前の「写真に写っているものの正体」である。

(4) 傍線部④をふくむ段落で、「カメラのレンズ」を「赤ん坊の目」と対応させて説明している。したがって、赤ん坊の眼差しに対応するのはカメラの眼差しである。よって、アが適する。２行後に「このカメラ自身の眼差し」とあるのもヒントになる。

(5) 問題文Ⅰの構成は、「はじめ・なか・おわり」ではなく、前半と後半の２つの構成である。前半は、写真が「不思議な表現ジャンル」であることを絵画とくらべながら説明している。後半は、「写真から現実の被写体以上のオーラを感じる」現象の意味を、猫やコップといった身近なものを例に挙げて説明している。よって、ウが正解。

(6) ｉ Ｆ 「オーラという言葉を１回も使っていないから」という理由があるため、主張は「感じられない」が適する。　Ｇ 「写真そのものより、見る人によるから」という理由があるため、ある人は感じられず、またある人は感じるかもしれない。つまり、「感じる可能性がある」という主張である。　ⅱ Ｈ 「写真の被写体が自分だし」より、①が適する。「被写体になった人がその写真を見たとき」より、③が適する。　Ｉ 「(被写体の穂村さんを)知らない人だからこそ」とあることから②が適する。「(被写体の穂村さんを)よく知らない人が」とあることから④が適する。　Ｊ 「だれが見ても」より、穂村さん自身も穂村さん以外の人もふくむので、⑤が適する。「見る人による」より、穂村さん自身かもしれないし、穂村さん以外の人かもしれないので、⑥が適する。

ⅲ 「バレるんじゃないか、と不安になった」とあるので、穂村さんの内心(＝目を細めれば、本当は目が大きいのだがたまたま細めてしまった人だと思われるかもしれない)が分かるような行為が入る。つまり、「本当は目が大きいのだが、たまたま細めてしまった人」ではなく、それを装った人である。

2 著作権に関係する弊社の都合により本文を非掲載としておりますので、解説を省略させていただきます。ご不便をおかけし申し訳ございませんが、ご了承ください。

## 《2022　算数　解説》

1 (1) 与式$=9\times4\times\frac{1}{6}\times3=18$

(2) 与式$=\frac{25}{30}-\frac{9}{30}=\frac{16}{30}=\frac{8}{15}$

(3) ＤとＧはそれぞれＡＢ，ＡＣの真ん中の点だから，三角形ＡＤＧの底辺をＤＧとしたときの高さと，長方形ＤＥＦＧの底辺をＤＧとしたときの高さは等しい。よって，三角形ＡＤＧと長方形ＤＥＦＧは底辺と高さが等しいから面積の比は１：２となる。したがって，長方形ＤＥＦＧの面積は，$28\times2=56$(㎠)

(4)　**【解き方】柱体の体積は，(底面積)×(高さ)で求められる。**

Z型の底面の面積は，$8\times(2+6+2)-(6\times5\div2)\times2=80-30=50$(㎠)

よって，求める体積は，$50\times10=500$(㎤)

(5)　この自転車は3.2㎞の道のりを15分で走るので，16㎞走るのにかかる時間は，$15\times\frac{16}{3.2}=75$(分)

(6)　ア．3人分に必要なしょう油は小さじ$1.5\times3=4.5$で，しょう油と塩の必要な量の比は，$4.5:1=9:2$となるから正しい。　イ．1人分に必要なとり肉は$\frac{700}{3}$gで，とり肉4.8kg＝4800gで$4800\div\frac{700}{3}=\frac{144}{7}=20\frac{4}{7}$(人分)作れるから，正しい。　ウ．2人分作るときは，すべての材料を$\frac{2}{3}$倍すればよいので，正しくない。

エ．3人分に必要な小麦粉は小さじ$5\times3=15$で，1人分に必要な小麦粉は小さじ$15\div3=5$，つまり，大さじ1と小さじ2となるので，正しい。

(7)　右図のように，正六角形は6つの合同な正三角形にわけることができるから，6つの正三角形の1つの頂点が合わさる点をOとすれば，半径が正三角形の1辺で，正六角形に接する円Oがかける。よって，解答例のように，円周上のある1点をとり，円Oの半径を1辺とする長さをとれば，正六角形を作図することができる。

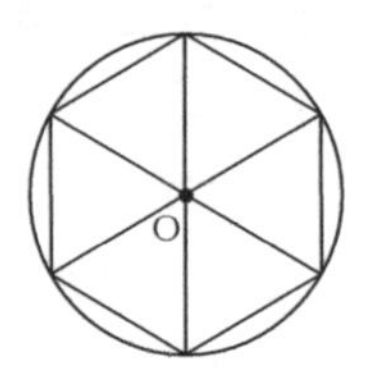


2　(1)　そうじ中にケガをした人数は，月曜に1人，火曜に1人，金曜に1人の，合計ア3人である。

ケガをした人数は全部で50人なので，時間についての表より，休み時間にケガをした人数は，$50-17-18-3=$イ12(人)

(2)　たてと横の項目をしっかりと確認しよう。

(3)　ケガをした50人のうち，打ぼくは$\frac{25}{50}\times100=50$(%)，すりきずは$\frac{10}{50}\times100=20$(%)，ねんざは$\frac{5}{50}\times100=10$(%)，つき指は$\frac{6}{50}\times100=12$(%)，鼻血は$\frac{2}{50}\times100=4$(%)，骨折と切りきずはともに$\frac{1}{50}\times100=2$(%)である。

一般的に，帯グラフは割合の高い順にかいていく。

(4)　例えば，月曜について，月曜の打ぼくの割合は，$\frac{(\text{月曜の打ぼくの人数})}{(\text{月曜にケガをした人数})}\times100=\frac{6}{13}\times100=46.1\cdots$より，46%である。このように，ポスターで表している割合は小数第一位を四捨五入した値となるので，必ず割合の合計が100%になるわけではない。割合(%)は$\frac{(\text{比べられる量})}{(\text{もとにする量})}\times100$で求められるので，比べられる量が大きくても，もとにする量が大きければ割合は小さくなる。

(5)　ア．教室で骨折は起こっていないので，ふさわしくない。

イ．校庭でもっとも多いのはすりきずなので，ふさわしくない。

ウ．体育館でつき指をした人は4人いて，$\frac{4}{6}\times100=66.6\cdots$より，つき指をした人の約67%が体育館でつき指をしているから，ふさわしいといえる。

エ．問題文に「場所に着目し,」とあり，エは時間に関して述べた文なので，ふさわしくない。

3　(1)　平行四辺形の特ちょうは，問題を解くのによく使うので，しっかりと覚えておこう。

(2)　水谷さんの方法は，同じ三角形を2つ合わせて平行四辺形を作っているので，③にはイがあてはまる。

中村さんの方法は，三角形をわけて移動させることで，底辺の長さが同じで，高さが半分となる平行四辺形を作っているので，④にはエがあてはまる。

(3)　鈴木さんがかいた図より，三角形をわけて移動させることで，底辺の長さが半分で高さが同じとなる平行四辺形をつくっているので，解答例のような式となる。

(4)　【方法①】は，台形をわけて移動させることで，底辺がＢＣ＋ＡＤ，高さが台形の高さの半分となる平行四辺形をつくっているので，【式①】は，$(6+2)\times(4\div2)$

【方法③】は，台形に，底辺が6－2＝4(cm)，高さが4cmの三角形をくっつけることで，底辺がＢＣ，高さが台形の高さに等しい平行四辺形をつくっているので，【式③】は，6×4－(6－2)×4÷2

⑸ 式から，上底が5cm，下底が3cm，高さが2cmの台形の面積と底辺が12cm，高さが3cmの三角形の面積の和から，底辺が7cm，高さが2cmの三角形の面積をひいていることがわかる。

4 ⑴ 60÷15＝4，75÷15＝5，90÷15＝6だから，60＋75＋90＝あ4×15＋い5×15＋う6×15＝(え4＋5＋6)×15＝お15×15＝225

⑵ **【解き方】❶，❷のときの計算途中で，かっこのなかにある数をみると，❶が(1＋2＋3)，❷が(4＋5＋6)となるので，❸のときは(7＋8＋9)になると予想できる。**

147÷7＝21，168÷8＝21，189÷9＝21より，147＋168＋189＝か7×21＋8×21＋9×21＝き(7＋8＋9)×21だから最終的に，く24×21で504になる。

⑶ **【解き方】ならすことで，真ん中の数と同じ数にしているから，(大きい数)－(真ん中の数)で求められる。**

右から左に，7段目は56－49＝け7，8段目は64－56＝こ8，9段目は72－63＝さ9動かしている。

これにより，7～9段目はすべて真ん中の数と同じ数になるので，2の図は解答例のようになる。

下から上には，63－56＝し7ずつ動かしている。

⑷ 水谷さんの考え方より，ならしたあとの数はすべて「たて3段×よこ3列の9マス」の中心の数になる。

よって，中心の数が24となる「たて3段×よこ3列の9マス」をかけばよい。

⑸ 田中さんの考え方について，1＋2＋3＋4＋5＋6＋7＋8＋9＝45だから，2段目の合計は，2×(1＋2＋3＋4＋5＋6＋7＋8＋9)＝2×45となる。同様に，3段目は3×45，…，9段目は9×45より，81個の数の合計は，45＋2×45＋3×45＋…＋9×45＝(1＋2＋3＋…＋9)×45＝①45×45＝2025

水谷さんの考え方について，よこをならすと表Ⅰ，次にたてにならすと表Ⅱのようになる。よって，81マスの数がすべて25となるから，81個の数の合計は，②25×81＝2025

| Ⅰ | 1 | 2 | 3 | 4 | 5 | 6 | 7 | 8 | 9 |
|---|---|---|---|---|---|---|---|---|---|
| 1 | 5 | 5 | 5 | 5 | 5 | 5 | 5 | 5 | 5 |
| 2 | 10 | 10 | 10 | 10 | 10 | 10 | 10 | 10 | 10 |
| 3 | 15 | 15 | 15 | 15 | 15 | 15 | 15 | 15 | 15 |
| 4 | 20 | 20 | 20 | 20 | 20 | 20 | 20 | 20 | 20 |
| 5 | 25 | 25 | 25 | 25 | 25 | 25 | 25 | 25 | 25 |
| 6 | 30 | 30 | 30 | 30 | 30 | 30 | 30 | 30 | 30 |
| 7 | 35 | 35 | 35 | 35 | 35 | 35 | 35 | 35 | 35 |
| 8 | 40 | 40 | 40 | 40 | 40 | 40 | 40 | 40 | 40 |
| 9 | 45 | 45 | 45 | 45 | 45 | 45 | 45 | 45 | 45 |

| Ⅱ | 1 | 2 | 3 | 4 | 5 | 6 | 7 | 8 | 9 |
|---|---|---|---|---|---|---|---|---|---|
| 1 | 25 | 25 | 25 | 25 | 25 | 25 | 25 | 25 | 25 |
| 2 | 25 | 25 | 25 | 25 | 25 | 25 | 25 | 25 | 25 |
| 3 | 25 | 25 | 25 | 25 | 25 | 25 | 25 | 25 | 25 |
| 4 | 25 | 25 | 25 | 25 | 25 | 25 | 25 | 25 | 25 |
| 5 | 25 | 25 | 25 | 25 | 25 | 25 | 25 | 25 | 25 |
| 6 | 25 | 25 | 25 | 25 | 25 | 25 | 25 | 25 | 25 |
| 7 | 25 | 25 | 25 | 25 | 25 | 25 | 25 | 25 | 25 |
| 8 | 25 | 25 | 25 | 25 | 25 | 25 | 25 | 25 | 25 |
| 9 | 25 | 25 | 25 | 25 | 25 | 25 | 25 | 25 | 25 |

⑹ 水谷さんの考え方について，⑸の表Ⅰの状態に注目すると，同じ数が9個ずつ表れていることがわかるので，解答例のように説明できる。

## 《2022 社会 解説》

1 ⑴ 距離は地図の右下のスケールバーを利用する。交番(X)→図書館(🕮)→学校(文)の順だから，イを選ぶ(右図参照)。

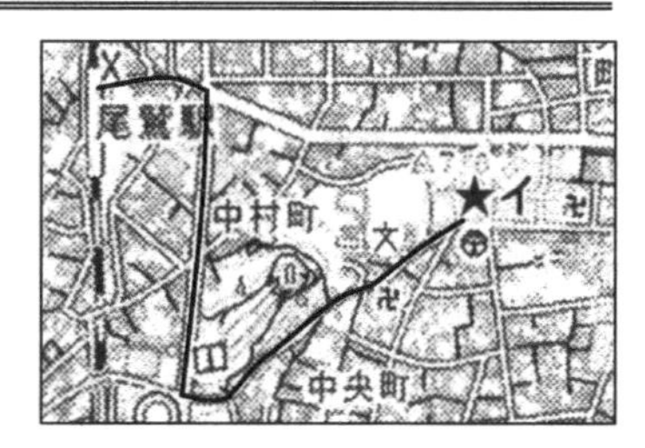


⑵ 写真の砂防ダムが無いと，水に押し流された土砂が川からあふれ，家などを押しつぶす恐れがある。砂防ダムでは，上段のダムで大きな石，下段のダムで砂をせき止め，その下の川も直線状になるように工夫されている。

⑶① 尾鷲市は，津市よりも1月・12月の気温が高く，一年を通して降水量が2.5倍ほど多い。 ② エが正しい。30才代の人の割合は，尾鷲・熊野地域が21.7－14.6＝7.1(％)，三重県全体が16.2－10.8＝5.4(％)増えた。

ア．尾鷲・熊野地域の林業で働く人は増加している。 イ．尾鷲・熊野地域でも三重県全体でも，60才以上の人の割合は減少している。 ウ．2005年も2015年も，尾鷲・熊野地域の60才以上の人の割合は，三重県全体よりも低い。

(4)① 図①を見ると，バイオマス発電は間伐材を再利用していることがわかる。バイオマスを燃やしたときに排出される二酸化炭素は，原料である植物の生長途中に吸収されたものであるため，全体としては二酸化炭素の排出量は増えないとみなされ，このことから地球温暖化を抑制する効果があるとされる。反対に，石炭・石油などの化石燃料は，限りのあるエネルギー資源であり，地球温暖化の原因となる二酸化炭素を大量に排出する。

② 【資料６】より，地元産の間伐材を利用するバイオマス発電によって，自然エネルギーの地産地消と一次産業の振興を目指していることがわかる。

2 (1) ウを選ぶ。縄文時代の人々は，食料の煮炊きや保存に表面に縄目の模様のついた縄文土器を用いていた。また，食料が得やすい場所に，竪穴住居と呼ばれる家をつくって定住していた。 ア．「鉄」ではなく「動物の骨や角」でつり針をつくった。 イ．弥生時代の記述である。 エ．渡来人は古墳時代に大陸から日本に移り住んだ人々であり，須恵器の製法，漢字，儒学，仏教などを伝えた。

(2)(か) 日本は中国に遣唐使を送り，唐の進んだ制度や文化を学んでいた。奈良時代に平城京，平安時代に平安京が置かれた際，唐の長安の都制にならって碁盤の目状に区画された。 (き) 地方の特産品などを都に納める調として「塩三斗」が運ばれた。

(3)① Dが誤り。寝殿造は平安時代の貴族の住宅に見られる建築様式である。 ② イ．楽市楽座(織田信長)→ア．刀狩令(豊臣秀吉／1588年)→ウ．朝鮮出兵(豊臣秀吉／1592年・1597年)

(4) 【資料 10】より，百姓に対して，食生活などを制限して農業に専念させていたことがわかる。それを踏まえて【資料 11】を見ると，百姓が納める年貢は江戸幕府の収入の半分以上を占めていたため，年貢を安定して取るためにおふれ書きを出したことがわかる。

(5) 【資料 13】より，富国強兵で軍備を強化させたこと，岩倉使節団の派遣で欧米諸国のように経済を発展させようとしたことがわかる。

3 (1) イが誤り。司法権を持つのは裁判所である。

(2) ウが誤り。女性の育休取得率は，2009年が85%，2019年が82%だから，３%下がっている。

(3) 【資料 15】の②で，多くの女性が出産や育児をする25〜39歳に着目する。

(4)①(け) 法の下の平等(平等権)は日本国憲法第 14 条で保障されている。 (こ) 日本国憲法の三大義務は「勤労の義務」「教育の義務」「納税の義務」である。 ② 働きたい女性が働けていないという問題に着目する。日本では，核家族世帯の増加や男性の育休取得率の低下によって，家事と育児を一人で行うワンオペ育児に陥りやすく，女性の働いている割合が低くなる。そのため，保育園の増設や短時間勤務の実現などをはかる取り組みが推進されている。

## 《2022 理科 解説》

1 (1) バッタは，よう虫と成虫のどちらもイネ科の植物を食べる。また，バッタはさなぎにならずに成虫になる不完全変態のこん虫である。

(3) 資料２より，周辺の表面温度が40℃をこえて背のび行動をしているとき，周辺の表面温度が上がっても，体温が上がりにくくなることがわかる。

2 (1) 太陽，月，地球の順に一直線に並んだときの①が新月である。北極側から見て，月は地球の周りを反時計回りに動くから，①から90度動いた位置にある③が南の空で右半分が光って見える上弦(じょうげん)の月であり，さらに90度ごとに⑤の満月，⑦の下弦の月へと変化し，再び①の新月にもどる。新月の後，右側から少しずつ満ちていくので，図

１の月は新月と上弦の月の間の②にあると考えられる。

(2)　Ａが12時，Ｄが18時だから，２時間ごとにＡ～Ｌの記号がかかれている。地球が回る向きから考えて，Ｄの１つ左にあるＥが20時の位置である。

(3)　月は29.5日かけて新月から次の新月になるから，図２で，①の新月から⑤の満月になるまでが約15日である。よって，月が②の位置にある１月６日の12日後の１月18日には，⑤の満月の位置にくると考えられる。ここで，図２の地球の18時(図４のＤ)の位置に図５をあてはめると，⑤がある方角は東だとわかる。

**3**　(1)①　ろうそくが燃えるときには，酸素が使われ，二酸化炭素ができる。このため，酸素の体積の割合は小さくなり，二酸化炭素の体積の割合は小さくなるが，ちっ素はものが燃えるときに使われたりできたりしないので，体積の割合は変化しない。　②　空気にはちっ素が約78%，酸素が約21%，二酸化炭素が約0.04%ふくまれている。実験４のびんに入っている気体は，酸素の体積の割合が空気とほぼ同じであるため，ろうそくの燃え方は実験１と変わらない。二酸化炭素の体積の割合が大きくなると火が消えるのではなく，酸素の体積の割合が小さくなると火が消える。　③　実験５のびんに入っている気体は，酸素の体積の割合が空気より大きいため，ろうそくの燃え方は，実験１よりはげしくなる。

(2)①　びんの口が大きくあいているときは，空気が一度びんの中に吸いこまれた後，上昇するという空気の流れができるので，びんの下から空気が入ってこなくてもろうそくが燃え続ける。ただし，同じびんに長いろうそくと短いろうそくを入れると，高い位置にあるろうそくが燃えるのに新しい空気が使われて，低い位置にあるろうそくには新しい空気がとどきにくいので，短いろうそくの火の方が先に消える。

**4**　(1)①　日光は平行に進むから，カーテンをＰ点まで閉めたときの日光があたるところとあたらないところの境界線は右図のようになる。よって，カーテンＡを閉めるとＣさんの机に日光があたらなくなり，カーテンＢを閉めると鈴木さんの机に日光があたらなくなる。また，閉めるカーテンがどちらか一方であれば，Ｄさんの机の一部には日光があたり続ける。

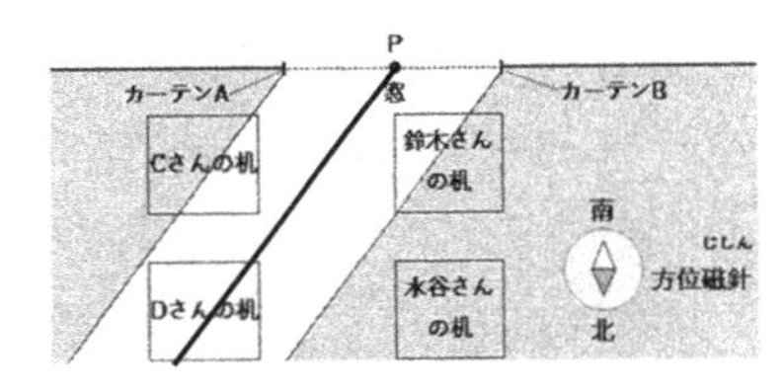


②　日光のさしこみ方から，図２のときの太陽は南西にあることがわかる。よって，この後，太陽が西の地平線に向かって動いていくと，Ｃさんの机の日光があたる面積が大きくなるように日光のさしこみ方が変わっていく。なお，正午前から正午ごろにかけて，水谷さんの机には日光がよく当たっていたと考えられる。

(2)　図３から，Ｃの位置では虫めがねの右奥を通った光は左手前に進むことがわかる。よって，図５でも，Ｆの位置では手前と奥，左と右が入れかわると考えればよいので，エが正答となる。

# ★三重大学教育学部附属中学校

## 《国　語》

**1** ⑴がんばる自分の姿を見てほしいという思い　⑵エ　⑶イ　⑷六／四十　⑸冬の朝であり、外の空気が冷たい／大浦君が配達したのが嬉しかった　⑹ウ　⑺ア　⑻ⅰ．早起き　ⅱ．主人公は「私」である
〔別解〕「私」の視点で書かれた文章である

**2** ⑴イ　⑵土　⑶ア，ウ　⑷エ　⑸ⅰ．イ　ⅱ．エ　⑹ウ，オ　⑺ⅰ．1．エ　2．ウ　ⅱ．3．「メー」と鳴く　4．「メー」と鳴く　5．北海道の羊はタラバガニだ　ⅲ．ア　⑻ⅰ．服や肥料、クリームなどを作る　ⅱ．二酸化炭素などの増えすぎると環境によくないものがどれだけ出るかや、どれだけエネルギーを消費する　ⅲ．焼→燃

## 《算　数》

**1** ⑴3　⑵1.55　⑶12　⑷472　⑸ウ　⑹右図

**2** ⑴$\frac{1}{2}$　⑵ア　⑶③「スケールくん」の個数　④ペットボトルの本数　⑷下図

**3** ⑴ア．4　イ．30　⑵記号…ウ，2　⑶ア．距離　イ．時間　ウ．20　エ．200　オ．100
⑷ア．水谷さん　(方法Ⅰを選んだ場合)イ．スタートのタイミング　ウ．$1\frac{2}{3}$秒おそく
(方法Ⅱを選んだ場合)イ．スタート地点　ウ．12.5m遠く

1⑹の図

**4** ⑴ア．ABD　イ．2　⑵下図　⑶下図　ア．112.5　イ．40　⑷ア／左／20

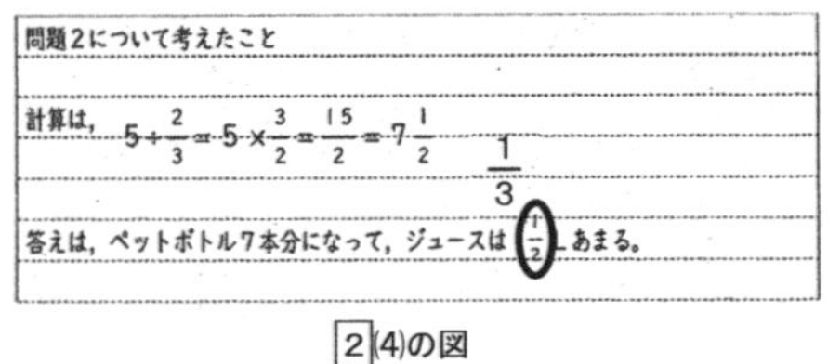
問題2について考えたこと
計算は、$5\div\frac{2}{3}=5\times\frac{3}{2}=\frac{15}{2}=7\frac{1}{2}$　$\frac{1}{3}$
答えは、ペットボトル7本分になって、ジュースは$\frac{1}{2}$あまる。

2⑷の図

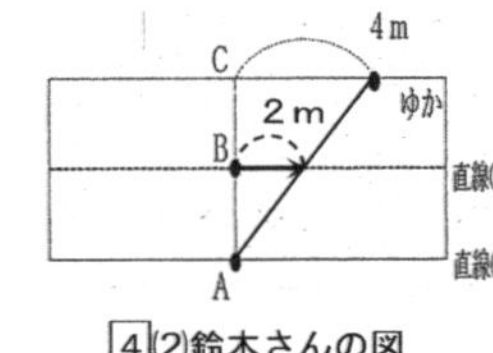

4⑵鈴木さんの図

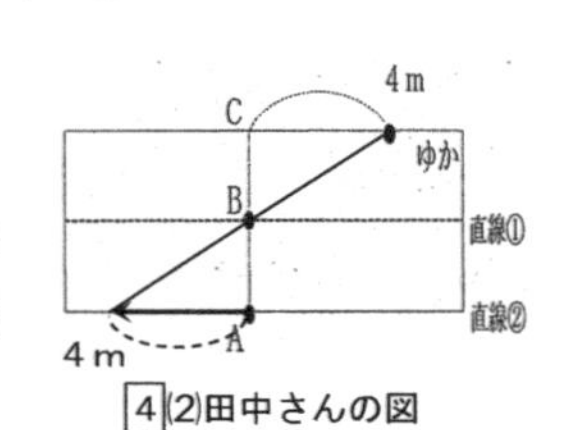

4⑵田中さんの図

4⑶鈴木さんの図

4⑶田中さんの図

## 《社　会》

1 ⑴北東　⑵リアス海岸　⑶①X．高くなって　Y．減少して　②秋から冬にかけての海水温が高く，アコヤガイの食欲が増していたのに，エサになる小さな生物が減少したので，アコヤガイが栄養不足になったから。

2 ⑴輪中／－１ｍ　⑵カ

3 ⑴あ．卑弥呼　い．２　う．米　⑵①天皇の妻の父，または天皇の母の父だったから。
②記号…エ　正しい語句…日本風〔別解〕日本独自　⑶①え．執権　お．御家人　か．奉公　②それぞれの領地が縮小されることで，領民から得る税収が減っていった。　⑷ウ

4 ⑴エ　⑵記号…エ　正しい語句…天皇　⑶代表者　⑷閣議　⑸消費者庁からの地方消費者行政強化交付金を使って，ゴミ袋の調査をして県民に食品ロスの実態を知らせる

## 《理　科》

1 ⑴オ，カ　⑵回路に流れる電流が非常に大きくなり，導線やかん電池が熱くなる。
⑶ア，エ　⑷右図　理由…かん電池を直列つなぎにすると，コイルに流れる電流が大きくなるから。

2 ⑴ア　⑵エ　⑶イ　⑷⑥体積　⑦上に出ている氷

3 ⑴①エ　②イ→ウ→ア　特ちょう…西から東へ移動していく。　⑵ア，エ

4 ⑴①めしべ　②花粉　⑵ア．○　イ．×　ウ．○　エ．○　⑶ヘチマの花はお花とめ花に分かれているから。　⑷右図　⑸花粉がこん虫の体につきやすいから。
⑹倒伏性が「中」の初星と交配する　⑺強い特ちょうを保ったまま，弱い特ちょうを強くする効果がある。

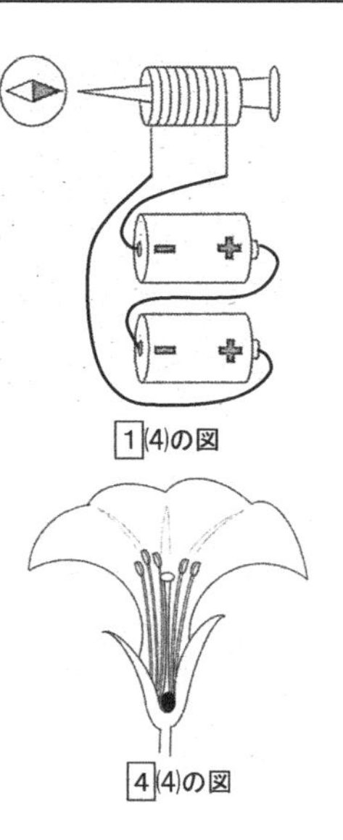

1⑷の図

4⑷の図

# 2021 解説 三重大学教育学部附属中学校

令和３年度

**←解答例は前のページにありますので，そちらをご覧ください。**

## 《2021　国語　解説》

1 (1) 「大浦君の熱い希望で、私の住む地域が担当区域になったらしい」とあるので、大浦君は、自分が新聞配達をする姿を「私」に見てほしいと思っていることが分かる。また、「(大浦君は)宣言どおり電動自転車じゃなく、新聞屋さんのものであろう大きい黒い自転車に乗っている」「山ほど新聞が詰まったかごが揺れて、自転車はフラフラだった。だけど、大浦君は豪快にこいで、朝もやの中を進んでいった」とあるように、あえて大変なアルバイトをして「私」へのプレゼントを買うためのお金をかせごうとしている。そんな自分のがんばる姿を「私」に見てほしいという思いをもっていたからである。

(3) ア.「大浦君とは、中学三年生の時から仲が良い」とあるので、「大浦君と親しくないので」は適さない。
イ.「大浦君が野球部の試合でバッターボックスに立った時みたいに、見ているだけで緊張した」とある。これは、大浦君が「集中して一生懸命仕事をしている」ことを表している。「私」はそんな大浦君を「じゃましてはいけないと思った」と推測できるので、適する。　ウ．大浦君が「声をかけないでほしいと言っていた」ことは、本文からは読み取れず、適さない。　エ．大浦君は、自らの希望で「私」の住む地域を担当区域にしたため、もし「私」に声をかけられても「ころんでけがをしてしまう」ほどおどろくことはないと思われるので、適さない。

(4) 「六時二十分。それでもいつもより二十分も早く、私は下へと急いだ」とあるので、いつも起きる時間は、六時四十分である。

(5) 傍線部⑤の直前に「～せいで」とあることに着目する。一つ目の理由は、「外の空気が冷たい」からである。「玄関を開けると、冷たい空気に身体がピンとなった～まっさらな冬の朝だ」にも、冬の朝の空気の冷たさが表れている。傍線部⑤の直後に「大浦君が配達した新聞。私は大切に手にとって、匂いをかいでみた～嬉しかった」とある。二つ目の理由は、大浦君が配達したということが嬉しかったからである。

(6) 「(父さんは)朝は遅い。でも、時々早く目を覚まして、早朝から新聞を読みふけったりする」とある。この日も、もし「父さん」が早起きしたら、大浦君が配達した一日目の新聞を先に取られてしまうかもしれない。父と争ってでも、今日の新聞は自分が先に取りたいという気持ちが表れている。よって、ウが適する。

(7) ア.「農業は朝が早いから私の家は直ちゃんが一番に起きる」とあるが、この日は特別で、「私」は、五時過ぎには目を覚ましている。そのため、「直ちゃんの次に目を覚まして」の部分が、「そうだとも、そうではないとも判断できない」。よって、これが正解。　イ.「大きい黒い自転車に乗っている～おじさんと一緒だ～かごから新聞を抜き出し、郵便受けに突っ込む」より、「そうだ」と判断できる。　ウ.「この日に限って早く起きてきて、『私』と新聞の取り合いをした」は、「そうではない」と判断できる。　エ.「あれ、おはよう。どうしたの？」「『なんなの？』新聞を抱きかかえて戻ると、直ちゃんが怪訝な顔をした」などから、「そうだ」と判断できる。

(8) ⅰ　【図１】では、「直ちゃん」と「父さん」の中間にあった「早起き」という言葉が、【図２】では、「直ちゃん」に近い位置に移動している。　ⅱ　【図１】では、どちらかというと「大浦君」が中心に書かれている。しかし、主人公は「私」であり、「私」の視点で書かれた文章であるため、【図２】では、「私」が中心になるように直している。

2 (2) ７×57＝399で、金曜日が399日目。400日後はその翌日なので、土曜日。

(3) 「どういうふうにやればいいかあらかじめ方針が決まっていて、あとはただ単純に計算しただけならば、それは『考えた』とは言われない」「計算は一本道だ。それに対して考えることは分かれ道に立つこと。あるいは道が見えない藪(やぶ)の中に立つことだ」と述べられている。イの「主語をぬきだすこと」は、あらかじめ決まっている文法にそったもの。エの「白地図に書きこむこと」は、あらかじめ決まっている色のルールにそったもの。よってアとウが適する。

(5) i 「論理というのは、前提と結論をつなぐ道筋の正しさにかかわっている」と述べられている。道筋が正しくなければ、論理的に正しく、結論が正しいということはないため、イが正解。　ii　ア．二つ目の例の代わりとして使える。前提はふたつとも正しいが、論理が正しくないため、まちがった結論が出てくる。　イ．三つ目の例の代わりとして使える。前提がどちらもまちがっているため、まちがいがキャンセルされて正しい結論が出てしまった例にあてはまる。　ウ．一つ目の例の代わりとして使える。前提はふたつとも正しく、結論も正しい。しかし、論理が正しくない。そのため、「カラス」を、鳥以外で空を飛ぶものに変えると、まちがった結論が出てくる。エ．最初の前提がまちがっていて、後の前提は正しい。そのような例は本文中に挙げられていないので、エが正解。

(6)　ウ．筆者が言いたいのは、最後の４行に書かれていることであり、「論理的に考えることの重要性」ではない。オ．一つ目の章の２段落目の、「どうしてって？どういうことかって？何言ってんだって？」は、読者が筆者に問いかけてきそうなことを予想しているもので、筆者の問いかけではない。二つ目の章と三つ目の章は「～だろうか」という筆者の問いかけで始まっている。　よって、ウとオが正解。

(7) i　本文の「魚は水中を泳ぐ。イワシは水中を泳ぐ。だから、イワシは魚だ」という例の直後に、「ふたつの前提から結論を導く、いわゆる『三段論法』ってやつだ」とある。よって、１はエ、２はウが適する。

ii 「前提のひとつがまちがい、ひとつが正しかったらどうなるんだろう」「タラバガニのほうを(本文の例とは)変えて、北海道の羊のほうをそのままにしてみよう」と水谷さんが言った後、中村さんが「よし、私は逆の場合を考えるね」と言っていることが手がかりとなる。水谷さんの前提は「タラバガニは『メー』と鳴かない(＝正しい)。北海道の羊は「メー」と鳴かない(＝まちがい)」。結論は「だから、<u>北海道の羊はタラバガニだ</u>」となる。中村さんは、その逆なので「タラバガニは<u>『メー』と鳴く</u>(＝まちがい)。北海道の羊は<u>『メー』と鳴く</u>(＝正しい)」。結論は「だから、<u>北海道の羊はタラバガニだ</u>」となる。　iii　ii の解説を参照。水谷さんも中村さんも、結論は「だから、<u>北海道の羊はタラバガニだ</u>」となる。よって、アが適する。

(8)　タラバガニを食べた後の大量の殻(から)を簡(かん)単にごみとして捨(す)ててしまうと、燃やすのにエネルギーが必要なことと、温暖化に悪影響(えいきょう)な二酸化炭素などを発生させてしまうことは、原稿(げんこう)とポスターから分かる。ごみにするかわりに「服、ハンドクリーム、肥料など役に立つものに」すれば、ごみを減らすことはできる。環境(かんきょう)によいということも言っているが、それらを作る時に、どのくらい二酸化炭素を発生するのか、どのくらいエネルギーを必要とするのかということを調べ、ごみとして燃やした場合と比較(ひかく)しないと、本当に環境によいかは分からない。

## 《2021　算数　解説》

**1** (1)　与式＝21－18＝３　　(2)　与式＝1.3＋0.25＝1.55

(3)　三角形ＡＥＤの面積はＡＥ×ＥＤ÷２＝15×20÷２＝150(㎠)である。

三角形ＡＥＤは底辺をＡＤ＝25 ㎝とすると，高さがＡＢとなるから，ＡＢ＝150×２÷25＝12(㎝)

(4)　この立体を真上から見たときの図形について，右のように作図すると，底面積は，

(６＋３)×(６＋２)－３×３－２×２＝72－９－４＝59(㎠)とわかる。

高さは８㎝だから，体積は 59×８＝472(㎤)である。

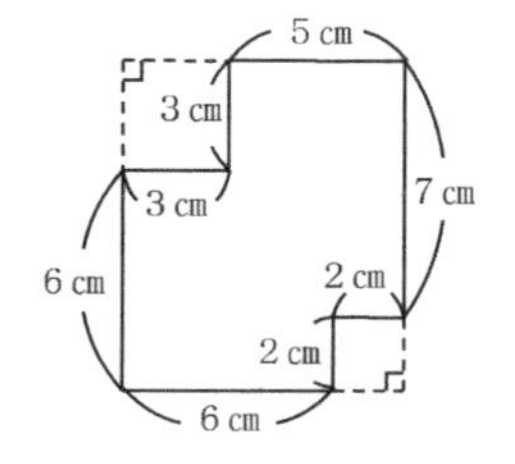


(5)　値引き後の値段は，Ａが 190×(１－0.1)＝171(円)，Ｂが 200×(１－0.1)＝180(円)，

Ｃが 220×(１－0.2)＝176(円)

カップラーメン１ｇ当たりのエネルギーは，Ａが434÷90＝4.82…（ｇ），Ｂが377÷80＝4.7125（ｇ），

Ｃが453÷100＝4.53（ｇ）

よって，条件に合うのは，Ｃである。180円未満は，180円をふくまないので，気をつけよう。

(6)　Ｃは実線上にあり，ＢＣ＝５㎝で，Ｂが実線上の左端（はし）にあるから，Ｃの位置はＢから右に５㎝離（はな）れた位置にある。ＡＣ＝４㎝なので，Ｃから半径４㎝の円をかき，点線との交わる２点がＡとなる。

**2**　(1)　㋐と㋜と㋘はそれぞれ比例の関係にある。㋜３個で㋘$\frac{3}{2}$Ｌだから，㋜$3\times\frac{1}{3}=1$（個）で㋘$\frac{3}{2}\times\frac{1}{3}=\frac{1}{2}$（Ｌ）

(2)　$\frac{3}{2}\div\frac{3}{4}$について，$\frac{3}{2}$は「わられる数」，$\frac{3}{4}$は「わる数」である。中村さんの説明より，$\frac{3}{2}\div\frac{3}{4}=\frac{3}{2}\times\frac{4}{3}$になることがわかるので，ア<u>わる分数の分母と分子をひっくり返して，かける</u>が正しい。

(3)　(1)をふまえる。㋜は㋘の３倍，㋐は㋜の半分だから，５Ｌのジュースにふくまれる③<u>「スケールくん」の個数</u>は，５×３＝15（個）である。③より，④<u>ペットボトルの本数</u>は，$5\times3\div2=\frac{15}{2}=7\frac{1}{2}$（本）である。

(4)　単位に注目するとわかりやすい。計算した結果は，$5\div\frac{2}{3}=7\frac{1}{2}$（本）なので，ペットボトル７本分になり，ペットボトル$\frac{1}{2}$本分があまる。ペットボトルは１本あたり$\frac{2}{3}$Ｌ入るので，$\frac{2}{3}\times\frac{1}{2}=\frac{1}{3}$（Ｌ）あまる。

**3**　(1)　**【解き方】グラフはたて１マスで50÷５＝10(m)，横１マスで10÷10＝１(秒)を表している。**

スタートから40m走った地点では，①が点（４秒，40m），②が点（８秒，40m）を通るので，差は８－４＝ア<u>４</u>（秒）

スタートして６秒後では，①が点（６秒，60m），②が点（６秒，30m）を通るので，差は60－30＝イ<u>30</u>（m）

(2)　Ａ（４秒，20m）で２人が同じ位置におり，その前までは山本さんより鈴木さんの方が前にいる（スタートが２秒早いから）ので，（　）にあてはまるのはウが正しい。

山本さんがスタートするタイミングを１秒おそくすると，山本さんがスタートするときの２人の間の距離（きょり）が５m多くなる。２人の速さの差は秒速（10－５）m＝秒速５mだから，１秒おそくするごとに，山本さんがスタートしてから追いつくまでの時間が５÷５＝１（秒）ずつおそくなるから，鈴木さんがスタートしてから追いつくまでの時間は１＋１＝２（秒）ずつおそくなる。

(3)　方法Ⅰの場合，２人のスタート地点が同じなので，２人の走るア<u>距離</u>は変わらない。

方法Ⅱの場合，２人のスタートする時間は同じなので，２人の走るイ<u>時間</u>は変わらない。

このとき，山本さんはウ<u>20</u>秒で10×20＝エ<u>200</u>（m）進むから，山本さんのスタート地点を，鈴木さんより200－100＝オ<u>100</u>（m）遠くすればよい。

(4)　会話文Ⅲの下線部について，鈴木さんは50mを50÷５＝10（秒），山本さんは50mを50÷10＝５（秒），水谷さんは50＋50＝100（m）を$100\div7.5=13\frac{1}{3}$（秒）で走る。鈴木さんと山本さんは100mを２人で10＋５＝15（秒）で走るので，ア<u>水谷さん</u>が先にゴールする。

方法Ⅰで考えると，$15-13\frac{1}{3}=1\frac{2}{3}$より，水谷さんのイ<u>スタートのタイミング</u>を，鈴木・山本ペアよりウ<u>$1\frac{2}{3}$秒おそく</u>すればよい。

方法Ⅱで考えると，水谷さんは15秒で7.5×15＝112.5（m）進むから，112.5－100＝12.5より，水谷さんのイ<u>スタート地点</u>を，鈴木・山本ペアよりウ<u>12.5m遠く</u>すればよい。

**4**　(1)　ＣＥとＢＤは平行なので，三角形ＡＣＥと三角形ＡＢＤは同じ形である。ＡＣ：ＡＢ＝（50＋50）：50＝２：１なので，三角形ＡＣＥは，三角形ア<u>ＡＢＤ</u>をイ<u>２</u>倍に拡大したものである。

(2)　**【解き方】同じ形の三角形または合同な三角形に注目して，棒または照明の位置を決める。**

棒(B)を移動させる場合，照明(A)の位置は固定だから，棒を右図ⅠのQの位置に移動させればよい。このとき，三角形ACPと三角形ABQは同じ形であり，CP：BQ＝AC：AB＝2：1なので，BQ＝CP$\times\frac{1}{2}$＝4$\times\frac{1}{2}$＝2(m)

照明(A)を移動させる場合，棒(B)の位置は固定だから，照明を右図ⅡのRの位置に移動させればよい。このとき，三角形BCPと三角形BARは合同なので，AR＝CP＝4m

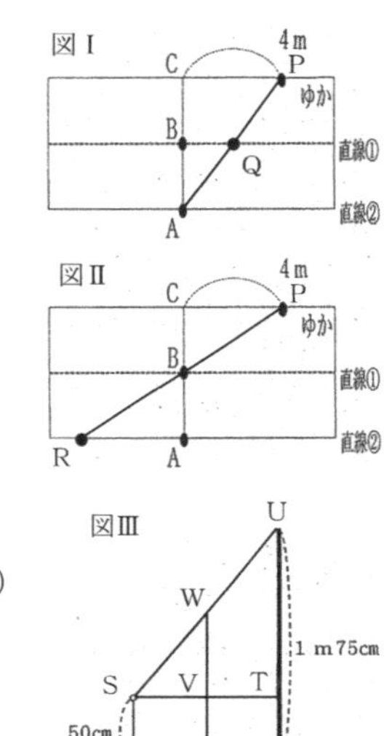


⑶　**【解き方】⑵と同様に，同じ形の三角形を作図することで，棒の長さや位置を求める。**

棒の長さを変える場合，棒は図ⅢのWBとなる。このとき，UT＝175－50＝125(cm)であり，三角形SUTと三角形SWVは同じ形の三角形なので，UT：WV＝ST：SV＝2：1より，WV＝UT$\times\frac{1}{2}$＝125$\times\frac{1}{2}$＝62.5(cm)

よって，WB＝WV＋VB＝62.5＋50＝112.5(cm)だから，棒の長さを$_ア$112.5cmにすればよい。

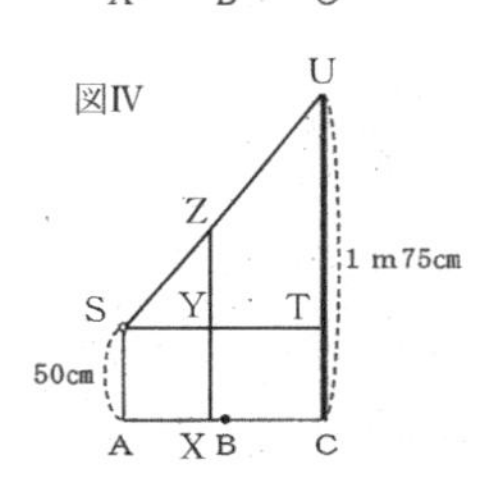


棒をAC上で移動させる場合，棒は図ⅣのZX＝100cmとなる。このとき，ZY＝100－50＝50(cm)であり，三角形SUTと三角形SZYは同じ形の三角形なので，ST：SY＝UT：ZY＝125：50＝5：2より，SY＝ST$\times\frac{2}{5}$＝100$\times\frac{2}{5}$＝40(cm)

よって，AX＝SY＝40cmだから，棒をAから$_イ$40cmの位置に立てればよい。

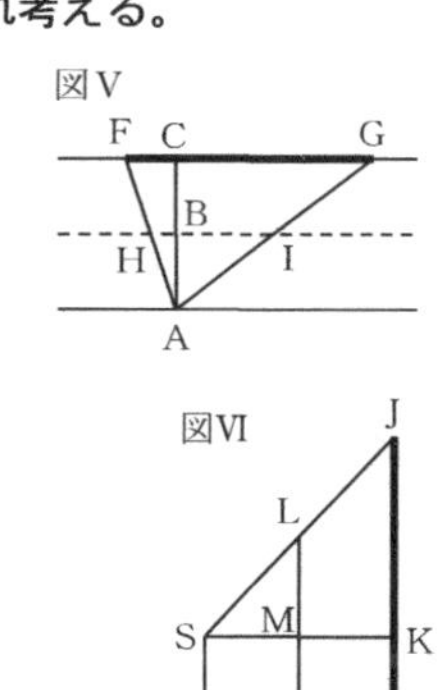


⑷　**【解き方】⑵，⑶をふまえ，〈上から見た図〉と〈横から見た図〉について，それぞれ考える。**

〈上から見た図〉は，図Ⅴのようになる(太線は影，HIは〈四角形の厚紙〉を表す)。

三角形ACFと三角形ABHは同じ形の三角形なので，CF：BH＝AC：AB＝2：1より，BH＝CF$\times\frac{1}{2}$＝40$\times\frac{1}{2}$＝20(cm)

同様にして，三角形ACGと三角形ABIについて，BI＝CG$\times\frac{1}{2}$＝80(cm)

よって，HI＝20＋80＝100(cm)，つまり，HI＝1m

図Ⅴ

〈横から見た図〉は，図Ⅵのようになる(太線は影，LBは〈四角形の厚紙〉を表す)。

JK＝150－50＝100(cm)であり，三角形SJKと三角形SLMは同じ形の三角形なので，JK：LM＝SK：SM＝2：1より，LM＝JK$\times\frac{1}{2}$＝100$\times\frac{1}{2}$＝50(cm)

よって，LB＝LM＋MB＝50＋50＝100(cm)，つまり，LB＝1m

図Ⅵ

したがって，〈四角形の厚紙〉はアであり，厚紙の●は図ⅤのHの位置にくるので，Bから左へ20cmの位置にする。

## 《2021　社会　解説》

[1]　⑴　鳥羽市から見て渥美半島は右上にあるから，北東の向きとなる(右図参照)。

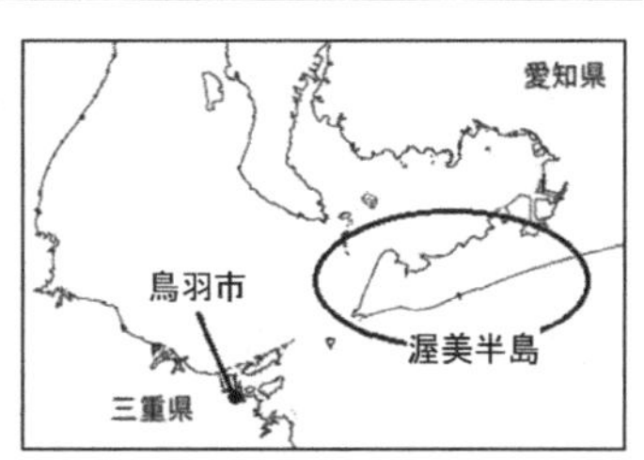


⑵　英虞湾などで見られるリアス海岸は，山地が沈降した谷の部分に海水が入りこんでできた。湾の入り口の両岸の土地が高いので風が吹き込みにくく，波が穏やかであるため，真珠養殖場になっている。

⑶①(X)　【資料3】より，英虞湾の水温は，2019年と2020年の方が14年間平均値よりも高くなっていることがわかる。　(Y)　【資料4】より，英虞湾にいる小さな生物の数は，2009年以降減少傾向にあり，2019年は2004年の8分の1程度まで減少してしまったことがわかる。　②　漁師さんが

「アコヤガイは，水温が上がると『食欲』が増す」と言っていることを手がかりにする。【資料３】より，近年の英虞湾の水温が例年よりも高くなっているため，アコヤガイの食欲は増していると導ける。それにもかかわらず，【資料４】で英虞湾にいる小さな生物が減少していることから，アコヤガイのえさが不足していることがわかる。

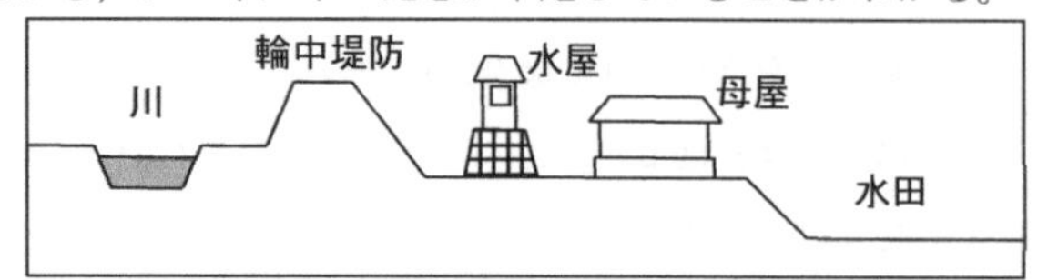


**2** (1) 木曽三川に囲まれた下流域の濃尾平野では，川の氾らんによる洪水が多かったため，輪中と呼ばれる堤防で周囲をめぐらせ，土を盛るなどして周囲より高いところにひなん場所としての水屋を建てた。輪中の中で一番低い土地の高さは，駒江の左上の－１ｍから判断できる。

(2) ①より，工場(☼)の半径500m以内にあるのはア，イ，ウ，エ，カ，キ。そのうち，③より，寺院(卍)の250m北(上)にあるのはア，イ，エ，カ。④より，病院(⊕)と家の距離は6000÷60＝100(m)だから，カと判断する。

**3** (1)(あ) 「魏志倭人伝」には，邪馬台国の卑弥呼が魏に使いを送り，「親魏倭王」の称号のほか，100枚ほどの銅鏡を授かったことも記されている。　(い) 人口は，弥生時代の1800年前頃が約59万人，縄文時代の中で一番多かった4300年前頃が約26万人だから，弥生時代の方が縄文時代より59÷26＝2.26…(倍)も増えている。

(う) 弥生時代に米づくりが盛んになると，土地や用水を目的とした争いが発生した。敵の侵入を防ぐため，集落のまわりを柵やほりで囲んだ環濠集落がつくられた。

(2)① 藤原道長は，娘の彰子と一条天皇の間に生まれた子の後一条を天皇に立て，自らは天皇の母方の親戚として摂政の地位につき実権をにぎった。　② エが誤り。日本の風土や日本人の感情に合った独自の文化を「国風文化」と言う。国風文化の中でかな文字が発明され，和歌，物語，随筆などで特に女性に広く使用された。

(3)①(お)・(か) 鎌倉幕府は，将軍と，将軍に従う御家人との結びつきによって支えられた。将軍は，御恩として御家人の以前からの領地を保護したり，新たな領地を与えたりして，御家人は，奉公として京都や幕府の警備につき命をかけて戦った。　② ８人の子が分割相続した領地は，その後の分割相続で更に縮小されたため，１人分の税収がどんどん減っていったことがわかる。鎌倉時代の武家社会では，土地は分割相続が基本で，女性にも与えられていた。そのため，御家人の中には分割相続で領地が少なくなり，生活が苦しくなって，領地を手放す者もいた。

(4) ウが正しい。　(き)・(く)1882年における義務教育就学率は，男子が65%，女子が約22%だから，女子は男子の３分の１程度だったとわかる。　(け)女子の義務教育就学率は，1900年から1918年にかけて２倍に上昇し，100%近くなったとわかる。

**4** (1) エが正しい。お店・会社からの食品ロスの量は328万トンもあるので，三重県は飲食店に食品ロスの削減を呼びかけている。　ア．家庭から出される食品ロスは全体の46%で，お店・会社よりも少ない。　イ．１人が１日に出している食品ロスの量が130ｇだから，４人家族の食品ロスの量は130×４＝520(ｇ)で，１kg未満である。

ウ．国民１人あたりが１年に出している食品ロスの量は48kgだから，２トン未満である。

(2) エが誤り。法律の公布は天皇が行う国事行為である。

(3) 「選挙で選ばれた国会における代表者を通じて政治に関わり」から導く。主権者である国民が代表者を選挙で選び，その代表者がさまざまな物事を話し合って決めるやり方を議会制民主主義(間接民主制)と言う。

(4) 閣議は，内閣総理大臣と国務大臣で構成され，決定は全員一致を原則としている。

(5) ゴミ袋の調査によって，どんな食品が捨てられているのかを県民に伝えられるので，ゴミの発生を抑制する

「リデュース」につながる。「リデュース」の他，そのままの形体で繰り返し使用する「リユース」，資源として再利用する「リサイクル」の３Ｒを進め，新たな天然資源の使用を減らす循環型社会がめざされている。

## 《2021　理科　解説》

1 (1)(2)　かん電池が並列つなぎになっているエ，オのうち，エは正しく並列つなぎになっているので豆電球がつく。オは回路がとぎれているので豆電球がつかない。また，カは２個のかん電池が直列つなぎになり，回路に豆電球のような電流を流れにくくするものがなく，導線とかん電池だけに非常に大きな電流が流れて熱くなるので危険である。

(3)　ア，エ○…アルミニウムや 10 円玉の主な成分である銅などの金属には電流が流れるが，木製の割りばしやガラスコップには電流が流れない。

(4)　図３と図４で，方位磁針がさす向きが変わらないようにするので，コイルに流れる電流の向きが同じになるようにする。また，コイルに流れる電流を大きくすると，電磁石が強くなるので，かん電池を直列つなぎにする。

2 (1)　ア○…水の温度が上がると体積が増える。

(2)　エ○…表１より，水の温度が変化しても重さは変わらないことがわかる。

(3)　イ○…水が氷になると，体積がおよそ 1.1 倍になる。

(4)　氷がとけると体積が小さくなる。このとき，海水面から上に出ている分だけ体積が小さくなるため，海水面の高さは変わらない。

3 (1)①　エ○…気温，雲画像，アメダス降水量より，10 日は晴れ，11 日は晴れかくもり，12 日は雨と判断できる。

②　上空にふくへん西風の影響で，日本列島周辺の雲は西から東に移動していくことが多い。

(2)　イ×…乱層雲(雨雲)は雨を降らせる雲である。　ウ×…空全体を 10 としたときの雲の量が８であれば，天気は晴れである。

4 (1)　おしべのやくでつくられる花粉がめしべのさきにある柱頭につくと，受粉する。

(2)　アサガオでは，開花するときに同じ花のおしべでつくられる花粉がめしべのさきについて受粉すると，実ができる。また，ほかのアサガオの花粉がついても受粉する。ア○…２日目にほかのアサガオの花粉をつけたので，実ができる。　イ×…受粉していないので実ができない。　ウ○…１日目におしべをとらず，２日目にほかのアサガオの花粉をつけたので，実ができる。　エ○…１日目におしべをとらなかったので，実ができる。

(3)　ヘチマの花は，おしべをもつお花とめしべをもつめ花に分かれている。

(6)　調べ学習カードより，コシヒカリと初星を交配することで，ひとめぼれができたことがわかる。品種による特ちょうより，初星の倒伏性は中だから，倒伏性が弱のコシヒカリと交配することで，倒伏性を強くしたと考えられる。

(7)　コシヒカリの弱い特ちょうである倒伏性と耐病性を強くする品種が多く開発されている。

# ★三重大学教育学部附属中学校

## 《国　語》

**1** (1)まんじゅう　(2)エ　(3)半径３ミリ以上の雨粒は存在しない　(4)イ　(5)④半径 0.1 ミリ以上
⑤半径 0.1 ミリ未満　(6)雨粒の分裂　(7) i．×　ii．○　iii．×　iv．○　(8)イ

**2** (1) i．易しい　ii．授業をしっかりと聞いて勉強しなければならない　iii．(例文)この問題についてもっとよく知り、身近なものとしてとらえ、自分たちに何ができるかを考えなければならない。　iv．一，十六
(2)やめようか　(3)オ　(4)イ　(5)ウ　(6)ア，エ

## 《算　数》

**1** (1)42　(2)$\frac{1}{72}$　(3)41.12　(4)イ　(5)ア　(6)右図

**2** (1)300　(2)ⅱの間は仕切られたＡＣ側に水が入っているので，水位計がある側の水位は，板の高さのまま変化しないから。　(3)ア　(4)ウ　(5)ア

1(6)の図

**3** (1)ＬＥＤランプ／1500　(2)Ａ．消費電力　Ｂ．$21.6\times\frac{12}{8}$　(3)ＬＥＤランプ／580
(4)ア．54×１×0.5＝27　イ．54－27＝27　ウ．27×30＝810　エ．できない

**4** (1)ア．線対称　イ．対称の軸　(2)90　(3)ア．$\frac{1}{2}$　イ．210　ウ．150
(4)ＰＵＲ／$\frac{2}{7}$／ＵＲ＝120 cmなので，ＣＳ＝$120\times\frac{2}{7}$＝34.28…(cm)である。／34.3
〔別解〕ＰＴＦ′／$\frac{1}{7}$／ＴＦ′＝240 cmなので，ＣＳ＝$240\times\frac{1}{7}$＝34.28…(cm)である。／34.3
(5)ⅱイ　ⅲウ　(6)右図

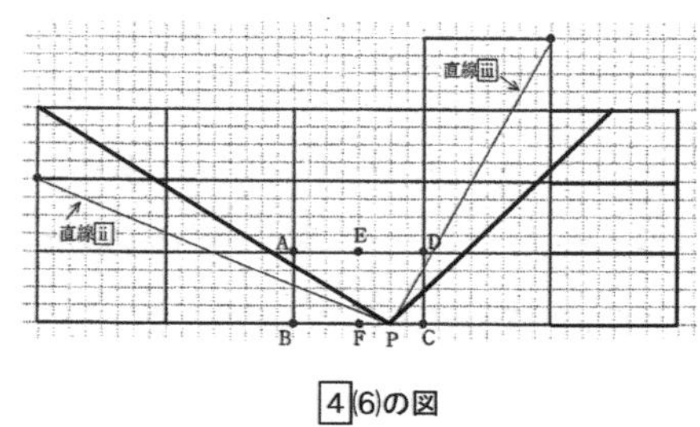


4(6)の図

## 《社　会》

1　⑴ア，オ　⑵移動にかかる時間を短縮できる　⑶斜面になっている

2　⑴230　⑵A．ウ　B．カ　C．オ　D．イ　E．ア　⑶カ

3　⑴イ　⑵聖武　⑶不平等条約の改正(交渉)　⑷エ

4　⑴ききん　⑵ウ

5　⑴記号…オ　正しく書き直したもの…予算案を作成する　⑵エ　⑶ウ　⑷少子高齢化と人口減少がすすむと予測

## 《理　科》

1　⑴ア，エ　⑵A．記号…イ　名前…ミジンコ　B．記号…ア　名前…イカダモ
⑶右図　⑷鈴木さんが飼っているメダカはすべてメスだから。
⑸イ→オ→ウ→エ→ア

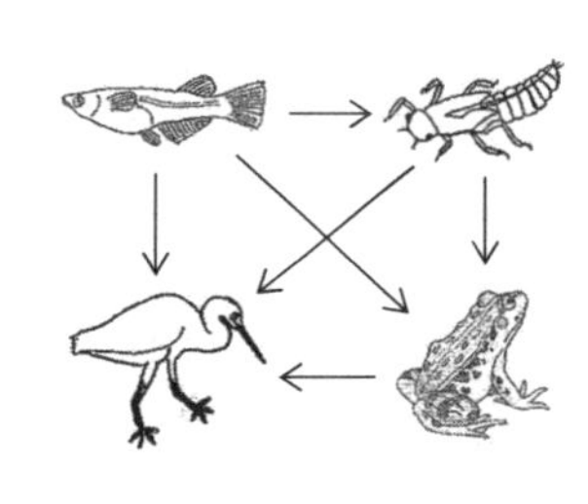

2　⑴イ　⑵イ，オ

3　⑴水の温度が下がっても食塩がとける量は変化しないから。　⑵食塩の水よう液を加熱して水を蒸発させる。　⑶72

4　⑴①どろ　②すな　③れき　④5　⑵ウ　⑶ウ→イ→ア→エ　⑷⑤成分が同じ火山灰　⑥地しん

5　⑴①0.8　②等しい　⑵15　⑶④1.86　⑤6.46　⑷エ

←解答例は前のページにありますので，そちらをご覧ください。

## 《2020 国語 解説》

1 (1) この後で、無重力では水滴(てき)が球形になるが、空気中を落ちていく水滴には重力と空気抵抗(ていこう)力が働くため、大きなると球形を保てなくなり、「まんじゅうの形」になることが書かれている。特に 2 の前の段落に「大きな雨粒(つぶ)も同じで、まんじゅうの形をほぼ水平に保ちながら落ちてきます。決して、らっきょうのような形で落ちてくるのではありません」とあり、最初の段落にある疑問に答える形になっている。

(2) 傍線(ぼうせん)部①以降の説明に着目。「雨粒が大きくなれば～重力も大きくなるはずです。つまり、速さも大きくなっていそうですが～終端(たん)落下速度は雨粒がある程度以上大きくなると、毎秒約９メートルと、ほぼ同じ速さになっています」とあるので、雨粒が大きくなるにつれて落下速度も大きくなる、右上がりのグラフで、さらに、雨粒がある程度大きくなると、落下速度（９ｍ／秒）のところでグラフが平たんになるものを選ぶ。よってエが適する。

(3) 同段落の最後に「半径３ミリ近くになると分裂(れつ)する、あるいは半径３ミリ以上の雨粒は存(そん)在しない」とある。存在しないのだから、グラフにも示されない。

(4) 直前の「まんじゅうの形をして落ちてくる大きな雨粒は、更(さら)に大きくなるとより平べったくなり、その形も保てなくなって、図２にみられるように」から、図２の上から４番目の形に似た、イが適する。

(5) 傍線部⑤をふくむ文に「大きな雨粒が分裂してできた多数の小さな水滴が再び雲の中に入っていく」とある。また、その少し後に「分裂の結果できた多数の水滴が上昇する空気と共に再び雲の中に～入っていく」とある。つまり、「小さな水滴」は、雲の中に入っていく（上昇(じょうしょう)していく）大きさだということ。その大きさがわかるのが、「雨粒が落ちる速さ」の最初の部分。「普通半径が０．１ミリ以上の水滴が雨粒とよばれます～この大きさ以上になると、落下速度が雲の中を上昇する空気の速さよりも大きくなるため雲から落ち始める」とあるから、反対に言えば、０．１ミリ未満の水滴なら、落下せず、上昇する空気と共に雲の中に入っていけることになる。よって「小さな水滴」は「０．１ミリ未満」、「大きな水滴」はそれ以上の大きさである。

(7) i 2 の前の段落に「決して、らっきょうのような形で落ちてくるのではありません」とあるので、×。
ii 「雨粒が落ちる速さ」の直後の段落に水滴が「０．１ミリ以上」の大きさになると「落ちてくる間に雲の下で蒸(じょう)発して消えてしまうことが少なくなる」とあるから、中には蒸発してしまう雨粒もあるということになる。よって○。　iii 雨粒は半径３ミリ近くなると分裂してしまうので、半径３ミリ以上のものは存在しない。よって×。　iv 本文の「普通(ふつう)半径が０．１ミリ以上の水滴が雨粒とよばれます」と、「半径３ミリ以上の雨粒は存在しない」から、○。

(8) ア．「空から落ちてくる雨粒はどのような形をしているのですか？」と疑問の形で始まっている。　イ．「です・ます」調で書かれているが、「しゃべり言葉」というほどくだけていないし、「気軽なふんいき」とまでは言えない。よってイが適切でない。　ウ．「らっきょう」「まんじゅう」など、身近なものをたとえに使っている。
エ．落下する雨粒の形という身近な内容から、雨粒の大きさや落下速度、さらには雨滴(うてき)形成の連鎖(れんさ)反応という専門的な内容を続けている。

2 (1) i 「Ｎ先生の授業は面白い」と「Ｎ先生の試験は難(むずか)しい」という二つの文を、「おまけ」では「Ｎ先生の授業は面白い。しかも試験は難しい」とつなげているが、これは「ありえない」「おかしい」つなぎ方。「しかも」を使った後半の文は、「ふつう」なら、「面白い」と同じく生徒にとってプラスのことがらになるはず。つまり「(試験は）難しい」と反対の「易しい」となる。　ii　試験が難しいと、なぜ寝ないのか。理由となる内容を考える。

iii　「しかも」でつなげることで、「海洋プラスチックの問題を三重県の多くの人は知らないし、行動もしていない」ということを問題視し、解決すべきこととして捉えることになる。「だから」とあるから、この解決のためにどうすべきかを書く。　iv　【一月十八日の朝の会話】の中で【昨日（＝一月十七日）の下校中の会話】を引用し、「昨日（＝一月十六日）、海岸のプラスチックごみを拾う活動に参加したんだ」と言っている。

(4)　前文の「例えば赤いバラを見ているときに、それを見ている私自身を私は見ることができない」が傍線部②のようになる理由。このことを言った、イが適する。

(6)　ア．「46　哲学の言葉」の３段落目の「私の場合、哲学の楽しみは～ちっぽけでも自分の頭で考えることにある。そのためには、等身大の自分の言葉を使うしかない」、４段落目の「哲学の議論はしばしば日常生活では意識しないような微細な区別に立ち入らねばならない」と一致する。　イ．エマニュエル・レヴィナスという哲学者の言葉を引用しているが、その言葉は「わからない」と言い、「（哲学の）難解な用語や言い回しを駆使しない。というか、駆使できない」と言っているので、適さない。　ウ．「むずかしい用語」についての説明はせず、身近な例を用いて、哲学の説明をしている。　エ．「～みよう」「どうだろう」「おまけ～これはどうです？　ありえない？」「ほらね、つながった」など、読者に語りかけるような表現を何度も使っているので、適する。

## 《2020　算数　解説》

**1**

(1)　与式＝24＋６×３＝24＋18＝42

(2)　与式$=\frac{64}{72}-\frac{63}{72}=\frac{1}{72}$

(3)　円の中心をＯとすると，右のように作図できる。合同な直角二等辺三角形ＯＡＤ，ＯＢＣと，合同なおうぎ形ＯＡＢ，ＯＣＤの面積の和を求めればよい。直角二等辺三角形ＯＡＤ，ＯＢＣの面積の和は，（４×４÷２）×２＝16(㎠)，おうぎ形ＯＡＢ，ＯＣＤの面積の和は，

$(4\times4\times3.14\times\frac{1}{4})\times2=8\times3.14=25.12$(㎠)だから，色のついた部分の面積は，16＋25.12＝41.12(㎠)

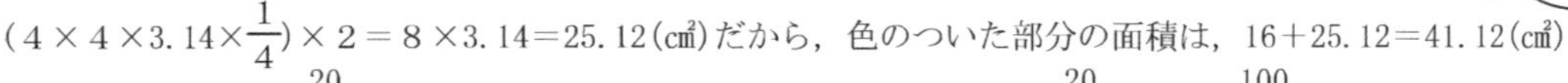

(4)　定価から２割$=\frac{20}{100}$を引くと528円となるので，定価は$528\div(1-\frac{20}{100})=528\times\frac{100}{80}$(円)である。

原価に20%$=\frac{20}{100}$の利益を足すと定価になるので，原価は$(528\times\frac{100}{80})\div(1+\frac{20}{100})=528\times\frac{100}{80}\times\frac{100}{120}$(円)である。

よって，イが正しい。

(5)　「水力」と「太陽光」と「その他自然」の割合の合計が17.4%であり，「太陽光」の割合が，$17.4\times\frac{37.4}{100}=$ 6.5076より，約6.5%となる図を探すと，アが正しいとわかる。

(6)　３つの点について，それぞれの点との距離が等しいとき，３つの点を結ぶと正三角形ができる。よって，ＡＢを１辺とする正三角形を作図すると，点Ｃの位置がわかる。コンパスでＡＢの長さをとると，右図のように２つ正三角形ができるから，点Ｃを２つ作図することができる。なお，実際に正三角形を作図する必要はない。

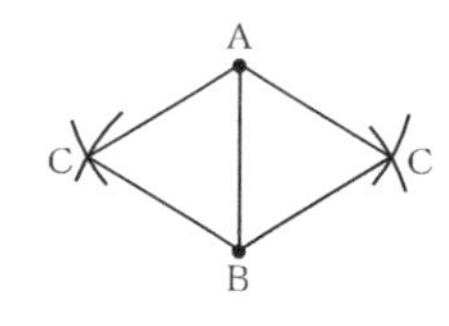


**2**

(1)　水そうの容積は，30×60×20＝36000(㎤)なので，水そうが満水になるのは，36000÷120＝300(秒後)である。

(2)　水そうを20㎝×60㎝の面を正面として見ると，右図のようになる。水は，右図の㋐，㋑，㋒の順に入っていき，㋑の部分に水が入っている間，水位は変わらない。

(3)　(2)の解説をふまえる。㋐，㋑，㋒の部分に水が入っている間のグラフはそれぞれ，ⅰ，ⅱ，ⅲである。入る水の量の割合は同じなので，水が入っている部分の底面積がせまい方が，水位の上昇は速くなる。よって，ⅰでは②仕切られたＢＣ側に水が注がれ，ⅲでは③水そう全体に水が注がれるから，ⅰの方

が皿より水位は①速く上昇する。したがって，アが正しい。

(4) (2)の解説をふまえる。【図３】の点Ｐのときは，㋐と㋑の部分に水がすべて入った状態である。よって，水の容量は，たてが30㎝，横がＡＢ＝60㎝，高さが板の高さに等しい直方体の体積と同じなので，ウが正しい。

(5) (2)の解説と同様に考える。右図のⓐ，ⓑ，ⓒ，ⓓ，ⓔの順に水が入り，ⓐ，ⓒ，ⓔの部分に水が入っている間に水位は上昇し，ⓑ，ⓓの部分に水が入っている間は水位が変わらない。また，(3)と同様に考えると，ⓐ，ⓒ，ⓔの順に水位の上昇は遅(おそ)くなることがわかるから，正しいのはアである。

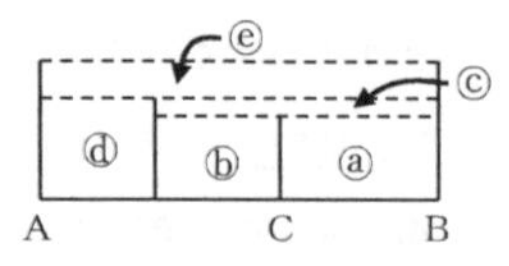


3 (1) 白熱電球の購入個数は40000÷1000＝40(個)なので，購入金額は100×40＝4000(円)である。ＬＥＤランプの購入個数は40000÷40000＝１(個)なので，購入金額は2500円である。よって，ＬＥＤランプの方が4000－2500＝1500(円)安い。

(2) 【例１】の式と〈鈴木さんの求め方〉の式を比べると，８と12の部分が違うので，Ａ消費電力の値(あたい)だけを変えたことがわかる。また，〈田中さんの求め方〉の理由から，ＬＥＤランプにおける消費電力と電気料金の比を調べると，８：21.6とわかる。この比はけい光ランプにおいても同じだから，けい光ランプの電気料金を□とすると，８：21.6＝12：□が成り立つ。12は８の$\frac{12}{8}$倍なので，□＝Ｂ$21.6\times\frac{12}{8}$＝32.4(円)となる。

(3) けい光ランプについて，購入個数は10000÷6000＝１余り4000より，２個なので，購入金額は1000×２＝2000(円)である。電気料金は，0.027×12×10000＝3240(円)なので，合計2000＋3240＝5240(円)である。
ＬＥＤランプについて，寿命40000時間より，購入個数は１個なので，購入金額は2500円である。電気料金は，0.027×８×10000＝2160(円)なので，合計2500＋2160＝4660(円)である。
したがって，ＬＥＤランプの方が5240－4660＝580(円)安い。

(4) 使用時間を１日２時間から１時間に変えると，１日の二酸化炭素排出量はア54×１×0.5＝27(ｇ)となるので，１日でイ54－27＝27(ｇ)，１ヶ月(30日)でウ27×30＝810(ｇ)減らせる。１㎏＝1000ｇなので，目標を達成することがエできない。

4 (1) １つの直線を折り目にして折ったとき，折り目の両側がぴったり重なる図形を，ア線対称という。また，その折り目にした直線をイ対称の軸という。

(2) 水谷さんの考えから，求める長さは，ＢＰの長さの半分であるとわかる。ＢＰ＝ＢＣ－ＰＣ＝240－60＝180(㎝)なので，求める長さは180÷２＝90(㎝)である。

(3) 直角三角形ＰＵＲと直角三角形ＰＴＦ′は同じ形の三角形であり，ＲＵ：Ｆ′Ｔ＝120：(120×２)＝１：２なので，直角三角形ＰＵＲは直角三角形ＰＴＦ′をア$\frac{1}{2}$に縮小したものである。ＰからＴは14メモリはなれているので，ＰＴ＝30×14＝420(㎝)であり，ＰＵ＝420×$\frac{1}{2}$＝イ210(㎝)である。ＤＲ＝ＣＵ＝ＰＵ－ＰＣ＝210－60＝150(㎝)なので，点Ｒは点Ｄからウ150㎝のところにある点になる。

(4) 直角三角形ＰＣＳと同じ形であり，辺の長さの比がわかる三角形を探す。(3)より，ＰＣ：ＰＵ＝60：210＝２：７，ＰＣ：ＰＴ＝60：420＝１：７なので，直角三角形ＰＵＲまたは直角三角形ＰＴＦ′を用いて，解答例のように考えることができる。

(5) 折り返してできた長方形に，対応する点を書き込むと，右図のようになる。よって，各直線と長方形の辺が交わったところではね返っているから，直線ⅱは，辺AB，AD，CDの順ではね返り，直線ⅲは，辺CD，AD，BC，ADの順ではね返るから，直線ⅱはイ，直線ⅲはウの理由で条件に合わない。

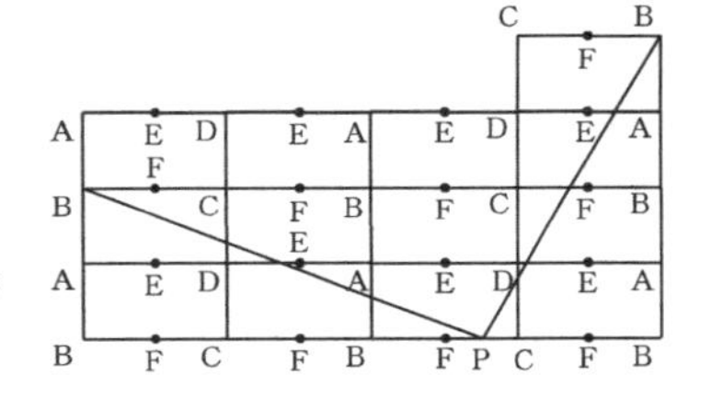


(6) (5)の解説をふまえる。長方形のたてと横の辺に対して２回ずつ交わり，どこかの穴に入るような直線を探す。解答用紙に書かれた長方形だけでは１通りしか見つけられないので，長方形を新たに書くと，解答例のように２通り見つかる。また，右図の直線①は途中（とちゅう）でAに，直線②は途中でFに入ってしまうため正しくない。

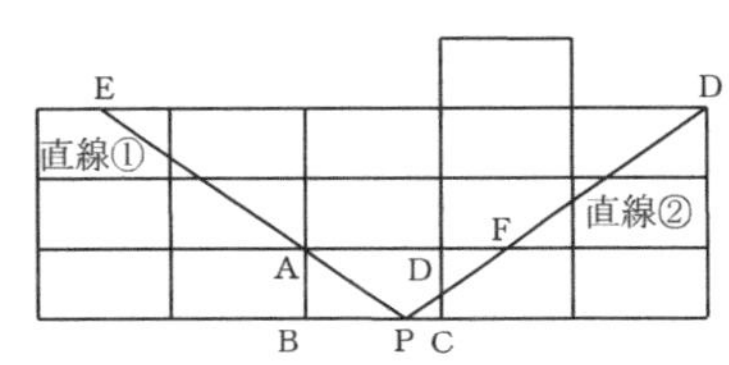


## 《2020 社会 解説》

1 (1) アとオが誤り。 ア．町役場(○)から見て南東から南の方角にかけて工場(☼)は2つある。ただし，工場，桑畑などの地図記号は現在使われていない。 オ．線で四角く囲んだ場所の左上に畑(∨)が広がっている。

(2) 高速道路には信号・歩道・横断歩道がなく，一般道路よりも自動車の速度を上げて走れるため，移動時間を短縮できる。

(3) 【資料１】でB地点に等高線が見られることに着目し，まとめの「B地点一帯を平らに削らないといけない」「A地点は…土地を削る手間と費用を省くことができる」と関連付ければ，B地点が斜面になっていると導ける。

2 (1) 半導体等電子部品の輸出額は，2010 年が 670000×0.062＝41540(億円)，2018 年が 810000×0.051＝41310(億円)だから，2018 年は 2010 年よりも 230 億円減少している。

(2) 海上輸送は重量の重い機械類や石油，石炭などの移動，航空輸送は小型・軽量で価格の高い半導体などの電子部品の移動に使われていることを覚えておこう。

(3) 伊勢湾へ流出したゴミは，風向きや潮の流れ(右図→参照)によって，カの答志島の海岸に漂着する。

3 (1) 卑弥呼が魏に使いを送り，「親魏倭王」の称号や銅鏡を授かったことが，中国の歴史書『魏志倭人伝』に書かれているから，イを選ぶ。アはインド，ウは韓国，エは日本。一般的な地図とは上下が逆さまに示されているので注意しよう。

(2) 奈良時代，鑑真は聖武天皇の招きに応じて，仏教を発展させるために中国から来日した。聖武天皇が仏教の力で世の中を安定させようとして国分寺と国分尼寺を全国につくり，奈良の都に東大寺と大仏をつくったことも覚えておこう。

(3) 不平等条約改正の交渉を有利にしようと井上馨が進めた，鹿鳴館建設をはじめとする文化・制度・習慣などをヨーロッパ風にする政策を欧化政策と呼んだ。欧化政策によって日本の近代化を示そうとした。

(4) エ．C．柳条湖事件(1931 年)→D．盧溝橋事件・日中戦争の開始(1937 年)→B．マレー半島上陸と真珠湾攻撃(1941 年)→A．玉音放送(1945 年)

4 (1) 江戸時代の小氷期には，天明のききんと天保のききんが発生した。

(2) ウが誤り。ききんによる米不足が原因で百姓一揆や打ちこわしが起きたから，原因と結果が逆である。

5 (1) オが誤り。予算の審議・議決は国会の持つ権限である。

(2) エの「市や町の収入は，人口の多さにほぼ比例しており」が誤り。津市の人口は南伊勢町の 278501÷12788＝21.77…(倍)で約20倍となるが，津市の収入は南伊勢町の 1156÷91÷12.70…(倍)で約10倍となる。

(3) 社会権のうちの生存権について規定した条文(25条)のウを選ぶ。国民の健康と生活を最終的に保障する公的扶助制度の貧困者対策には，生存権を実現する生活保護制度が含まれる。

(4) 【資料 12】の「病院を必要とする人の割合は増加」に着目しよう。【資料 13】を見ると，2030 年の総人口が 2015 年よりも半分近く減少することがわかる。その一方で，65 歳以上の人口(高齢者)は，2015 年が約 6000 人，2030 年が 4600 人だから，高齢者の割合は，2015 年が 6000÷12788×100＝46.9…(%)，2030 年が 4600÷7476×100＝61.5…(%)となり，少子高齢化が進むことが読み取れる。

## 《2020 理科 解説》

1 (1) イ×…最初に使う対物レンズは，視野が広く観察物を見つけやすい倍率が低いものにする。 ウ×…横から見ながら対物レンズとプレパラートを近づけたあと，接眼レンズをのぞいて対物レンズとプレパラートを遠ざけながらピントを合わせる。

(3) 図1より，食べられる生物から食べる生物に向かって矢印を書き入れることに注意する。

(4) 図2のメダカはすべて，背びれに切れこみがなく，しりびれの後ろが短くなっている。これらはメスの特徴(とくちょう)である。

2 (1) イ○…植物の葉に日光が当たると，水と二酸化炭素を材料にして，でんぷんと酸素がつくられる。このはたらきを光合成という。この実験では，でんぷんがつくられたことで光合成が行われたと判断する。次の日に日光を当てる前に，葉にでんぷんが残っていないことを確かめておき，その後，でんぷんができたかどうかで，光合成が行われたかどうかが判断できる。

(2) ア，ウ×…内容は正しいが，この実験から分かることではない。 エ×…酸素を取り入れ，二酸化炭素を出すのは呼吸によるものである。葉に日光が十分に当たり，呼吸よりも光合成がさかんに行われれば，全体としては二酸化炭素を取り入れ，酸素を出すことになる。

3 (1) 表2より，例えば，60℃の水 50ml にミョウバン 28gをとかしたあと，10℃まで冷やすと，28－4＝24(g)のつぶを取り出すことができる。これに対し，食塩は60℃のときと 10℃のときで 50ml の水にとける量が同じだから，同様の操作をしても，つぶを取り出すことができない。

(2) 表3より，ものが水にとける量は水の量に比例することがわかる。したがって，食塩の水よう液を加熱して水を蒸発させていけば，とけきれなくなった食塩がつぶとなって出てくる。

(3) 表2で，60℃のとき，ミョウバンは水 50ml に 28gまでとけることから，50ml の3倍の 150ml の水には 28×3＝84(g)までとける。この水よう液の温度を 10℃まで下げると，表3より，ミョウバンは 12gまでしかとけなくなるので，84－12＝72(g)のつぶを取り出すことができる。

4 (1) ①～③地層は下にあるものほど古い時代にたい積したものである。火山灰が降(ふ)り積もったあとは，その上にあるものから順にたい積したことになるから，どろの層→すなの層→れきの層の順である。 ④1目もりが 2.5mであることに注意する。すなの層は2目もり分たい積しているから，2.5×2＝5(m)が正答となる。

⑵　A～C地点の火山灰をふくむ層はすべて同じものだと考えられる。したがって，この層の上下の層の厚さに着目すればよい。A地点とB地点より，この層の上には 7.5mの厚さのどろの層があり，下には５mの厚さのどろの層があることが分かるので，ウが正答となる。

⑶　図５のA地点とB地点の火山灰をふくむ層の下面の標高に着目すると，A地点では60－20＝40(m)，B地点では 45－５＝40(m)で等しく，⑵より，C地点でも 55－15＝40(m)だから，この地域の地層はどの方向にもかたむいていないと考えられる。図５と図７の地層の積み重なり方からア～エの地表面の標高を考えると，アがA地点より2.5m高い62.5m，イがD地点より15m低い75m，ウがD地点より2.5m低い87.5m，エがB地点より５m高い50mとなる。したがって，ウ→イ→ア→エが正答となる。

**5**　⑴　表４より，このふりこは４秒ごとに往復する回数が５回増えることが分かる。したがって，１往復する時間は $\frac{4}{5}$＝0.8(秒)である。また，手を放してからの経過時間が大きくなって，ふりこのふれはばがだんだん小さくなっていっても４秒ごとに往復する回数は５回で変化しないから，１往復する時間は0.8秒で常に等しい。

⑵　おもりの重さが変わってもおもりが１往復する時間は変わらないから，手を放してからの経過時間とおもりが往復した数の関係は表４とすべて同じになる。したがって，③には15が入る。

⑶　おもりが１往復する時間の増え方が，0.66－0.46＝0.20(秒)，0.96－0.66＝0.30(秒)，1.36－0.96＝0.40(秒)と，0.10 秒ずつ大きくなっているから，④には 1.36 より 0.50 大きい 1.86 があてはまる。したがって，⑤には 4.60＋1.86＝6.46 があてはまる。

⑷　エ○…ふりこのふれはばやおもりの重さが変わってもふりこが１往復する時間は変わらないが，ふりこの長さが変わるとふりこが１往復する時間は変わる。ふりこの長さは，おもりをつるした点からおもりの重さがかかる点までの長さであり，ア～ウのようにおもりを縦につなぐとおもり全体の重さがかかる点が水谷さんのふりこよりも下になり，ふりこの長さが長くなるので，１往復する時間が長くなる。

## ■ ご使用にあたってのお願い・ご注意

（1）問題文等の非掲載

著作権上の都合により，問題文や図表などの一部を掲載できない場合があります。

誠に申し訳ございませんが，ご了承くださいますようお願いいたします。

（2）過去問における時事性

過去問題集は，学習指導要領の改訂や社会状況の変化，新たな発見などにより，現在とは異なる表記や解説になっている場合があります。過去問の特性上，出題当時のままで出版していますので，あらかじめご了承ください。

（3）配点

学校等から配点が公表されている場合は，記載しています。公表されていない場合は，記載していません。

独自の予想配点は，出題者の意図と異なる場合があり，お客様が学習するうえで誤った判断をしてしまう恐れがあるため記載していません。

（4）無断複製等の禁止



（5）けがに注意

この問題集は針を外して使用します。針を外すときは，けがをしないように注意してください。また，表紙カバーや問題用紙の端で手指を傷つけないように十分注意してください。

（6）正誤

制作には万全を期しておりますが，万が一誤りなどがございましたら，弊社までご連絡ください。

なお，誤りが判明した場合は，弊社ウェブサイトの「ご購入者様のページ」に掲載しておりますので，そちらもご確認ください。

## ■ お問い合わせ

解答例，解説，印刷，製本など，問題集発行におけるすべての責任は弊社にあります。

ご不明な点がございましたら，弊社ウェブサイトの「お問い合わせ」フォームよりご連絡ください。迅速に対応いたしますが，営業日の都合で回答に数日を要する場合があります。

ご入力いただいたメールアドレス宛に自動返信メールをお送りしています。自動返信メールが届かない場合は，「よくある質問」の「メールの問い合わせに対し返信がありません。」の項目をご確認ください。

また弊社営業日（平日）は，午前９時から午後５時まで，電話でのお問い合わせも受け付けています。

2025 春

株式会社教英出版
〒422-8054　静岡県静岡市駿河区南安倍３丁目 12-28
TEL　054-288-2131　　FAX　054-288-2133
URL　https://kyoei-syuppan.net/
MAIL siteform@kyoei-syuppan.net

**神奈川県**

①［県立］相模原中等教育学校
　　　　平塚中等教育学校
②［市立］南高等学校附属中学校
③［市立］横浜サイエンスフロンティア高等学校附属中学校
④［市立］川崎高等学校附属中学校
✿⑤聖光学院中学校
✿⑥浅野中学校
⑦洗足学園中学校
⑧法政大学第二中学校
⑨逗子開成中学校（1次）
⑩逗子開成中学校（2·3次）
⑪神奈川大学附属中学校（第1回）
⑫神奈川大学附属中学校（第2·3回）
⑬栄光学園中学校
⑭フェリス女学院中学校

**新潟県**

①［県立］村上中等教育学校
　　　　柏崎翔洋中等教育学校
　　　　燕中等教育学校
　　　　津南中等教育学校
　　　　直江津中等教育学校
　　　　佐渡中等教育学校
②［市立］高志中等教育学校
③新潟第一中学校
④新潟明訓中学校

**石川県**

①［県立］金沢錦丘中学校
②星稜中学校

**福井県**

①［県立］高志中学校

**山梨県**

①山梨英和中学校
②山梨学院中学校
③駿台甲府中学校

**長野県**

①［県立］屋代高等学校附属中学校
　　　　諏訪清陵高等学校附属中学校
②［市立］長野中学校

**岐阜県**

①岐阜東中学校
②鶯谷中学校
③岐阜聖徳学園大学附属中学校

**静岡県**

①［国立］静岡大学教育学部附属中学校
　　　　（静岡·島田·浜松）
②［県立］清水南高等学校中等部
　［県立］浜松西高等学校中等部
　［市立］沼津高等学校中等部
③不二聖心女子学院中学校
④日本大学三島中学校
⑤加藤学園暁秀中学校
⑥星陵中学校
⑦東海大学付属静岡翔洋高等学校中等部
⑧静岡サレジオ中学校
⑨静岡英和女学院中学校
⑩静岡雙葉中学校
⑪静岡聖光学院中学校
⑫静岡学園中学校
⑬静岡大成中学校
⑭城南静岡中学校
⑮静岡北中学校
⑯常葉大学附属常葉中学校
　常葉大学附属橘中学校
　常葉大学附属菊川中学校
⑰藤枝明誠中学校
⑱浜松開誠館中学校
⑲静岡県西遠女子学園中学校
⑳浜松日体中学校
㉑浜松学芸中学校

**愛知県**

①［国立］愛知教育大学附属名古屋中学校
②愛知淑徳中学校
③名古屋経済大学市邨中学校
　名古屋経済大学高蔵中学校
④金城学院中学校
⑤椙山女学園中学校
⑥東海中学校
⑦南山中学校男子部
⑧南山中学校女子部
⑨聖霊中学校
⑩滝中学校
⑪名古屋中学校
⑫大成中学校
⑬愛知中学校
⑭星城中学校
⑮名古屋葵大学中学校
　（名古屋女子大学中学校）
⑯愛知工業大学名電中学校
⑰海陽中等教育学校（特別給費生）
⑱海陽中等教育学校（I·II）
⑲中部大学春日丘中学校
新刊⑳名古屋国際中学校

**三重県**

①［国立］三重大学教育学部附属中学校
②暁中学校
③海星中学校
④四日市メリノール学院中学校
⑤高田中学校
⑥セントヨゼフ女子学園中学校
⑦三重中学校
⑧皇學館中学校
⑨鈴鹿中等教育学校
⑩津田学園中学校

**滋賀県**

①［国立］滋賀大学教育学部附属中学校
②［県立］河瀬中学校
　　　　守山中学校
　　　　水口東中学校

**京都府**

①［国立］京都教育大学附属桃山中学校
②［府立］洛北高等学校附属中学校
③［府立］園部高等学校附属中学校
④［府立］福知山高等学校附属中学校
⑤［府立］南陽高等学校附属中学校
⑥［市立］西京高等学校附属中学校
⑦同志社中学校
⑧洛星中学校
⑨洛南高等学校附属中学校
⑩立命館中学校
⑪同志社国際中学校
⑫同志社女子中学校（前期日程）
⑬同志社女子中学校（後期日程）

**大阪府**

①［国立］大阪教育大学附属天王寺中学校
②［国立］大阪教育大学附属平野中学校
③［国立］大阪教育大学附属池田中学校

④[府立]富田林中学校
⑤[府立]咲くやこの花中学校
⑥[府立]水都国際中学校
⑦清風中学校
⑧高槻中学校(A日程)
⑨高槻中学校(B日程)
⑩明星中学校
⑪大阪女学院中学校
⑫大谷中学校
⑬四天王寺中学校
⑭帝塚山学院中学校
⑮大阪国際中学校
⑯大阪桐蔭中学校
⑰開明中学校
⑱関西大学第一中学校
⑲近畿大学附属中学校
⑳金蘭千里中学校
㉑金光八尾中学校
㉒清風南海中学校
㉓帝塚山学院泉ヶ丘中学校
㉔同志社香里中学校
㉕初芝立命館中学校
㉖関西大学中等部
㉗大阪星光学院中学校

## 兵庫県

①[国立]神戸大学附属中等教育学校
②[県立]兵庫県立大学附属中学校
③雲雀丘学園中学校
④関西学院中学部
⑤神戸女学院中学部
⑥甲陽学院中学校
⑦甲南中学校
⑧甲南女子中学校
⑨灘中学校
⑩親和中学校
⑪神戸海星女子学院中学校
⑫滝川中学校
⑬啓明学院中学校
⑭三田学園中学校
⑮淳心学院中学校
⑯仁川学院中学校
⑰六甲学院中学校
⑱須磨学園中学校(第1回入試)
⑲須磨学園中学校(第2回入試)
⑳須磨学園中学校(第3回入試)
㉑白陵中学校
㉒夙川中学校

## 奈良県

①[国立]奈良女子大学附属中等教育学校
②[国立]奈良教育大学附属中学校
③[県立] 国際中学校 / 青翔中学校
④[市立]一条高等学校附属中学校
⑤帝塚山中学校
⑥東大寺学園中学校
⑦奈良学園中学校
⑧西大和学園中学校

## 和歌山県

①[県立] 古佐田丘中学校 / 向陽中学校 / 桐蔭中学校 / 日高高等学校附属中学校 / 田辺中学校
②智辯学園和歌山中学校
③近畿大学附属和歌山中学校
④開智中学校

## 岡山県

①[県立]岡山操山中学校
②[県立]倉敷天城中学校
③[県立]岡山大安寺中等教育学校
④[県立]津山中学校
⑤岡山中学校
⑥清心中学校
⑦岡山白陵中学校
⑧金光学園中学校
⑨就実中学校
⑩岡山理科大学附属中学校
⑪山陽学園中学校

## 広島県

①[国立]広島大学附属中学校
②[国立]広島大学附属福山中学校
③[県立]広島中学校
④[県立]三次中学校
⑤[県立]広島叡智学園中学校
⑥[市立]広島中等教育学校
⑦[市立]福山中学校
⑧広島学院中学校
⑨広島女学院中学校
⑩修道中学校
⑪崇徳中学校
⑫比治山女子中学校
⑬福山暁の星女子中学校
⑭安田女子中学校
⑮広島なぎさ中学校
⑯広島城北中学校
⑰近畿大学附属広島中学校福山校
⑱盈進中学校
⑲如水館中学校
⑳ノートルダム清心中学校
㉑銀河学院中学校
㉒近畿大学附属広島中学校東広島校
㉓AICJ中学校
㉔広島国際学院中学校
㉕広島修道大学ひろしま協創中学校

## 山口県

①[県立] 下関中等教育学校 / 高森みどり中学校
②野田学園中学校

## 徳島県

①[県立] 富岡東中学校 / 川島中学校 / 城ノ内中等教育学校
②徳島文理中学校

## 香川県

①大手前丸亀中学校
②香川誠陵中学校

## 愛媛県

①[県立] 今治東中等教育学校 / 松山西中等教育学校
②愛光中学校
③済美平成中等教育学校
④新田青雲中等教育学校

## 高知県

①[県立] 安芸中学校 / 高知国際中学校 / 中村中学校

## 福岡県

① [国立] 福岡教育大学附属中学校（福岡·小倉·久留米）
② [県立] 育徳館中学校
　門司学園中学校
　宗像中学校
　嘉穂高等学校附属中学校
　輝翔館中等教育学校
③西南学院中学校
④上智福岡中学校
⑤福岡女学院中学校
⑥福岡雙葉中学校
⑦照曜館中学校
⑧筑紫女学園中学校
⑨敬愛中学校
⑩久留米大学附設中学校
⑪飯塚日新館中学校
⑫明治学園中学校
⑬小倉日新館中学校
⑭久留米信愛中学校
⑮中村学園女子中学校
⑯福岡大学附属大濠中学校
⑰筑陽学園中学校
⑱九州国際大学付属中学校
⑲博多女子中学校
⑳東福岡自彊館中学校
㉑八女学院中学校

## 佐賀県

① [県立] 香楠中学校
　致遠館中学校
　唐津東中学校
　武雄青陵中学校
②弘学館中学校
③東明館中学校
④佐賀清和中学校
⑤成穎中学校
⑥早稲田佐賀中学校

## 長崎県

① [県立] 長崎東中学校
　佐世保北中学校
　諫早高等学校附属中学校
②青雲中学校
③長崎南山中学校
④長崎日本大学中学校
⑤海星中学校

## 熊本県

① [県立] 玉名高等学校附属中学校
　宇土中学校
　八代中学校
②真和中学校
③九州学院中学校
④ルーテル学院中学校
⑤熊本信愛女学院中学校
⑥熊本マリスト学園中学校
⑦熊本学園大学付属中学校

## 大分県

① [県立] 大分豊府中学校
②岩田中学校

## 宮崎県

① [県立] 五ヶ瀬中等教育学校
② [県立] 宮崎西高等学校附属中学校
　都城泉ヶ丘高等学校附属中学校
③宮崎日本大学中学校
④日向学院中学校
⑤宮崎第一中学校

## 鹿児島県

① [県立] 楠隼中学校
② [市立] 鹿児島玉龍中学校
③鹿児島修学館中学校
④ラ・サール中学校
⑤志學館中等部

## 沖縄県

① [県立] 与勝緑が丘中学校
　開邦中学校
　球陽中学校
　名護高等学校附属桜中学校

# もっと過去問シリーズ

## 北海道

北嶺中学校
7年分（算数・理科・社会）

## 静岡県

静岡大学教育学部附属中学校
（静岡·島田·浜松）
10年分（算数）

## 愛知県

愛知淑徳中学校
7年分（算数・理科・社会）
東海中学校
7年分（算数・理科・社会）
南山中学校男子部
7年分（算数・理科・社会）
南山中学校女子部
7年分（算数・理科・社会）
滝中学校
7年分（算数・理科・社会）
名古屋中学校
7年分（算数・理科・社会）

## 岡山県

岡山白陵中学校
7年分（算数・理科）

## 広島県

広島大学附属中学校
7年分（算数・理科・社会）
広島大学附属福山中学校
7年分（算数・理科・社会）
広島学院中学校
7年分（算数・理科・社会）
広島女学院中学校
7年分（算数・理科・社会）
修道中学校
7年分（算数・理科・社会）
ノートルダム清心中学校
7年分（算数・理科・社会）

## 愛媛県

愛光中学校
7年分（算数・理科・社会）

## 福岡県

福岡教育大学附属中学校
（福岡·小倉·久留米）
7年分（算数・理科・社会）
西南学院中学校
7年分（算数・理科・社会）
久留米大学附設中学校
7年分（算数・理科・社会）
福岡大学附属大濠中学校
7年分（算数・理科・社会）

## 佐賀県

早稲田佐賀中学校
7年分（算数・理科・社会）

## 長崎県

青雲中学校
7年分（算数・理科・社会）

## 鹿児島県

ラ·サール中学校
7年分（算数・理科・社会）

※もっと過去問シリーズは
国語の収録はありません。


教英出版
〒422-8054
静岡県静岡市駿河区南安倍3丁目12－28
TEL 054-288-2131
FAX 054-288-2133
詳しくは教英出版で検索
教英出版 検索
URL https://kyoei-syuppan.net/

令和六年度　学力検査　問題用紙

# 第一検査

# 国語

（九時〜九時三十分、三十分間）

【注意】

一、開始の合図があるまで、冊子(さっし)を開いてはいけません。
二、答えは、すべて解答用紙に書きなさい。
三、問題は、1ページから5ページまで、印刷してあります。
　なお、問題用紙の他に【別紙】があり、問題文が印刷してあります。
四、解答用紙には、黒えんぴつ、またはシャープペンシルを使い、濃(こ)く、はっきりと、解答らんからはみ出さないように書きなさい。また、消すときは消しゴムできれいに消しなさい。
五、開始の合図で、解答用紙の決められた場所に、受検番号を書きなさい。
六、問題を読むとき、声を出してはいけません。
七、終了の合図で、すぐに筆記用具を置きなさい。
八、決められた字数で答える問いは、句読点・記号も字数にふくむものとして答えなさい。
九、漢字は省略せずていねいに書きなさい。

三重大学教育学部附属中学校

1

(1) 次の傍線部（ぼうせんぶ）のカタカナを漢字で書きなさい。

① 荷物をトドけるようにする。

② 遠足のジュンビをする。

(2) 次の［ A ］［ B ］に入る漢字を、次のア～オからそれぞれ一つずつ選び、その記号を書きなさい。

［ A ］― 表情／意識

［ B ］― 意識／少年

ア 苦　イ 美　ウ 不　エ 散　オ 無

2 【別紙】の問題文を読んで、次の各問いに答えなさい。（決められた字数で答える問いは、句読点、記号も字数にふくむ。）

(1) 空欄［　Ａ　］に入る最も適当な接続詞を、次のア～ウから一つ選び、その記号を書きなさい。

ア　すると　　イ　ところが　　ウ　まず

(2) 「①先生、そうお怒りになっちゃ、お体にさわります」とあるが、先生（ゴーシュ）が猫に怒鳴ったことばは、どのようなことが原因であったのか。問題文から十字で抜き出して書きなさい。

(3) 「②この猫のやつ、どうしてくれよう」とあるが、このあとゴーシュはどうしたか。最も適当なものを、次のア～エから一つ選び、その記号を書きなさい。

ア　シューマンのトロイメライを弾いて、猫を満足させた。
イ　シューマンのトロイメライを弾いて、猫をがっかりさせた。
ウ　「インドのトラ狩り」を弾いて、猫を慌てさせた。
エ　「インドのトラ狩り」を弾いて、猫を感動させた。

(4) 「③戸に鍵をかけて窓もみんな閉めてしまい」とあるが、ゴーシュは、なぜこのようなことをしたのか。最も適当なものを、次のア～エから一つ選び、その記号を書きなさい。

ア　猫が部屋の中で音楽を聴くときに、簡単に外に出られないようにしたかったから。
イ　猫が部屋の中で音楽を聴くときに、きちんとした音響で聴かせたかったから。
ウ　猫が部屋の中で音楽を聴くときに、寒くなるといけないと思ったから。
エ　猫が部屋の中で音楽を聴くときに、音漏れによる近所迷惑を避けたかったから。

(5) 「④これからトラを捕まえるところだ」とあるが、そのあと猫は、どのような行動を起こしたか。問題文の言葉を用いて五十字以内で書きなさい。

(6)　次の会話文をよく読んで、あとの問いに答えなさい。

水谷さん　ずいぶんと不思議な場面だね。そもそも猫がしゃべるということが、ありえないんだけど、それはまぁ置いておいて。どうして猫は［　ｉ　］を弾いて欲しかったんだろうか。

中村さん　たぶんこの猫は、ゴーシュの家の近くにいたんだと思う。そしてゴーシュはいつも、［　ｉ　］を弾いていたんだろうね。猫はいつもそれを聴きながら、眠っていたんだろう。

山本さん　そうか、だから最後に「今夜の演奏はどうかしていますね」って言っているんだね。いつも聴いているから「今夜の演奏は」って言っているんだね。ところでどうしてゴーシュはリクエストされた［　ｉ　］を弾かなかったのかな。

水谷さん　それは昼間の練習のときのむしゃくしゃした気持ちのときに、猫がⅱ自分の畑のものを持ってきて、そして「聴いてあげます」なんて言ったからだよ。だから［　ⅲ　］、素直に猫の言うことに従いたくなかったんじゃないかな。

中村さん　それよりも「インドのトラ狩り」を演奏したときに、なぜ猫はあんなに慌てふためいてしまったのかな。

山本さん　ゴーシュの演奏があまりにも下手だったからじゃないかな。昼間に、楽長からこってりとしぼられたみたいだし。

水谷さん　う～ん、それもあるかもしれないけれども、でも、いつもゴーシュのセロを聴いて眠っていたんだよね。だったら、下手だから慌てるっていうことは無いんじゃないかな。

中村さん　おそらく猫は［　ⅳ　］んじゃないかな。だって「トラ」はネコ科の生き物だから、その音楽は猫を狩るような印象を与えるものだったんじゃないかと思うんだよね。だから慌てふためいて、部屋から逃げ出そうとしたんだし、ゴーシュもそれを狙っていたんだと思うよ。

(a)　空欄［　ｉ　］に入る最も適切な言葉を、【別紙】の問題文から六字で抜き出して書きなさい。

(b)　「ⅱ自分の畑のもの」とあるが、それはなにか。最も適当なものを、次のア～エから一つ選び、その記号を書きなさい。

ア　トマト
イ　セロ
ウ　ホーシュ
エ　月の光

(c) 空欄［ iii ］に入る最も適切な言葉を、次のア～エから一つ選び、その記号を書きなさい。

ア 面白くなって

イ つまらなくなって

ウ 腹が立って

エ 落ち込んでしまって

(d) 空欄［ iv ］に入る最も適切な言葉を、次のア～エから一つ選び、その記号を書きなさい。

ア 楽しかった

イ うれしかった

ウ 腹が立った

エ 怖かった

3 次の原稿用紙に書かれている文章は「正しい原稿用紙の使い方」で書かれていないところがある。解答用紙の原稿用紙に、正しく書き直しなさい。

日本の多くの小学校における学校行事には、
「修学旅行」というものがある。私の学校は
、中国・九州地方に行くが、「東京方面に行
きたい」という声もあったようだ。
　私はというと、みんなで行った修学旅行は
、とても楽しく、良い思い出になりました。

令和６年度　学力検査　問題用紙

# 第２検査

# 算　数

（9：45 ～ 10：15　30 分間）

【注意】

1．開始の合図があるまで，冊子(さっし)を開いてはいけません。
2．答えは，すべて解答用紙に書きなさい。
3．問題は，１ページから６ページまで，印刷してあります。
4．解答用紙には，黒えんぴつ，またはシャープペンシルを使い，濃く，はっきりと，解答欄からはみださないように書きなさい。
　また，消すときは消しゴムできれいに消しなさい。
5．開始の合図で，解答用紙の決められた場所に，受検番号を書きなさい。
6．問題を読むとき，声を出してはいけません。
7．終了の合図で，すぐに筆記用具を置きなさい。
8．円周率を用いて計算するときには，3.14 を用いなさい。
　ただし，3 については，問題文の指示に従うこと。
9．作図に用いた線は，消さずに残しておきなさい。
10．比を答えるときには，もっとも簡単(かん)な整数の比で書きなさい。
　分数を答えるときには，分子・分母をもっとも簡単な整数を用いて書きなさい。

三重大学教育学部附属中学校

1　次の各問いに答えなさい。(1)～(7)については，□にあてはまる数を，それぞれ答えなさい。(8)については，その問いの指示にしたがって答えなさい。

(1)　40 ÷ 4 + 2 × 5 = □

(2)　$\frac{3}{4} - \frac{2}{3}$ = □

(3)　山田さんの家から駅までは 1500 m はなれている。山田さんは家から駅まで分速 75 m で歩き，その後，駅から家まで分速 150 m で走った。
山田さんの往復の平均速度は，分速□m である。

(4)　鈴木さんの歩く速さは秒速 1 m で，加藤さんの歩く速さは時速 5.4 km である。鈴木さんと加藤さんの歩く速さの比は□となる。

(5)　200 g までの重さを測ることができるつるまきばねに，色々な重さのおもりを下げると，おもりの重さとばねの長さの関係は，下の表のようになった。

| おもりの重さ（ g ） | 0 | 20 | 40 | 60 | 80 |
|---|---|---|---|---|---|
| ばねの長さ（ cm ） | 15 | 25 | 35 | 45 | 55 |

ばねの長さが 80 cm になるとき，おもりの重さは□g である。

(6)　五円，十円，五十円，百円，五百円の硬貨（こうか）が一枚ずつある。この五枚の硬貨（こうか）から二枚を選ぶとき、二枚の合計金額は，□通りある。

(7)　下の展開図を組み立ててできる立体の底面がおうぎ形で，おうぎ形の中心角は 120°である。
この立体のㇵ㋐の長さは □cm である。

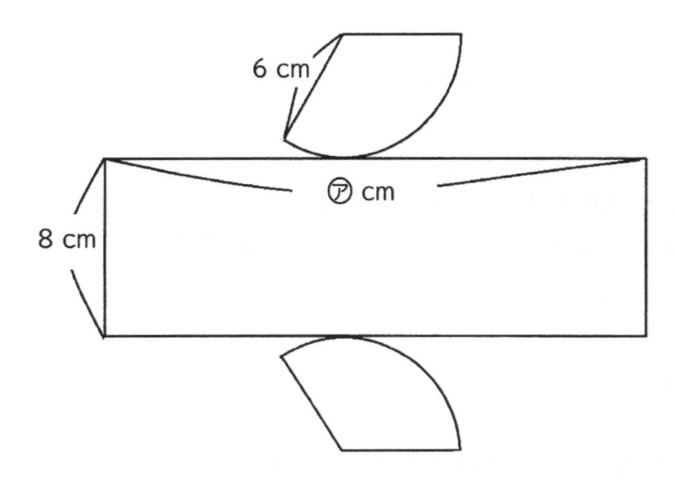

(8)　2023 年総務省統計局の発表によると，2020 年度における世界の中で二酸化炭素排出量が多い国は，下の表のようになっている。この表に関し，適切なものを，次のア～エからすべて選び，その記号を書きなさい。

| 順位 | 国名 | 排出量（億トン） |
|---|---|---|
| 1 | 中華人民共和国（中国） | 100.8 |
| 2 | アメリカ合衆国 | 42.6 |
| 3 | インド | 20.7 |
| 4 | ロシア | 15.6 |
| 5 | 日本 | 9.9 |
| 6 | ドイツ | 5.9 |
| 7 | 大韓民国（韓国） | 5.5 |
| 8 | カナダ | 5.1 |
| 9 | ブラジル | 3.9 |
| 10 | トルコ | 3.7 |

ア　中華人民共和国の排出量は，トルコの排出量の 20 倍よりも多い。
イ　アメリカ合衆国の排出量は，ブラジルの排出量の 10 倍よりも多い。
ウ　日本の排出量は，ドイツの排出量の 2 倍よりも多い。
エ　3 位の国と 4 位の国の排出量の差は，8 位の排出量と等しい。

2　山田さんは，数字を 1 から順に時計回りに書いていくと，面白い特徴（とくちょう）があることに気づいた。クラスメートとの 会話文 を読んで，次の各問いに答えなさい。

会話文 1

山田さん：数字を 1 から順に時計回りに書いていくと，面白いことがわかるよ。
鈴木さん：教えて。
山田さん：いいよ。1 周目は、このように 1 から 4 まで書いて，この4つの数字を正方形で囲んだ。次に，4 の左となりに 5 を書いて，時計回りに数字を書いていく。

| 1 | 2 |
|---|---|
| 4 | 3 |

|   | 1 | 2 |
|---|---|---|
| 5 | 4 | 3 |

会話文 2

鈴木さん：楽しそうだね。わたしも書いてみる。6 はどこに書けばいいのかな？
山田さん：時計回りだから，5 の上に 6 を書く。
鈴木さん：なるほど。わかった，16 まで数字を書いてみたよ。
山田さん：そうしたら，16 までの数字を，大きな正方形で囲むんだ。5 から 16 までが 2 周目になる。

| 7 | 8 | 9 | 10 |
|---|---|---|---|
| 6 | 1 | 2 | 11 |
| 5 | 4 | 3 | 12 |
| 16 | 15 | 14 | 13 |

| 7 | 8 | 9 | 10 |
|---|---|---|---|
| 6 | 1 | 2 | 11 |
| 5 | 4 | 3 | 12 |
| 16 | 15 | 14 | 13 |

令和六年度　学力検査　国語　解答用紙

受検番号

得点

※15点満点
（配点非公表）

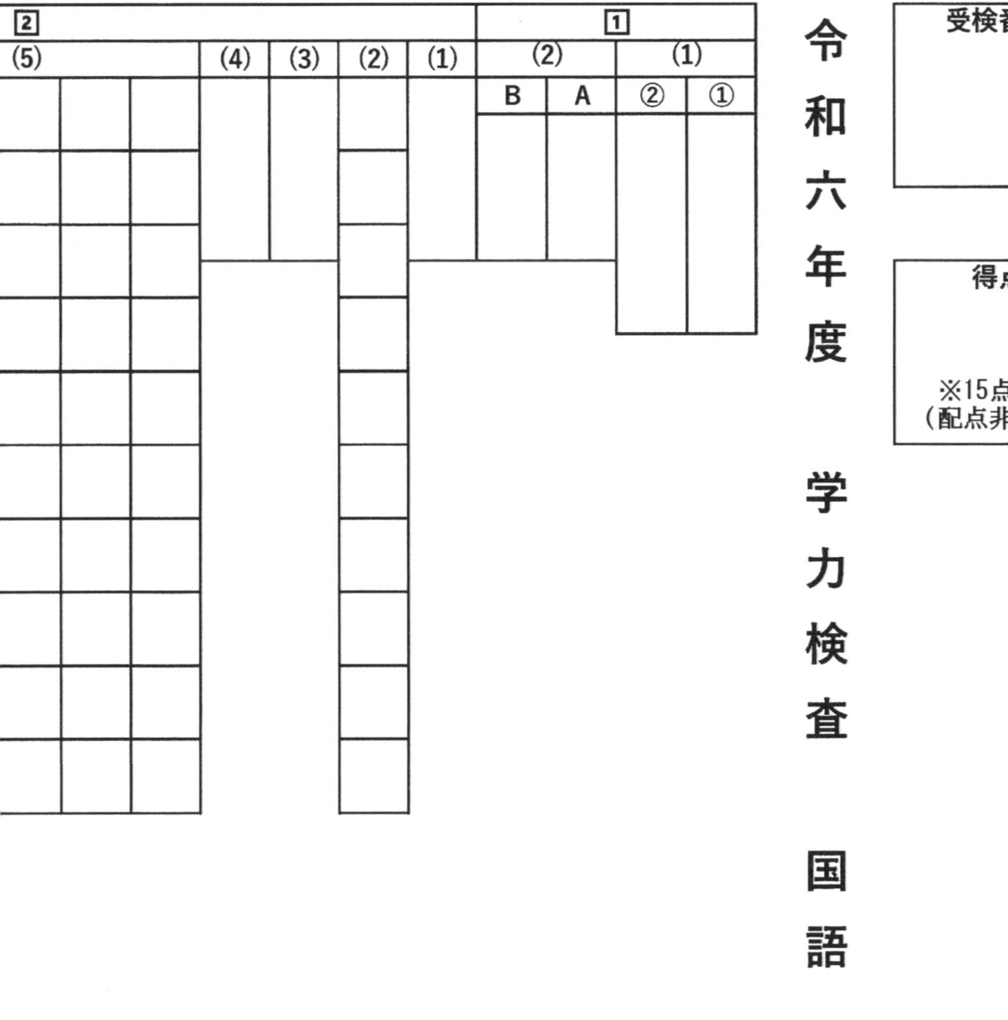

| 得点<br><br>※15点満点<br>（配点非公表） |
| --- |
| |

<table>
<tr><td rowspan="5">3</td><td>(1)</td><td>(2)</td></tr>
<tr><td rowspan="2">(3)</td><td>㋒</td></tr>
<tr><td>㋓</td></tr>
<tr><td rowspan="2">(4)</td><td>㋔</td></tr>
<tr><td>説明</td></tr>
</table>

# 令和六年度　学力検査　算数　解答用紙

受検番

| | | | | |
|---|---|---|---|---|
| 1 | (1) | (2) | (3) | (4) |
| | (5) | (6) | (7) | (8) |

| | | | |
|---|---|---|---|
| 2 | (1) | ㋐ | |
| | | ㋑ | |
| | (2) | 4周目の一番大きな数 | |
| | | 求め方 | |

2024(R6) 三重大学教育学部附属中

K 教英出版

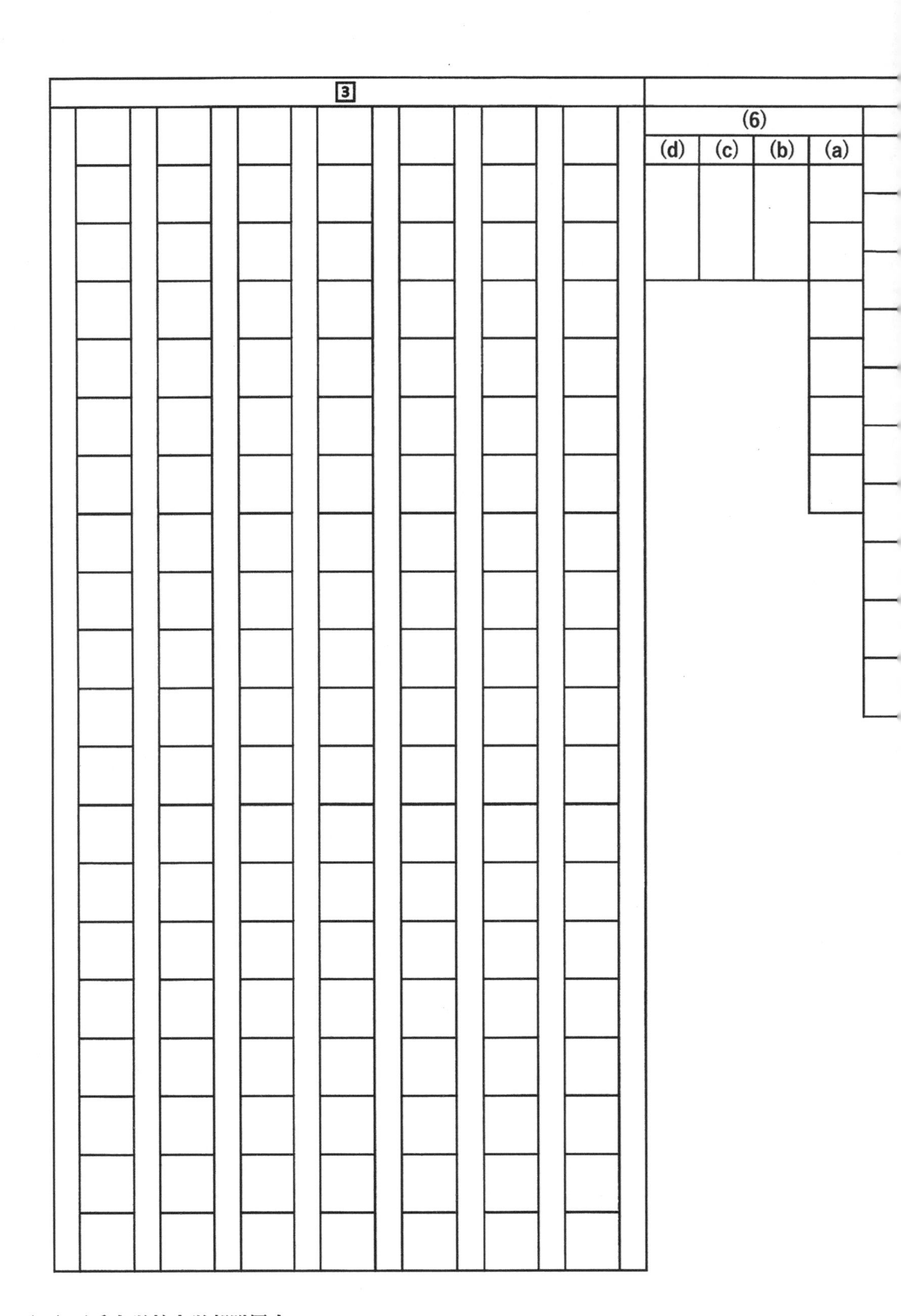
3
(6)
(d)
(c)
(b)
(a)

会話文３

山田さん：次に，16 の左となりに 17 を書いて，その上に 18 を書いて，時計回りに続けて数字を書いていって，一周したら，さらに大きな正方形で囲む。
鈴木さん：囲まれた数の中で一番大きな数は，いつも，正方形の左下にあるね。
山田さん：本当だね。

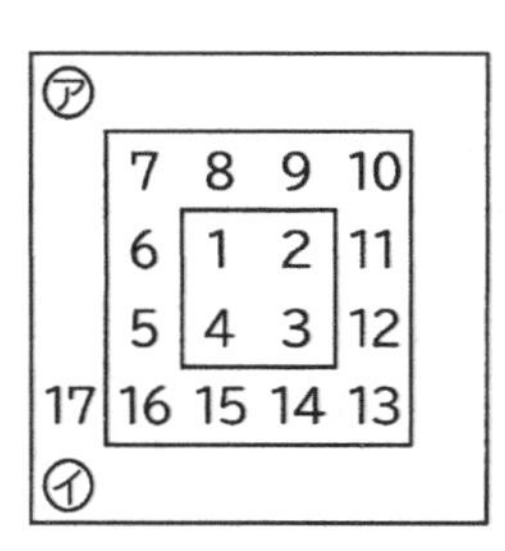


(1)　２人の会話をヒントに，㋐と㋑に当てはまる数をそれぞれ書きなさい。

会話文４

山田さん：１周目の一番大きな数は４で，２周目の一番大きな数は 16 だね。
鈴木さん：３周目の一番大きな数は㋑になるよ

(2)　４周目の一番大きな数を書きなさい。また，その数をどのようにして求めたのか，あなたの考えを説明しなさい。

**3** 田中さんと鈴木さんは，円周率が 3 より大きいことを確かめるために，円の中や外に図形を書いて考えてみました。 会話文 を読んで，次の各問いに答えなさい。なお，円の面積は「半径×半径×円周率」で，円周は「直径×円周率」で求められるものとします。

**会話文 1**

田中さん：最初に半径が 5 cm の円を書いて，その中に正方形を書いてみよう。
鈴木さん：正方形の四つの頂点が，円周に接するように書くのね。
田中さん：うん。次に，正方形の向かいあっている頂点を結んで二本の対角線を引く。
鈴木さん：対角線の長さは半径の 2 倍なので，㋐ cm ね。

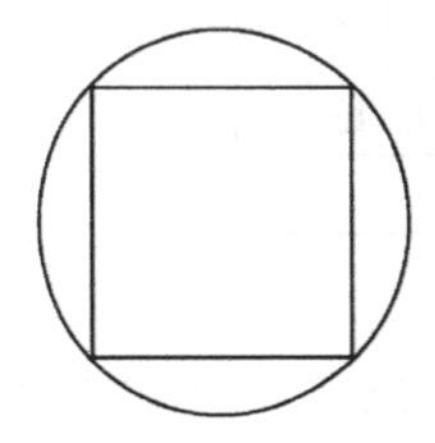
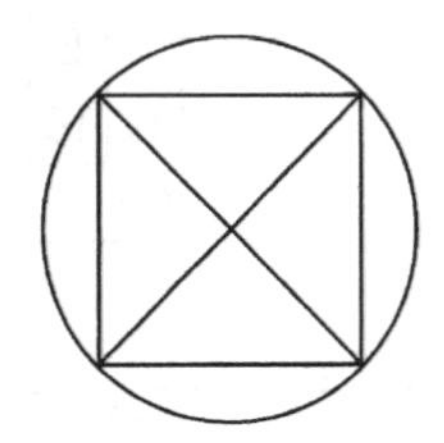

(1) ㋐に当てはまる数を書きなさい。

**会話文 2**

田中さん：次に正方形の面積を求めよう。
鈴木さん：正方形の一辺の長さがわからないから，無理だよ。
田中さん：ひし形の面積の求め方が使えるよ。
鈴木さん：そうすると，正方形の面積は㋑ $cm^2$ なるね。
田中さん：円の半径が 5 cm だから，もし円周率が 2 だとすると，円の面積と正方形の面積が同じ大きさになってしまう。
鈴木さん：円は正方形の外側にあるのだから，円の面積の方が円周率の面積よりも大きいはずだ。だから，円周率は 2 よりも大きい数だとわかるんだね。

(2) ㋑に当てはまる数を書きなさい。

会話文３

田中さん：次に，半径が 5 cm の円を書いて，その中に正六角形を書いてみよう。
鈴木さん：正六角形の六つの頂点が，円周に接するように書くのね。
田中さん：正六角形の向かいあっている頂点を結んで三本の対角線を引くと，六つの正三角形ができるよね。
鈴木さん：正六角形の一辺の長さはㄅ cm になって，正六角形の周りの長さはㄆ cm になるね。

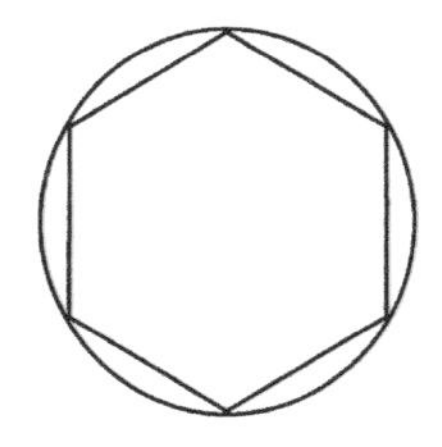

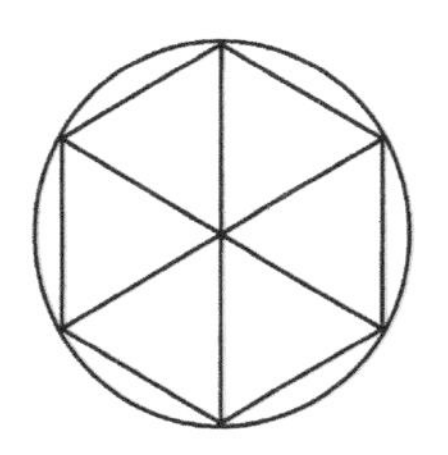

(3)　ⓤとⓔに当てはまる数をそれぞれ書きなさい。

会話文４

田中さん：円は正六角形の外側にあるから，正六角形の周の長さよりも，円周の長さの方が大きくなるよね。
鈴木さん：円の直径はⓞ cm なので，もし円周率が 3 だとすると，・・・

(4)　ⓞに当てはまる数を書きなさい。また，2 人の会話を参考にして，円周率が 3 より大きいことを説明しなさい。

**【別紙】**
**問題文**

> ゴーシュは町の活動写真館でセロ（チェロ）を弾く係りです。彼は仲間でいちばん下手でした。その日も昼間の練習で楽長に厳しく指導され、とても不機嫌な気持ちで帰宅して、夜遅くにセロを練習していました。

そのとき誰かがうしろの戸を、トントンと叩くものがありました。
「ホーシュ君か」ゴーシュは寝ぼけたように叫びました。［　Ａ　］すうと戸を押してはいって来たのは、今まで五、六ぺん見たことのある大きな三毛猫でした。
ゴーシュの畑からとった半分熟したトマトを、さも重そうに持って来て、ゴーシュの前に下ろして言いました。
「ああくたびれた。なかなか運搬はひどいやな」
「何だと？」ゴーシュが聞きました。
「これ、おみやです。食べてください」三毛猫が言いました。
ゴーシュは昼からのむしゃくしゃを、いっぺんに怒鳴りつけました。
「誰が貴様に、トマトなど持ってこいと言った？第一、俺が貴様らの持ってきたものなど食うか。それからそのトマトだって俺の畑のやつだ。何だ。赤くもならないやつをむしって。今までもトマトの茎をかじったり、けちらしたりしたのはお前だろう。行ってしまえ、猫め」
すると猫は肩を丸くして、眼をすぼめてはいましたが、口のあたりでにやにや笑って言いました。
「①先生、そうお怒りになっちゃ、お体にさわります。それよりシューマンのトロイメライを弾いてごらんなさい。聴いてあげますから」
「生意気なことを言うな、猫のくせに」
セロ弾きはしゃくにさわって、②この猫のやつ、どうしてくれようとしばらく考えました。
「いやご遠慮はありません、どうぞ。私はどうも先生の音楽を聴かないと眠れないんです」
「生意気だ、生意気だ、生意気だ」
ゴーシュはすっかりまっ赤になって、昼間楽長のしたように足踏みして怒鳴りましたが、にわかに気を変えて言いました。
「では弾くよ」
ゴーシュは何と思ったか、③戸に鍵をかけて窓もみんな閉めてしまい、それからセロを取り出して灯りを消しました。すると外から、

「そうか、トロイメライというのはこういうのか」
セロ弾きは何と思ったか、まずハンケチを引き裂いて自分の耳の穴へぎっしりつめました。それからまるで嵐のような勢いで、「インドのトラ狩り」という譜を弾き始めました。
すると猫はしばらく首を曲げて聞いていましたが、いきなりパチパチパチッと眼をしたかと思うと、ぱっと扉の方へ飛びのきました。そしていきなりドンと扉へ体をぶっつけましたが、扉は開きませんでした。猫はさあこれはもう、一生一代の失敗をしたという風に慌てだして、眼や額からぱちぱち火花を出しました。すると今度は口のヒゲからも鼻からも出ましたから、猫はくすぐったがってしばらくくしゃみをするような顔をして、それからまたさあこうしてはいられないぞというように、はせ歩き出しました。ゴーシュはすっかりおもしろくなって、ますます勢いよくやり出しました。
「先生、もうたくさんです。たくさんですよ。※後生ですから、やめてください。これからもう先生のタクトなんか、取りませんから」
「黙れ。④これからトラを捕まえるところだ」
猫は苦しがって跳ねあがって回ったり、壁に体をくっつけたりしましたが、壁についたあとはしばらく青く光るのでした。しまいには猫は、まるで風車のようにグルグルグルグルゴーシュのまわりを回りました。
ゴーシュも少しグルグルして来ましたので、
「さあこれで許してやるぞ」と言いながら、ようようやめました。
すると猫もけろりとして、
「先生、今夜の演奏はどうかしてますね」と言いました。

（宮沢賢治「セロ弾きのゴーシュ」より）

※ 後生ですから　相手に心からお願いをするときに言うことば

令和五年度　学力検査　問題用紙

# 第一検査

# 国語

（社会と合わせて45分）

十五点

【国語の注意】
一、指示があるまで、冊子(さっし)を開いてはいけません。
二、答えは、すべて解答用紙に書きなさい。
三、問題は、1ページから4ページまで、印刷してあります。
なお、問題用紙の他に【別紙（問題文・資料）】があります。
四、解答用紙には、黒えんぴつ、またはシャープペンシルを使い、濃(こ)く、はっきりと、解答らんからはみ出さないように書きなさい。また、消すときは消しゴムできれいに消しなさい。
五、開始の合図で、解答用紙の決められた場所に、受検番号を書きなさい。
六、問題を読むとき、声を出してはいけません。
七、終了の合図で、すぐに筆記用具を置きなさい。
八、決められた字数で答える問いは、句読点(くとうてん)・記号も字数にふくむものとして答えなさい。
九、漢字は省略せずていねいに書きなさい。
十、国語、社会どちらから答えてもかまいません。

三重大学教育学部附属中学校

一 【別紙】の問題文を読んで、次の各問いに答えなさい。（決められた字数で答える問いは、句読点・記号も字数にふくむ。）

(1) 漢字について、あとの問いに答えなさい。

i 問題文「ほう置[④]」のひらがなの部分を漢字に直したとき、正しいものを次のア～エから一つ選び、その記号を書きなさい。

ア 方　イ 包　ウ 法　エ 放

ii 【例】のように考えたとき、さんずいへんの漢字として**正しくないもの**を、次のア～エから一つ選び、その記号を書きなさい。

【例】「木」＋寸＝村

ア 「氵」＋毎
イ 「氵」＋主
ウ 「氵」＋岩
エ 「氵」＋青

(2) 問題文「普通[①]」と反対の意味の言葉を、問題文から二字で抜き出して書きなさい。

(3) A と B に入る言葉として最も適当なものを、次のア～オからそれぞれ一つずつ選び、その記号を書きなさい。

ア なぜなら
イ しかし
ウ また
エ だから
オ そして

(4) 問題文「世界に一つしかないバラだとわかる」[②] とあるが、ここでの「世界に一つだけしかないバラ」の意味として最も適当なものを、次のア〜エから一つ選び、その記号を書きなさい。

ア 他の人の力を全く借りることなく、自分で必死に育ててきたバラ。
イ 世界に存在する何千本ものバラの中で、地球に一輪だけ残るバラ。
ウ 世界中に存在している中で、小さな星にしか存在していないバラ。
エ 長い時間をかけることで絆(きずな)を深め、他とは違(ちが)う存在になったバラ。

(5) 問題文「物語の筋を理解しただけでは到達できない『深み』が見えてくる」[③] の意味として最も適当なものを、次のア〜エから一つ選び、その記号を書きなさい。

ア 文章をただ読んでいくだけでなく、自分の生活と結びつけて考えることで、自分の生活と読んでいる物語とがつながり、読みが深まっていくということ。
イ 作者が何を伝えたいのかを読み取るだけでなく、自分にとっての狐は誰だろうと考えることで、昔の自分について深く考えられるようになるということ。
ウ 文章を読み取るだけでなく、もう一歩自分に引きつけて考えることで、昔、心に残る言葉を言ってくれた友人とも深い絆をつくれたかもしれないということ。
エ 物語の筋を理解しただけで満足せず、自分の生活とくらべて考えることで、だれもが自分のこれからの人生を豊かにして深めていくことができるということ。

(6) 問題文「そのメモを手掛かりに」[⑤] とあるが、筆者はどんなところをメモしておくのがよいと考えているか。解答らんに合うかたちで、十字から十五字以内で問題文から抜き出して書きなさい。

次のページへ⇐

(7) 次の会話文と【別紙】の資料をよく読んで、あとの問いに答えなさい。

中村さん　学校で齋藤孝さんの『読書する人だけがたどり着ける場所』を読んで興味がわいたから、市の図書館へ『星の王子さま』を借りに行ったんだ。そうしたらびっくりしたよ。
山本さん　どうしたの。
中村さん　『星の王子さま』がいっぱいあったんだ。
山本さん　どういうこと？「いっぱい」の意味がわからないよ。
中村さん　ごめんごめん。つまりね、サン＝テグジュペリはフランス人で、『Le Pettit Prince』っていう本を書いた人なんだ。それで、その本をいろんな人が日本語に訳して出版したから、図書館のたなに『星の王子さま』がいっぱい。ずらっと一〇冊以上も並んでいたんだ。
山本さん　へえ、それはすごいな。でも話の内容はどれを読んでも同じでしょ。
中村さん　もちろんあらすじは変わらないけれど、読んでみると同じとは言えないんだ。見て、四冊も借りちゃった。
山本さん　よし、それじゃあ狐との別れの場面について、C～Fの『星の王子さま』を読みくらべてみようよ。

【二人が読みくらべてわかったことを書いたメモ】
○「狐」が「王子さま」のことを表現する言葉は、Eだけが［①］、他の三つは［②］。
○「ばら」はCだけが漢字で、他の三つはカタカナで書かれている。（以下略）

山本さん　おどろいた。確かに共通する表現や異なる表現があるね。よし、次は齋藤さんの文章とくらべてみよう。

――C～Fの『星の王子さま』と齋藤さんのものを読みくらべてみる――

中村さん　齋藤さんの文章とまったく同じセリフの本は、この中にはなかったね。
山本さん　うん。もしかしたら齋藤さんは、何種類かの本を参考にしながら、自分で訳を作って書いたのかな。
中村さん　面白い考えだね。でもその考えが正しいかどうかを確かめるためには、明日図書館で［③］本を読んで、齋藤さんと［④］本があるかどうか確認する必要があるね。

ⅰ　会話文の［①］と［②］に入る言葉を、【別紙】の［資料］から抜き出して書きなさい。

ⅱ　会話文の「共通する表現や異なる表現がある」の説明について、［資料］を見て考えたとき、正しいとはいえないものを次のア～カから二つ選び、その記号を書きなさい。

ア「キツネ」については、Cの本はカタカナで書かれているが、他の三冊はひらがなで書かれている。
イ　Dの本はセリフの最後に「ね」や「よ」がつけられており一番会話文に近い表現で書かれている。
ウ　Dの本のみ、「ひまつぶししたから」という、他の本には見られない独自の表現が使われている。
エ「目に見えない」と「目には見えない」は意味が違うため、どちらかのフランス語が間違っている。
オ　同じ言葉が本によって漢字やひらがなで書かれているのは、訳した人の考えが表現された結果であると言える。
カ　Cの本では、「よく覚えておけるように」という言葉を強調するために、「くり返した」のあとに書いている。

ⅲ　会話文の［③］と［④］に入る言葉を、それぞれ五字から十五字以内で考えて書きなさい。

―これで国語の問題は終わりです。―

大西さん：だから出島は橋を１本だけにしていたんだね。

高橋さん：【資料８】は日本でのキリスト教徒のおおよその数を表しているよ。

大西さん：この状況で幕府のキリスト教への政策に反発して起こった一揆が島原天草一揆だったね。

高橋さん：このような出来事も出島をつくったことと関わっていると思うな。

【資料８】

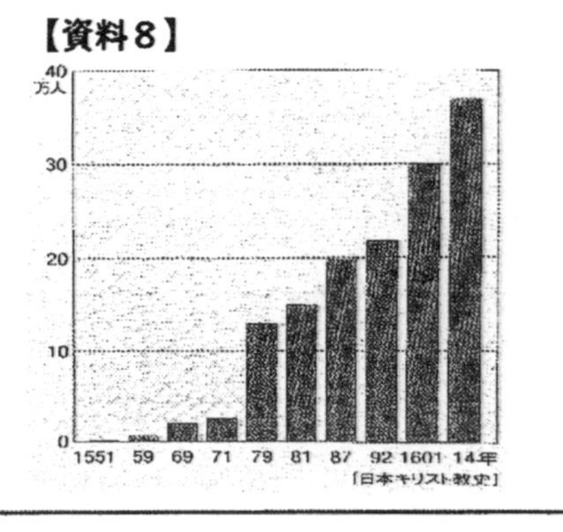


２人の会話を参考に出島をつくった目的として適切なものを，次のア～カから２つ選び，その記号を書きなさい。

ア　幕府がキリスト教徒か判別するふみ絵をふませるため。
イ　幕府が外国との貿易をより活発にしていこうとしたため。
ウ　幕府がキリスト教の勢力が拡大することを恐れたため。
エ　幕府に多くの国へ船を派遣する港が必要となったため。
オ　幕府がキリスト教をより日本に広めようとしていたため。
カ　幕府が外国との貿易を管理して，自由にさせないため。

(4)　大西さんたちはここまで歴史で学習してきたことをいかし，現代の日本について学習することになった。大西さんたちの会話を読み，次の問いに答えなさい。

大西さん：日本も様々な国と交流や断絶を繰り返してきたんだね。
山下さん：では、なぜ今の私たちは平和に暮らせているのだろう。
高橋さん：憲法や国のしくみが関わっていそうだね。
田中さん：自分たちだけでなく，世界のみんなが幸せに暮らしていけるように，私たちにできることを考えていきたいな。

下線部の憲法や国のしくみについて説明した文章のうち，最も適切なものを，次のア～エから１つ選び，その記号を書きなさい。

ア　自衛隊は国の平和と独立を守るために，被災地で命や財産を守る活動も行っている。
イ　裁判所は，内閣が決めた法律や国会の政治が憲法に違反していないかの判断もする。
ウ　二度と戦争を起こさないため，憲法前文の非核三原則や憲法第９条が記されている。
エ　健康で文化的な生活を送る権利は，平和主義のもとすべての国民に保障されている。

－これで社会の問題は終わりです。－

【別紙】

資料

C

（谷川かおる『星の王子さま』ポプラポケット文庫、二〇〇六年）

お詫び
著作権上の都合により、文章は掲載しておりません。
ご不便をおかけし、誠に申し訳ございません。

教英出版

D

（内藤濯（ないとうあろう）『星の王子さま』岩波文庫、二〇一七年）

お詫び
著作権上の都合により、文章は掲載しておりません。
ご不便をおかけし、誠に申し訳ございません。

教英出版

た普通の花だったことを知り悲しみます。

そこへ狐が来たので、気晴らしに遊ぼうと誘いましたが、狐は「仲良くなっていないから遊ばない」と言います。狐の言う「仲良くなる」とは、絆を深め、他のものとは違う存在になること。王子さまは狐との対話を通じて、あのバラは世界に一つしかないバラだとわかるのです。

狐との別れのときになって、狐は「あんたのバラをかけがえのないものにしたものは、費やした時間だ」と言い、「大切なものは目に見えない」という秘密を教えてくれました。

作者のサン=テグジュペリが作品に込めたメッセージを読み取ろうとするのが「読解」です。

たとえば、大人は権力や名誉やお金などに気をとられ、本当に大切な「絆をつくること」を忘れてしまっている。絆のように目に見えない価値に気づくことで、人生を豊かにすることができるのだ——。そんなメッセージを伝えているのではないか、というように考えるのです。

（齋藤孝『読書する人だけがたどり着ける場所』SB新書、二〇一九年）

※1 実業家　生産や販売といった経済的な事業を営む人
※2 対話　直接向かい合って互いに対等な立場で話すこと
※3 名誉　能力や行動について良い評価を得ること
※4 邪険にする　相手の気持ちを考えず意地悪な扱いをすること

【別紙】

問題文

## 『星の王子さま』の「狐(きつね)」は誰(だれ)か？

思考を深める際にまず大切なのは、自分に引きつけて考えることです。

文章を読んで「そういう意味か、なるほど」と言って終わらせるのではなく、「これは自分の場合の何にあたるだろう？」「自分だったらどうだろう？」と考えるのです。

たとえばサン＝テグジュペリの『星の王子さま』をただ読んでストーリーを理解しただけでは思考は深まらないかもしれません。[A]、王子さまが自分の星に残してきたバラとは自分にとって何だろう、狐とはどんな存在(そん)だろうと考えてみると、深まりはじめます。

王子さまの小さな星には一輪だけバラが咲いていました。一生懸(けん)命世話をしていましたが、バラの気まぐれな態度と言葉に振(ふ)り回され、逃(に)げるように星を出て旅をする王子さま。「王様の星」や「実業家(※1じつぎょうか)の星」など一風変わったいくつかの

さらに読解だけでなく、もう一歩自分に引きつけて考えてみましょう。

「自分にとっての狐は昔、心に残る言葉を言ってくれた○○くんかなぁ。ちょっと面倒(どう)くさいところがあって邪険(※4じゃけん)にしてしまったけれど、気乗りしなくても何か約束をして時間をかけることで絆をつくれたのかもしれない」

などと考えていきます。そうすることによって、③物語の筋(すじ)を理解しただけでは到(とう)達できない「深み」が見えてくるのです。

本を読んでいてはっとする部分があったら、きっと自分の経験と何かつながりがあるはずです。

それを④ほう置して読み進めてしまえば、どこではっとしたか、なぜはっとしたのか忘れてしまうもの。[B]メモしておくことをおすすめします。直接書き込むのでも、メモ帳でも

E

（河野万里子『星の王子さま』新潮文庫刊、二〇〇六年）

お詫び
著作権上の都合により、文章は掲載しておりません。
ご不便をおかけし、誠に申し訳ございません。
教英出版

F

（倉橋由美子『新訳　星の王子さま』宝島社、二〇〇五年）

お詫び
著作権上の都合により、文章は掲載しておりません。
ご不便をおかけし、誠に申し訳ございません。
教英出版

令和５年度　学力検査　問題用紙

第１検査

# 社　会　10点

（国語と合わせて45分）

【社会の注意】

1．指示があるまで，冊子(さっし)を開いてはいけません。
2．答えは，すべて解答用紙に書きなさい。
3．問題は，１ページから６ページまで，印刷してあります。
4．解答用紙には，黒えんぴつ，またはシャープペンシルを使い，濃(こ)く，はっきりと解答らんからはみ出さないように書きなさい。
　また，消すときは消しゴムできれいに消しなさい。
5．開始の合図で，解答用紙の決められた場所に，受検番号を書きなさい。
6．問題を読むとき，声を出してはいけません。
7．終了の合図で，すぐに筆記用具を置きなさい。
8．国語，社会どちらから答えてもかまいません。

三重大学教育学部附属中学校

1　大西さんは，夏休みの自由研究で地元の名張市について調べることにした。以下は自由研究の様子である。次の各問いに答えなさい。

はじめに，大西さんは名張市の地形図を見てみることにした。

**【資料１】名張市の地形図**

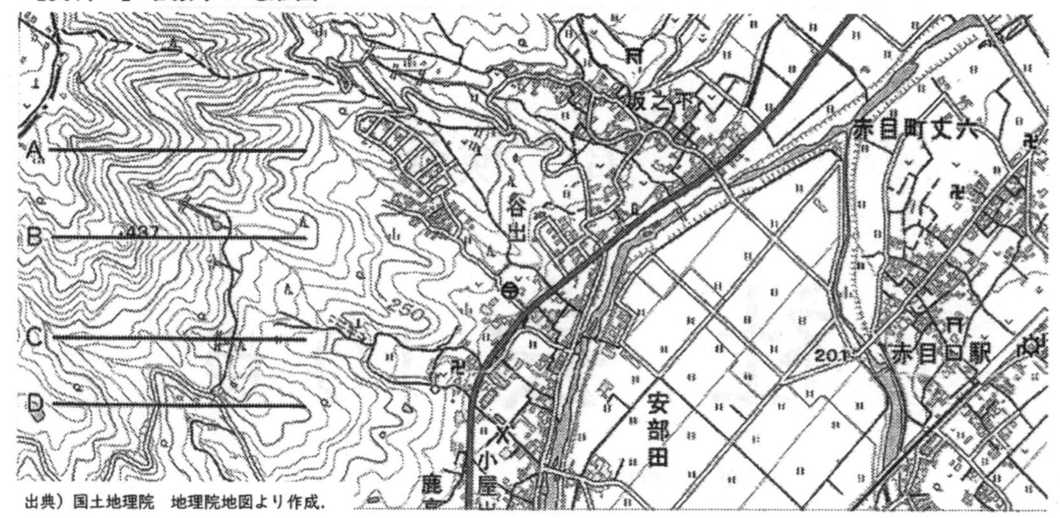

出典）国土地理院　地理院地図より作成．

(1)　**【資料１】**の地形図より大西さんが読み取った情報として最も適切なものを，次のア～エから１つ選び，その記号を書きなさい。

ア　安部田(あべた)周辺には主に荒地(あれち)が広がっている。

イ　赤目口(あかめぐち)駅の東側には工場がある。

ウ　神社の数は３つある。

エ　郵便局の北東には記念碑(ひ)がある。

(2)　次のア～エは**【資料１】**のＡ～Ｄのいずれかの断面図である。Ｂの断面図として最も適切なものを，次のア～エから１つ選び，その記号を書きなさい。

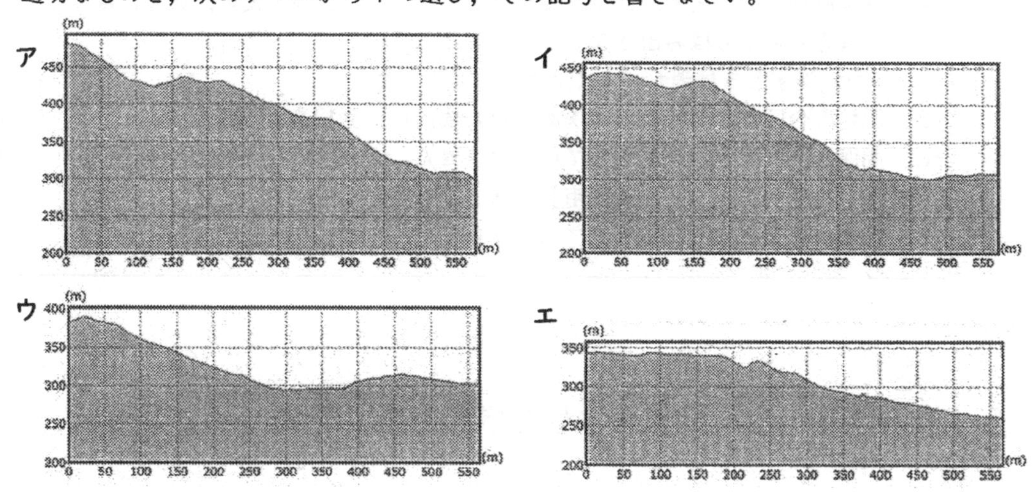

次に大西さんは名張市の人口について調べてみた。すると次のような資料が見つかった。

**【資料２】名張市の総人口と外国人住民の人口の変化**

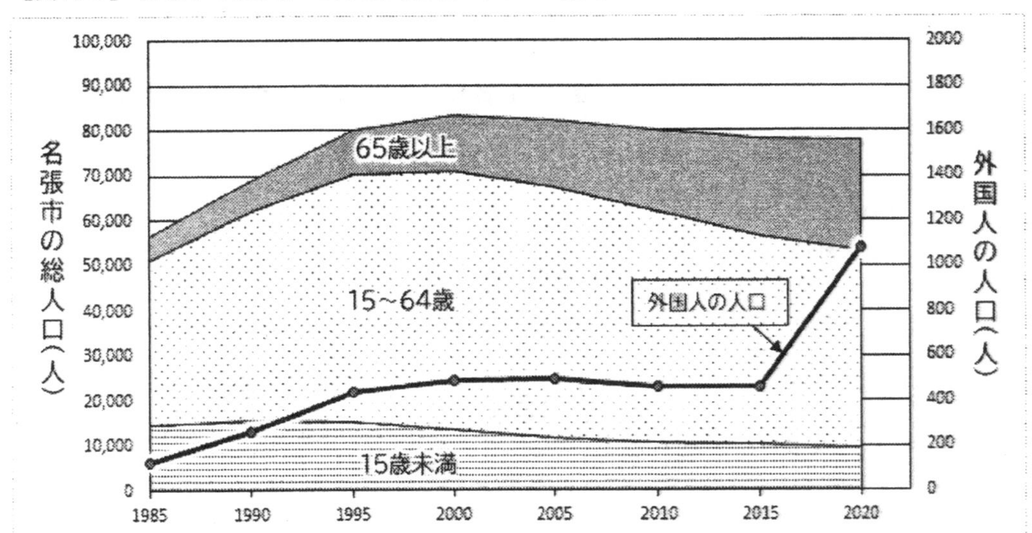


出典）名張市 HP（https://www.city.nabari.lg.jp）統計資料などより作成.

⑶　次の文章は**【資料２】**をもとにした大西さんと田中さんの会話である。

田中さん：名張市の人口の変化について調べてみると，名張市は昭和後期から平成初期にかけて，大阪のベッドタウンとして住宅街が数多くつくられたんだ。それにともなって人口も年々増加して，2000年には総人口が８万人を超えていたんだ。しかし2020年になると，［　　A　　］。だから総人口の減少につながっているんだ。一方，［　　B　　］。
大西さん：なるほど。今後，外国人の果たす役割が大きくなってくるね。
田中さん：そうなると多文化共生センターのような施設がこれからも大切になりそう。
大西さん：もっと施設を増やしてもらった方がいいかな。
田中さん：そうだね。<u>市の施設を増やすにはどうすればいいのかな。</u>

ｉ　上の会話文の［　　A　　］と［　　B　　］にあてはまる文をそれぞれ書きなさい。

次のページへ⇒

ii　会話文の下線部について，次の**【資料３】**は新しい公共の施設ができるまでの流れを表している。またａ～ｆは，**【資料３】**の①～⑥にそれぞれあてはまる。②と⑤にあてはまる最も適切な組み合わせを，次のア～カから１つ選び，その記号を書きなさい。

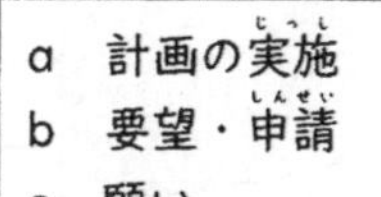


**【資料３】新しい公共の施設ができるまでの流れ**

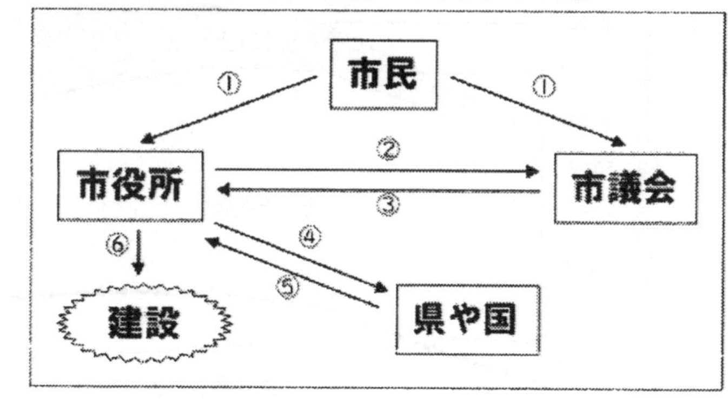


ア　②－b　⑤－f
イ　②－b　⑤－a
ウ　②－d　⑤－e
エ　②－d　⑤－f
オ　②－f　⑤－a
カ　②－f　⑤－e

2　大西さんたちは郷土(きょうど)の研究を通して，他国についてより深く理解する必要があると感じ，日本と世界の関係についての歴史を学習したいと考えた。それぞれの資料を見て，次の各問いに答えなさい。

(1)　大西さんと田中さんは正倉院の宝物について話をしている。2人の会話文の X にあてはまる文として最も適切なものを，次のア～エから1つ選び，その記号を書きなさい。

**【資料4】**

左はペルシア（**【資料5】**のBの国）で見つかった器，右は日本の正倉院に納(おさ)められているガラス食器

**【資料5】**

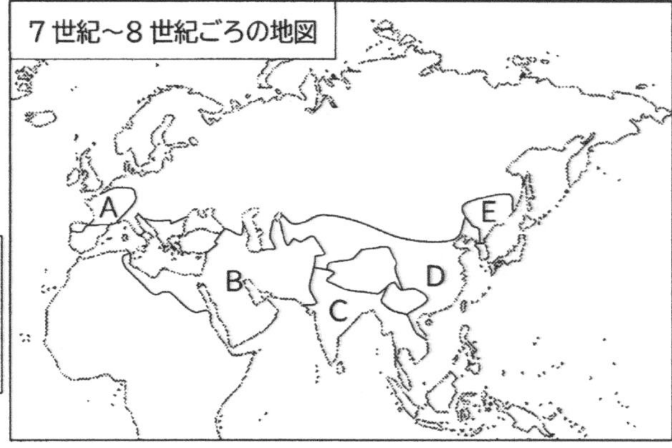


大西さん：**【資料4】**を見ると，Bの国で見つかった器と日本に残っている器がそっくりなことが分かるね。
田中さん：本当だ。どうしてだろう。Bの国は日本からかなり離(はな)れた位置にあるのに。
大西さん：どうして似ている物があるかというと X からだよ。
田中さん：そうなんだ。だから正倉院には他にもラクダが描(えが)かれた楽器があるんだね。

ア　Cの国は仏教が生まれた国で，アジアを中心に仏教を広めた
イ　Eの国でつくられて，その後Bの国や日本に伝わってきた
ウ　日本がAの国に使者を送った際，Bの国の港に立ち寄った
エ　BとDの国が貿易をしていて，日本もDと貿易をしていた

次のページへ⇒

(2) 次に大西さんは鎌倉時代に起こった元寇について，授業で役になりきるロールプレイングを行うことになった。大西さんは竹崎季長，加藤さんは武士，山下さんは幕府の役人を演じている。【資料6】を参考に，［ Y ］にあてはまる文を書きなさい。

**場面1　元軍と戦う武士たち**

大西さん：今，元軍が目の前まで来ている。
加藤さん：絶対に負けるわけにはいかない。
大西さん：大変な戦いになると思うが，命をかけて日本を守るぞ。
加藤さん：おー，いくぞー。

**場面2　幕府と話す竹崎季長**

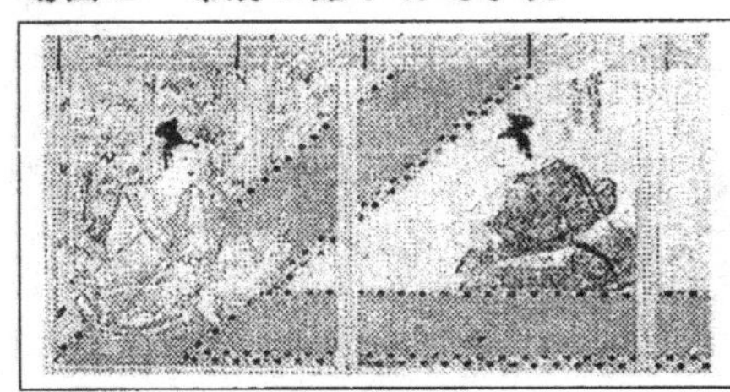

大西さん：私たちは［ Y ］。これでは幕府と武士の関係が成り立ちません。
山下さん：気持ちは分かるが，今回は相手が元で何も得られていないのだ。
大西さん：それでも納得できません。

**【資料6】**

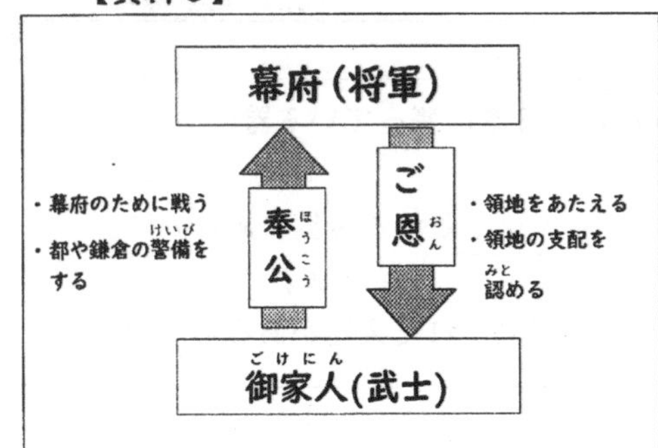


**授業を終えた感想**

大西さん：幕府の対応はやっぱり良くないと思う。
山下さん：けど幕府の立場に立って考えると，すごく大変だなと思ったよ。
加藤さん：幕府も仕方ないとは思うけど，これでは【資料6】の幕府と武士の関係は崩れてしまうよね。

(3) 大西さんと高橋さんは日本が「鎖国」といわれる政策を行っていたことに興味を持ち鎖国と関係することについて調べ，話し合っている。2人の会話を読み，次の問いに答えなさい。

大西さん：【資料7】は出島の中の様子だよ。
高橋さん：人々が荷物の重さを量っているな。
大西さん：外国人のような人もいるよ。外国の人々は出島から許可なく出られなかったんだよね？
高橋さん：そうだよ。しかも日本人も決められた人しか出島に出入りできないんだ。

**【資料7】**

令和５年度　学力検査　問題用紙

# 第２検査 (45分)

# 算数 15点

# 理科 10点

【共通の注意】

１．指示があるまで，冊子（さっし）を開いてはいけません。

２．答えは，すべて解答用紙に書きなさい。

３．問題は，算数２ページ～８ページ，理科９ページ～１４ページです。
　　どちらから答えてもかまいません。

４．解答用紙には，黒えんぴつ，またはシャープペンシルを使い，濃（こ）く，はっきりと，解答らんからはみ出さないように書きなさい。
　　また，消すときは消しゴムできれいに消しなさい。

５．開始の合図で，解答用紙の決められた場所２カ所に，受検番号を書きなさい。

６．問題を読むとき，声を出してはいけません。

７．終了の合図で，すぐに筆記用具を置きなさい。

【算数の注意】

１．円周率を用いて計算するときには，3.14 を用いなさい。

２．作図に用いた線は，消さずに残しておきなさい。

３．比を答えるときには，もっとも簡単（かんたん）な整数の比で書きなさい。分数を答えるときには，分子・分母をもっとも簡単な整数を用いて書きなさい。

三重大学教育学部附属中学校

# 算数

－次のページから算数の問題が始まります。－

1 次の各問いに答えなさい。(1), (2)については， □ にあてはまる数を答えなさい。
(3), (4), (5)については，その問いの指示にしたがって答えなさい。

(1) $30 \div 10 \times 3 =$ □ である。

(2) 10人に，5mのひもを等しく切り分けて渡すとき，1人分は □ mである。

(3) 下の図は，1辺の長さが6cmの正三角形を，正三角形の性質を利用し，定規やコンパスや分度器を使ってかいたものである。AとBそれぞれのかき方は，三角形のどの部分を使っているか。また，正三角形のどんな性質を利用しているか。下のア～エからそれぞれ選び，その記号を書きなさい。

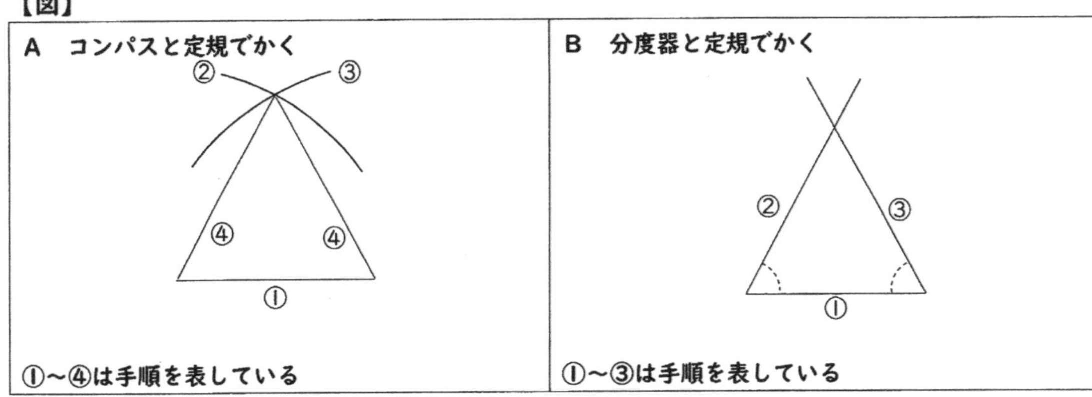


| | 三角形のどの部分か | どんな正三角形の性質か |
|---|---|---|
| ア | 3つの辺の長さ | すべての辺の長さが等しい |
| イ | 3つの辺の長さ | すべての角の大きさが等しい |
| ウ | 1つの辺の長さとその両はしの角の大きさ | すべての辺の長さが等しい |
| エ | 1つの辺の長さとその両はしの角の大きさ | すべての角の大きさが等しい |

⑷　中村さんは，ペットボトルに入ったアルコールの割合が 60％の消毒用アルコール 600mL を３等分し，200mL ずつに分けた。このとき 200mL に分けられた消毒用アルコールについて，次のア～ウから１つ選び，その記号を書きなさい。

ア　アルコールの割合は $\frac{1}{3}$ になる

イ　アルコールの割合は変わらない

ウ　アルコールの割合は３倍になる

⑸　およその速さが秒速 10 m であるものとして最も適切なものを，次のア～エから１つ選び，その記号を書きなさい。

ア　上りエスカレーターの移動する速さ

イ　自動車が高速道路を走行する速さ

ウ　陸上の短距離(たんきょり)選手が全力で走る速さ

エ　東海道新幹線の営業運転の最高速度

次のページへ⇒

2 外国では日本とはちがう通貨（お金）が使われている。日本の「円」をはじめ，世界には約180種類の通貨があると言われている。日本の1円やアメリカの1ドルなど「1」という単位を基本にしているが，国によって物の値段（ねだん）がちがうため，それぞれ「1」の価値もさまざまである。また，通貨の価値は世界の経済（けいざい）の状況（じょうきょう）によって，時時刻刻（じじこくこく）と変化している。

下の表は，世界中で営業しているハンバーガー店のハンバーガーの値段を，各国の通貨で表したものとアメリカの通貨「ドル」で表したものを，まとめたものである。次の各問いに答えなさい。ただし，答えが小数になる場合は，小数第２位を四捨五入（ししゃごにゅう）しなさい。

※時時刻刻‥その時その時。また，間をおかずに引き続いている様子。

**【表】　ハンバーガー1個の値段**

| | ハンバーガーの値段（各国通貨） | ハンバーガーの値段（アメリカドル） |
|---|---|---|
| 日本 | 390円 | 2.8ドル |
| アメリカ | 5.1ドル | 5.1ドル |
| 韓国（かんこく） | 4600ウォン | 3.5ドル |
| スイス | 6.5フラン | 6.7ドル |
| タイ | 128バーツ | 3.5ドル |

出典）The Economist - Big Mac index をもとに作成

(1) この表のなかで，ハンバーガーが最も安いと考えられる国を書きなさい。

(2) この表をもとにすると，1バーツは何ウォンか書きなさい。

(3) この表をもとにすると，アメリカでハンバーガーは何円か書きなさい。

(4) この表をもとにすると，1フランは何円か書きなさい。

次のページへ⇒

3 五角形ＡＢＣＤＥの内角の和を考えるとき，田中さん，鈴木（すずき）さん，中村さんは次のような図をノートに書いた。３人とも三角形の内角の和が 180°であることは学習しているものとする。次の各問いに答えなさい。

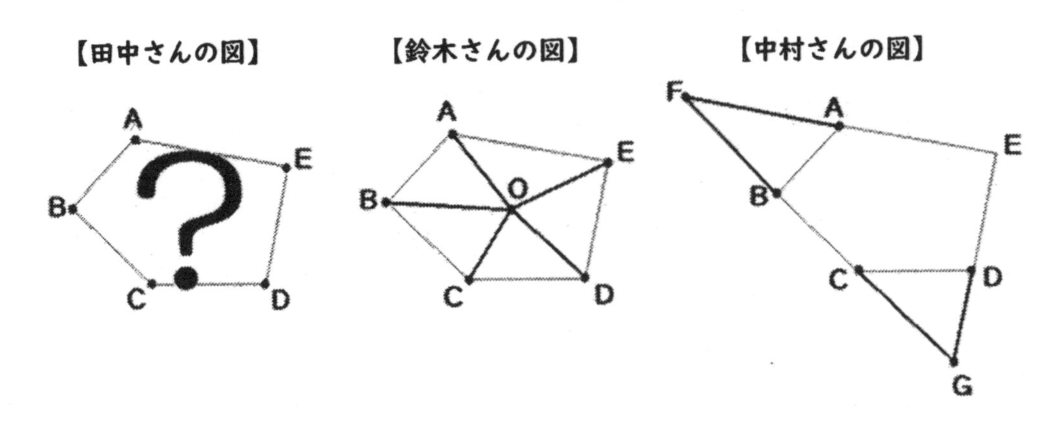


(1) 田中さんは「１８０×３」という式をたてた。田中さんはどのように考えてその式をたてたのだろうか。**【田中さんの図】**に補助線（ほじょせん）の一例をかきなさい。

(2) 鈴木さんは「１８０×５－<u>３６０</u>」という式をたてた。この式の下線部は，**【鈴木さんの図】**の，何を表しているか文で書きなさい。

(3) 中村さんは「１８０＋<u>１８０×４</u>－１８０×２」という式をたてた。この式の波線部（１８０）は三角形ＥＦＧの内角の和を表している。下線部は，**【中村さんの図】**の，何を表しているか文で書きなさい。

受検番号

得点

※15点満点
（配点非公表）

# 令和五年度　学力検査　国語　解答用紙

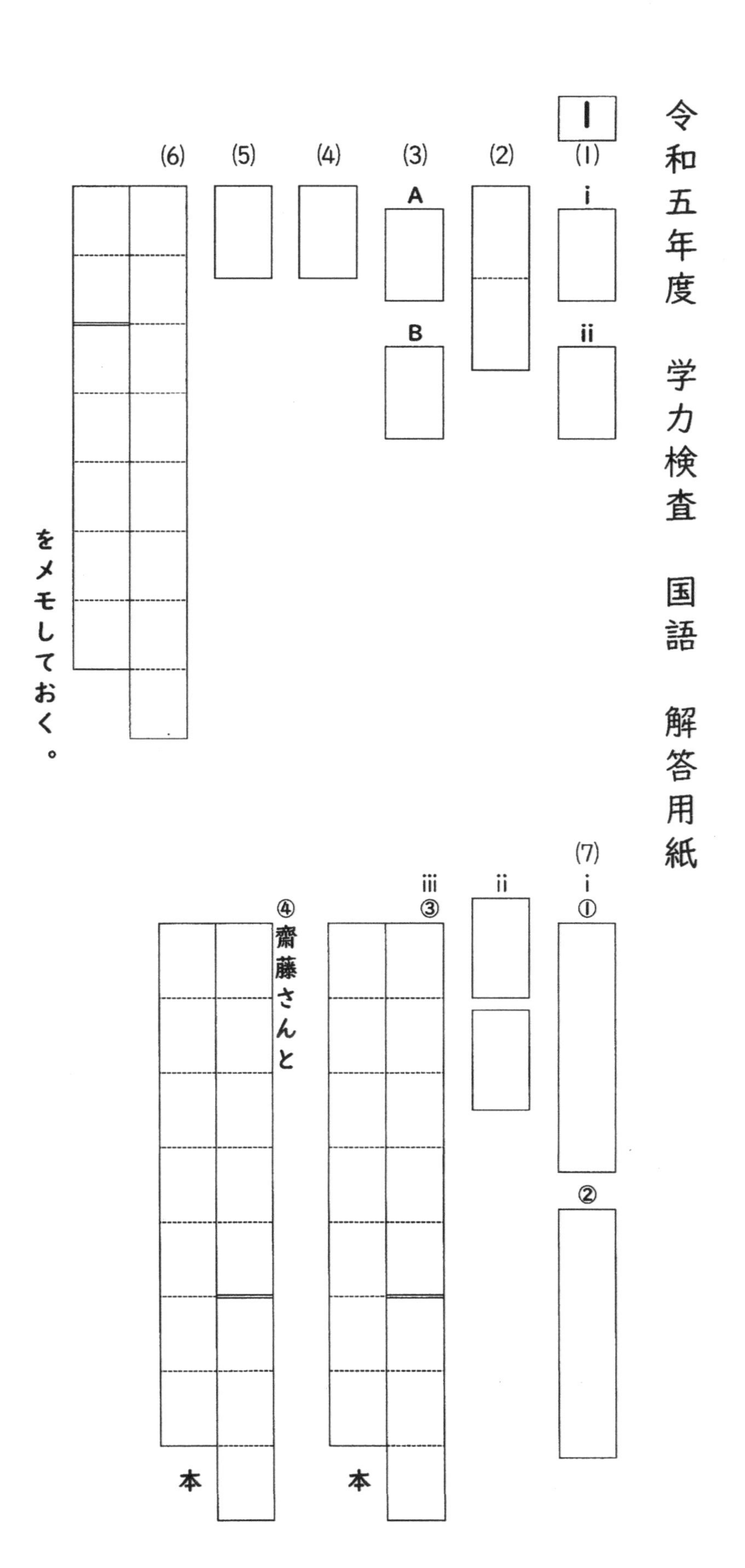

| 受検番号 | |
|---|---|

| 得点 | ※10点満点（配点非公表） |
|---|---|

# 令和５年度　学力検査　理科　解答用紙

1

| (1) | | (2) | |
|---|---|---|---|

2

| (1) | | (2) | |
|---|---|---|---|

3

| (1) | |
|---|---|
| (2) | |

4

| (1) | |
|---|---|
| (2) | |

| 受検番号 | |
|---|---|

| 得点 | ※15点満点（配点非公表） |
|---|---|

# 令和５年度　学力検査　算数　解答用紙

**1**

| (1) | | (2) | | (3) | A | B |
|---|---|---|---|---|---|---|
| (4) | | (5) | | | | |

**2**

| (1) | | (2) | ウォン |
|---|---|---|---|
| (3) | 円 | (4) | 円 |

**3**

| (1) | 【田中さんの図】 A B C D E |
|---|---|
| (2) | |
| (3) | |

| 受検番号 | 得点 |
| --- | --- |
| | ※10点満点<br>（配点非公表） |

# 令和５年度　学力検査　社会　解答用紙

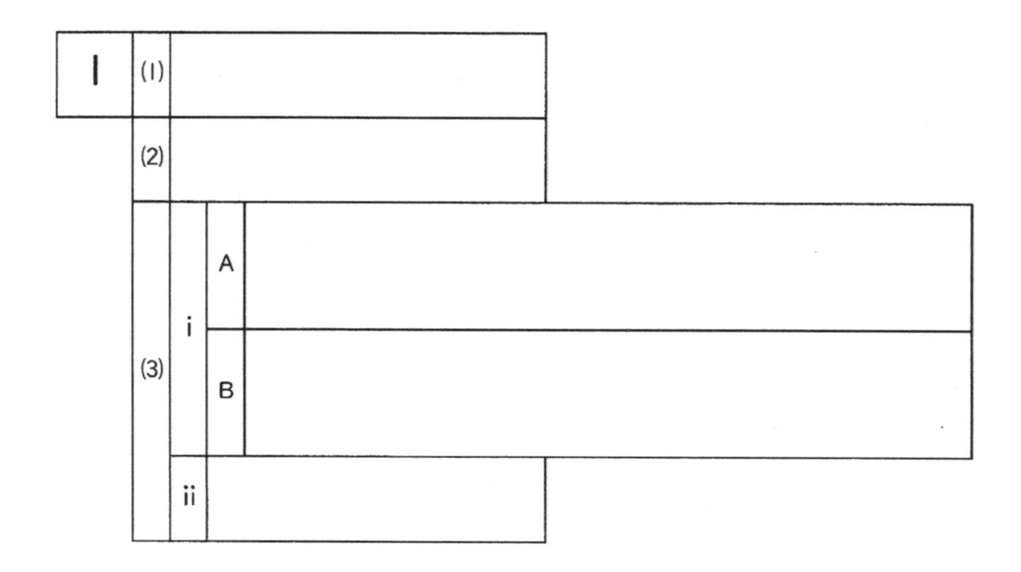


| 2 | | |
| --- | --- | --- |
| | (1) | |
| | (2) | |
| | (3) | ・ |
| | (4) | |

－これで算数の問題は終わりです。理科の問題に続きます。－

# 理科

－次のページから理科の問題が始まります。－

1 鈴木(すずき)さんと中村さんは教室へ本を運んでいる。会話文を読んで，次の各問いに答えなさい。

会話文

中村さん：本もたくさんあると，すごく重たいね。
鈴木さん：そうだね。何冊(なんさつ)か持ってあげるよ。
中村さん：ありがとう。鈴木さん，力持ちだね。
鈴木さん：毎日きたえているからね。<u>うでを曲げると力こぶができるよ</u>。

(1) ヒトは運動をするとき，体のいろいろなところを曲げたりのばしたりしている。ほねとほねのつなぎ目を何というか。漢字で書きなさい。

(2) 下の図は，ヒトのうでのつくりを示したものである。会話文中の下線部について，うでを曲げているとき，A・Bのきん肉はどのようになるか。最も適切なものを，次のア～エから１つ選び，その記号を書きなさい。

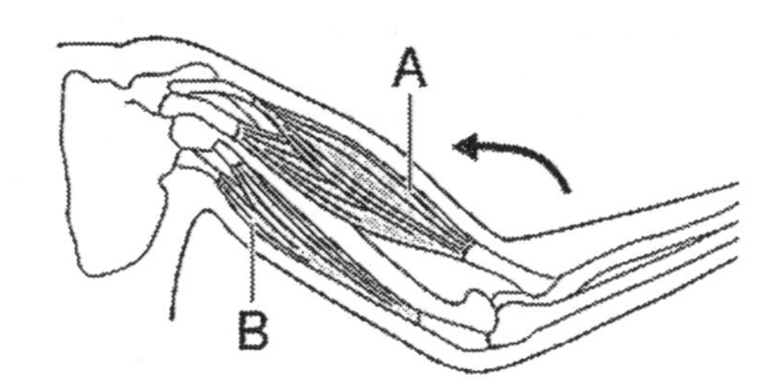


ア　A：ちぢむ　　B：ちぢむ
イ　A：ちぢむ　　B：ゆるむ
ウ　A：ゆるむ　　B：ちぢむ
エ　A：ゆるむ　　B：ゆるむ

次のページへ⇒

2 理科の授業で，「A～Eの５種類の液から食塩水を見つけよう！」という課題に取り組んだ。鈴木さんと中村さんはA～Eの液から食塩水を見つけるため，次の**【実験１】**～**【実験４】**を行い，その結果を**【表】**にまとめた。次の各問いに答えなさい。

ただし，A～Eの５種類の液は，水・食塩水・炭酸水・石灰水(せっかいすい)・アンモニア水のどれかであるものとする。

**【実験１】** 液の見た目を調べた。
**【実験２】** 液のにおいを調べた。
**【実験３】** 蒸発皿(じょうはつざら)に入れた液を実験用ガスコンロであたためて，水を蒸発させた。
**【実験４】** リトマス紙に液をつけ，色の変化を調べた。

**【表】実験結果**

| | A | B | C | D | E |
|---|---|---|---|---|---|
| 【実験１】 | 無色<br>とうめい | あわが発生<br>していた | 無色<br>とうめい | 無色<br>とうめい | 無色<br>とうめい |
| 【実験２】 | なし | なし | なし | なし | ツンとする<br>においがした |
| 【実験３】 | なし | なし | 白い固体が<br>残った | 白い固体が<br>残った | なし |
| 【実験４】 | 変化なし | ① | 赤色から青色に<br>変化した | 変化なし | 赤色から青色に<br>変化した |

(1) **【表】**の①に入る結果として最も適切なものを，次のア～ウから１つ選び，その記号を書きなさい。

ア 変化なし

イ 赤色から青色に変化した

ウ 青色から赤色に変化した

(2) 食塩水は**【実験１】**～**【実験４】**のうち，２つの実験の結果から見つけることができる。最も適切な組み合わせを，次のア～カから１つ選び，その記号を書きなさい。

ア **【実験１】**と**【実験２】**　　イ **【実験１】**と**【実験３】**

ウ **【実験１】**と**【実験４】**　　エ **【実験２】**と**【実験３】**

オ **【実験２】**と**【実験４】**　　カ **【実験３】**と**【実験４】**

3　ある晴れた日，鈴木さん，中村さん，田中さんの３人が，かげふみをして遊んでいる。会話文を読んで，次の各問いに答えなさい。

会話文

中村さん：鈴木さん，ずるいよ。かげをふませてくれないんだもん。
鈴木さん：いやいや，ずるくないよ。そういうルールでしょ。
中村さん：でも，全然ふめなかった。
鈴木さん：にげる方向にコツがあるんだよ。
中村さん：へぇー，どんなコツなの？
鈴木さん：［　　　　　　］，①太陽とは逆方向に，にげればいいんだよ。
田中さん：そういえば，理科の授業の中で②棒（ぼう）を立ててかげの位置を調べる観察をしたね。

(1)　会話文中の［　　　　］には，下線部①についての理由が入る。【図１】を参考に「かげ」という言葉を用いて，その理由を書きなさい。
　ただし，鈴木さん，中村さん，田中さんの３人が，かげふみをした場所には他のかげがまったくなかったものとする。

【図１】かげふみをして遊んでいるようす

(2)　下の【図２】は，会話文中の下線部②の観察結果を示したもので，８時，１４時，１７時のかげが記録されている。【図２】において，東の方位を示すのはどこか。図中のア～エから１つ選び，その記号を書きなさい。

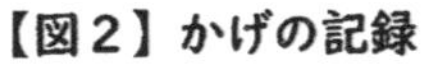
【図２】かげの記録

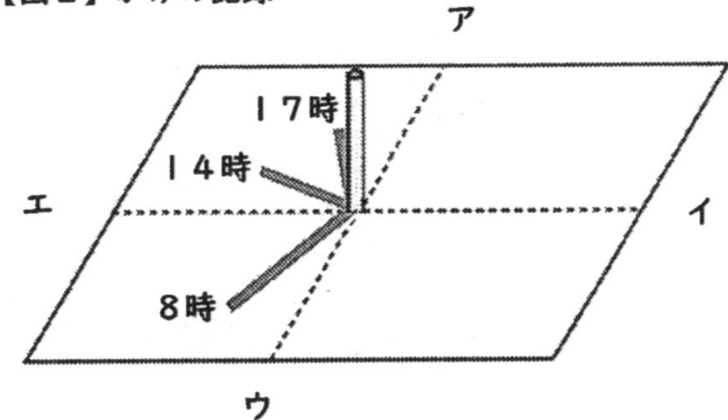


次のページへ⇒

4 鈴木さんと中村さんが公園のブランコに乗って遊んでいる。会話文を読んで，次の各問いに答えなさい。

会話文

鈴木さん：ブランコって楽しいね！
中村さん：そうだね。でもあんまり大きくこぐと危(あぶ)ないよ。
鈴木さん：あれ？私の方が大きくこいでいるのに，中村さんの方がはやく往復しているね……
中村さん：本当だね。なんでだろう？
鈴木さん：明日，先生に聞いてみようよ。

次の日，鈴木さんと中村さんは，先生からブランコがふりこと同じ仕組みであることを教えてもらった。そこで，右の図のような装置(そうち)をつくり，ふりこが１往復する時間が何によって変化するのかを調べることにした。

【図】ふりこの実験装置

支点
ふりこの長さ
ふれはば（角度）
おもり
１往復

【実験１】おもりの重さとふれはば（角度）を一定にし，ふりこの長さを変化させる。

【実験２】ふりこの長さとふれはば（角度）を一定にし，ふりこの重さを変化させる。

【実験３】ふりこの長さとおもりの重さを一定にし，ふれはば（角度）を変化させる。

(1)【実験１】～【実験３】の結果として最も適切なものを，次のア～クから１つ選び，その記号を書きなさい。

| | 【実験１】 | 【実験２】 | 【実験３】 |
|---|---|---|---|
| ア | 変化する | 変化する | 変化する |
| イ | 変化する | 変化する | 変化しない |
| ウ | 変化する | 変化しない | 変化する |
| エ | 変化する | 変化しない | 変化しない |
| オ | 変化しない | 変化する | 変化する |
| カ | 変化しない | 変化する | 変化しない |
| キ | 変化しない | 変化しない | 変化する |
| ク | 変化しない | 変化しない | 変化しない |

(2) 会話文中の下線部について，中村さんのブランコが鈴木さんのブランコよりもはやく往復した理由を書きなさい。

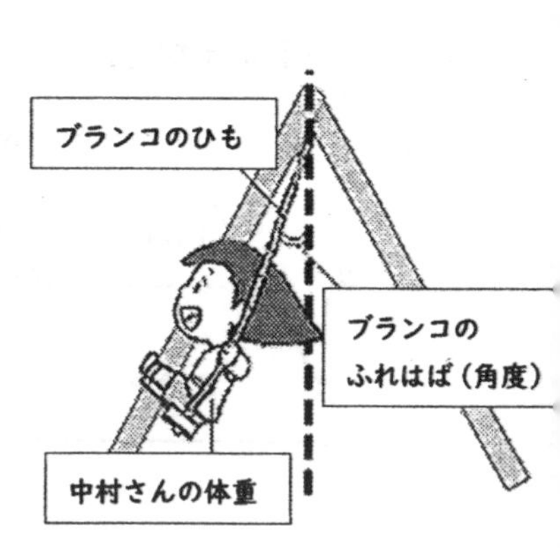

－これで理科の問題は終わりです。－

令和四年度　学力検査　問題用紙

# 第一検査

# 国語

（九時二十分～十時、四十分間）

【注意】

一、開始の合図があるまで、冊子を開いてはいけません。
二、答えは、すべて解答用紙に書きなさい。
三、問題は、１ページから７ページまで、印刷してあります。
なお、問題用紙の他に【別紙】があり、Ⅰ・Ⅱの問題文が印刷してあります。
四、解答用紙には、黒えんぴつ、またはシャープペンシルを使い、濃く、はっきりと、解答らんからはみ出さないように書きなさい。また、消すときは消しゴムできれいに消しなさい。
五、開始の合図で、解答用紙の決められた場所に、受検番号を書きなさい。
六、問題を読むとき、声を出してはいけません。
七、終了の合図で、すぐに筆記用具を置きなさい。
八、決められた字数で答える問いは、句読点・記号も字数にふくむものとして答えなさい。
九、漢字は省略せずていねいに書きなさい。

三重大学教育学部附属中学校

一 【別紙】問題文Ⅰの文章を読んで、次の各問いに答えなさい。(決められた字数で答える問いは、句読点・記号も字数にふくむ。)

(1) 熟語の中には「無意識」[③]「無条件」のように、意味を打ち消す漢字が頭についているものがある。(例)を参考にして、次のAとBに当てはまる最も適切な漢字を、あとのア~エからそれぞれ一つずつ選び、その記号を書きなさい。

(例)

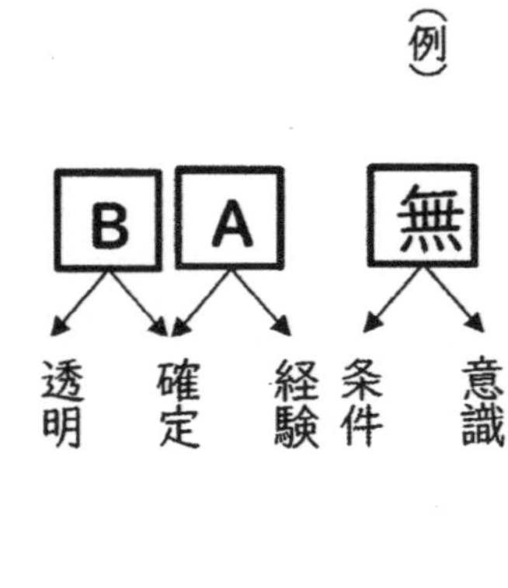


ア 無　イ 不　ウ 未　エ 非

(2) 「写真から現実の被写体以上のオーラを感じることがある。」[①]について、( C )( D )に適切な内容を入れて、★の文を完成させなさい。( C )( D )に入る内容は、あとのア~カからそれぞれ一つずつ選び、その記号を書きなさい。

**★( C )ときでも、( D )ときには、オーラを感じることがある。**

ア 見る者が、その写真の中のものが何かを知っている
イ 見る者が、その写真の中のものを赤ん坊の目で見た
ウ 見る者が、その写真の中のものにときめきを覚える
エ 優れた写真家が、カメラ自身の眼差しを生かして世界を切り取った
オ 優れた写真家が、過去の経験の総体を無化して、被写体の日常的な存在感を解体してしまった
カ 優れた写真家が、カメラという機械で、現実の対象物をそのまま取り込んで、写真に加工した

(3) 「あれ②」のさす内容を、問題文Ⅰから、十字から十五字以内で抜き出して書きなさい。

(4) 「その眼差し④」とは何の眼差しか。最も適切なものを、次のア～エから一つ選び、その記号を書きなさい。

ア カメラ
イ レンズ
ウ 赤ん坊
エ 写真家

(5) 問題文Ⅰの表現の特ちょうに当てはまらないものを、次のア～エから一つ選び、その記号を書きなさい。

ア 前置きなく、短い文ですぐに本題に入ることで、小見出しで示したテーマの印象を強めている。
イ 読み手が実感をもって想像しやすいように、猫やコップといった身近なものを例に挙げている。
ウ 難しい内容をできるだけわかりやすくするために、はじめ・なか・おわりの構成になっている。
エ 話し言葉を効果的に使い、表現を適度に柔らかくすることで難しい内容を読みやすくしている。

次のページへ⇐

(6) 次の会話文は、国語の授業で「写真の謎」の表現についてグループで考えている場面である。よく読んで、あとの問いに答えなさい。

学生の頃、写真を撮られる時に少しでも目を大きく見せようとして、ぱちっと見開いたことがある。出来上がってきた写真を見た瞬間、激しく後悔した。そこには明らかに「少しでも目を大きく見せようとして、ぱちっと見開いた」人が写っていたからだ。

恥ずかしい。まさか、自分の内心がこんなにわかりやすく外に現れるとは思わなかった。それから、写真を撮られる時に目を見開くのはやめた。

逆に目を細めたらどうか、と思ったこともある。そうしたら、本当は目が大きいのだが、たまたま細めてしまった人だと思われるかもしれない。でも、その考えを実行する勇気はなかった。

今度は［　E　］人だとバレるんじゃないか、と不安になったのだ。

（後略）

（穂村弘『野良猫を尊敬した日』講談社文庫、二〇二一年）

小林さん　この文章は、問題文Ⅰ「写真の謎」の作者である穂村弘さんが書いた「自分と他人」という文章の書き出しだよ。「写真の謎」と同じ『野良猫を尊敬した日』という本に収められているんだ。ここでも写真が出てくるから、比べてみようと思って持ってきたよ。

清水さん　穂村さんは写真が好きなのかもしれないね。ここでも「写真の謎」で書かれていた「オーラ」を感じているのかな。

水谷さん　いや、どうだろう。少なくともこの「自分と他人」の書き出しでは、「オーラ」という言葉は使われていないね。

小林さん　よし、この「自分と他人」に出てくる写真から、オーラを「感じる可能性がある」か「感じられない」かを、みんなで考えてみよう。

**――五分後、小林さんのタブレットにグループのみんなの意見がそろう。**

小林さん　はい、五分たちました。意見が出そろって、【図1】のようになったよ。あれ、佐藤さんと水谷さんの主張のところがぬけているな。

佐藤さん　あ、私の主張は「［　F　］」です。水谷さんの主張は「［　G　］」だよね。

水谷さん　そうだよ。書きわすれてごめんね。ところで、みんなで話し合う前に整理しておきたいんだけど、今、みんなが注目している点がばらばらなんだ。理由をよく読むとわかるんだけど、写真を「穂村さん自身が見ると考えている」人と、穂村さんは見ずに、「穂村さん以外の人が見ると考えている」人がいるんだ。先にまとめておくと、話しやすいと思うよ。あと、「どちらとも決められない」人もいるね。

小林さん　よし、やってみよう。まず、「穂村さん自身が見ると考えている」のは［　H　］、「穂村さん以外の人が見ると考えている」のは、［　I　］だね。「どちらとも決められない」のは［　J　］になるよ。これでいいかな。

水谷さん　いいと思います。話し合いの前にはっきりさせておけてよかったよ。

| ① 佐藤 | ② 清水 | ③ 鈴木 |
|---|---|---|
| 主張：［ F ］<br>理由：写真の被写体が自分だし，［　　］の中の「自分と他人」という文章では，オーラという言葉を１回も使っていないから。 | 主張：感じる可能性はある<br>理由：知らない人物の写真に見入ってしまったことがあるから。知らない人だからこそ，その人としての存在感を復元できないからかも。 | 主張：感じられない<br>理由：被写体になった人がその写真を見たとき，「現実における存在感を復元できない」ことはまずない。復元できるに決まっているから。 |

| ④ 高橋 | ⑤ 田中 | ⑥ 水谷 |
|---|---|---|
| 主張：感じる可能性はある<br>理由：よく知らない人が独特な表情をしていたら，表情にこめられた意味もわからないから，オーラを感じる可能性はあるかもしれないと思った。 | 主張：感じられない<br>理由：本人は気にしているみたいだけど，写真で変な顔に写るなんてよくあることだし，だれが見てもオーラなんて感じないと思うから。 | 主張：［ G ］<br>理由：写真そのものより，見る人によるから。優れた写真家の写真であっても，見る人が写真から何も感じなければそれまでである。 |

【図Ｉ】　小林さんがグループの意見をまとめたタブレットの画面

ⅰ　会話文と【図Ｉ】の［ F ］、［ G ］に、「感じる可能性がある」、「感じられない」のどちらかを入れて、文と図を完成させなさい。解答用紙に「　」（かぎかっこ）は書かなくてよい。

ⅱ　会話文中の［ H ］、［ I ］、［ J ］に入る人物を【図Ｉ】の①～⑥からそれぞれすべて選び、①～⑥の数字で書きなさい。

ⅲ　会話文中の［ E ］に入る内容を、［　　］の中で使われている表現を使って書きなさい。

次のページへ⇐

2 【別紙】問題文Ⅱの文章を読んで、次の各問いに答えなさい。（決められた字数で答える問いは、句読点・記号も字数にふくむ。）

(1) 漢字について、あとの問いに答えなさい。

ⅰ 「食」の画数を漢数字で書きなさい。

ⅱ 「時」と同じ画数の漢字を、次のア～オから一つ選び、その記号を書きなさい。

ア 近　イ 述　ウ 迷　エ 通　オ 週

ⅲ 「即」と同じ部首の漢字を「即」以外に、問題文Ⅱの下の段「報酬を我慢できなくなる」から一つ探し、その漢字を書きなさい。

(2) 「①彼女はあきらめきった様子で」とあるが、彼女があきらめていることとして最も適切なものを、次のア～エから一つ選び、その記号を書きなさい。

ア 家族で過ごす時間でも、子供がスマホのことばかり考えてしまう状況をなんとかしようとすること。

イ バカンスでとまったホテルの壁が薄く、となりの部屋のスマホの振動音がよく聞こえてしまうこと。

ウ 自分の子供たちからスマホやタブレットを取りあげることで、口論やケンカをなくそうとすること。

エ 子供がスマホやタブレットばかり使うせいで、バカンスの一週間は子供ともめてばかりだったこと。

(3) 「②別のシステム」と入れかえても文の意味が変わらない言葉を、問題文Ⅱから漢字三字で二つ抜き出して書きなさい。

(4) 「③この領域が子供や若者のうちは未発達であることが、デジタルなテクノロジーをさらに魅惑的にしてしまう」とあるが、これが原因で引き起こされている社会的な問題は何か。問題文Ⅱから十字以内で抜き出して書きなさい。

(5) 「④パーティーに行かずに家で勉強していれば、いい仕事に就けるかも」とあるが、この文の中で「すぐにもらえる『ごほうび』」にあたるものは何か。解答らんに合うかたちで書きなさい。

(6) 「⑤すぐに上達できないとやめてしまう」のはどのような人物か。問題文Ⅱにある「マシュマロ」の例を使って説明しなさい。

(7) 次の会話文は、問題文Ⅱの気になる表現について、清水さんたちが授業で発表している場面である。よく読んで、あとの問いに答えなさい。

清水さん　私たちは「ニワトリが先か卵が先か」に注目しました。この言葉は、原因と結果、どちらが先かわからないときに使われます。

高橋さん　でも、この文章では、「ニワトリが先か卵が先か」がはっきり示されています。黒板に注目してください。まとめるとこうなります。

ニワトリを「（　１　）」、卵を「（　２　）なる」としたとき、ニワトリが先であることが明らかになった。

佐藤さん　つまり、（　１　）から（　２　）なることが実験で示されたということですね。私は、スマホがクラシック系の楽器を習う生徒の数に影響していると知って、とても驚きました。では、何か質問はありますか。

水谷さん　はい。面白い表現だとぼくも思います。ただ、その実験をしなくても、スマホが原因でクラシック系の楽器を習う人が減ったことは説明できると思います。

清水さん　え、そうですか。えっと、水谷さんの考えを教えてください。

水谷さん　クラシック系の楽器を習う人が減ったのは、すぐに上達しないとやめてしまうからと書かれています。すぐにやめてしまうのは、報酬を先延ばしにできないためです。そして、今ではスマホを持っていない人を見つけるのはとても難しいということも書かれています。それほど多くの人がスマホを持っているわけです。つまり、多くの人がスマホの影響で報酬を先延ばしにすることができなくなって、クラシック系の楽器を習う人が減ったということになります。

清水さん　水谷さんの理由はよくわかりました。たしかに、この実験の目的は、（　３　）を確かめることであって、クラシック系の楽器を習う人が減った理由を明らかにすることではありませんね。ただ、それでも（　１　）ことと報酬を先延ばしにできる力の関係がわからないと、水谷さんの説明も成り立ちませんよ。」

水谷さん　それなら、ここに書いてありますよ。

清水さん　あ、本当だ。でも、しっかり読んでいくと単純にそうとも言えないかもしれないから、もう少し議論してみたいと思います。

次のページへ⇦

ⅰ　（　1　）（　2　）に入る言葉を、問題文Ⅱから（　1　）は六字、（　2　）は九字で、それぞれ抜き出して書きなさい。

ⅱ　（　3　）に入る内容を問題文Ⅱから三十字から三十五字で抜き出し、その最初の十二字を書きなさい。

ⅲ　会話文の「ここに書いてありますよ」について、このときに水谷さんが示した一文を問題文Ⅱから抜き出し、最初の五字を書きなさい。

―おわり―

お詫び

著作権上の都合により、文章は掲載しておりません。
ご不便をおかけし、誠に申し訳ございません。

教英出版

※1　バカンス　長い休み。また、それを利用した旅行。
※2　領域　ある力・作用・規定などがおよぶ範囲（はんい）。
※3　衝動　何かの刺激（しげき）を受けて心や感情が動かされること。
※4　報酬　人がしたことに対する、むくい。
※5　成熟する　成長してその機能を十分に発揮（き）できるようになること。
※6　魅惑　人の心を正しい判断ができなくなるほどに引きつけるさま。

お詫び

著作権上の都合により、文章は掲載しておりません。
ご不便をおかけし、誠に申し訳ございません。

教英出版

（アンデシュ・ハンセン　久山葉子［訳］『スマホ脳』新潮新書、二〇二〇年）

※7　被験者　試験・実験の対象となる人。
※8　至難の業　実現が極めて困難（こんなん）であること。
※9　即座に　すぐにその場で。

## 【別紙】
## 問題文 I

### 写真の謎

　写真って不思議な表現ジャンル※1だと思う。猫が好きな人が、本屋でたまたま見つけた猫の写真集を買ったとする。自分の部屋でお茶を飲みながら、それを広げて眺めるとき、その人は「写真を見ている」ことを特別に意識してはいないんじゃないか。写真を通して被写体※2つまり猫そのものを見ているのだ。

　これが絵画だったらどうだろう。自分が「絵を見ている」ことを意識しないまま、猫の絵を眺めるようなことはまずないと思う。それが写実的であればあるほど、「絵を見ている」ことは自覚される。

　その証拠に、猫の絵を見て「なんて生き生きと本物そっくりに描かれているんだ」と思うことがある。でも、猫の写真を見て「なんて生き生きと本物そっくりに撮られているんだ」とは思わない。

　その理由を訊かれたら、私はなんと答えるだろう。だって写真の猫は実際に生きているんだから、などと云うかもしれない。

　でも、「実際に」生きているとはどういうことだ。絵のモデルになった画家の飼い猫だって「実際に」生きているのに。そう考えると、「実際に」を支えているのは、写真というジャンルの表現とし

我々が写真の中のコップを「お茶の入ったコップ」として認識できるのは、その実物を知っているからだ。コップを手でもったことがあり、その中のお茶を飲んだことがあり、時にはコップを落として割ってしまったり、お茶を胸に零したこともある。そのような経験の総体が、写真の中のコップを見ることで③無意識のうちに復元される。

　飛行機の尾翼が奇妙なオーラを放っていたのは、自分はこれを知っているらしいと感じつつ、正体に思い至らなかったために、本来の像を復元することができなかったためだろう。

　だが、例えば、生まれたての赤ん坊にとってはコップだって同じことだ。コップ体験がゼロの赤ん坊がその写真を見ても、コップを「そのようなもの」として認識することができない。現実における存在感を復元することができないのだ。

　そして、カメラのレンズは或る意味で生まれたての赤ん坊の目に近いとは云えないか。④その眼差しは、コップが割れることを、お茶が飲めることを、その他の全てのことを、全く知らないのだ。

　優れた写真家が、このカメラ自身の眼差しを生かして世界を切り取ったとき、撮られた写真には[illegible]

【別紙】
問題文Ⅱ

お詫び
著作権上の都合により、文章は掲載しておりません。
ご不便をおかけし、誠に申し訳ございません。
教英出版

お詫び
著作権上の都合により、文章は掲載しておりません。
ご不便をおかけし、誠に申し訳ございません。
教英出版

るのだ。
　絵の中の猫はモデルになった猫そのものではないが、写真の中の猫は被写体の猫そのもの、という見る側の意識の違(ちが)いは、この「そのまま」性すなわち表現の透明度に対する認(にん)識の差によって支えられている、と思う。
　だが、絵の中の猫が実物以上の存在感を放つことがあるように、①<u>写真から現実の被写体以上のオーラを感じることがある。</u>写真の猫が猫以上のものに、写真のコップがコップ以上のものに見えるのだ。その現象の意味はなんだろう。
　例えば、写真に写っているものの正体がわからないことがある。写真集の次のページを捲(めく)ってやっと気づく。ああ、さっきの②<u>あれ</u>は飛行機の※4尾翼(びよく)が拡(かく)大されたものだったのか。そう思って見直すと、確かにそうだ。普段(ふだん)の私にとって飛行機は全体として飛行機であり、尾翼だけを意識して見ることがないために、その拡大写真に奇妙(きみょう)なオーラを感じたのだろう。飛行機から独立した尾翼を「そのまま」見せられて戸惑(とまど)ったのだ。なんとなく理屈(くつ)がわかって安心する。
　では、丸ごと写っている猫やコップが、異(い)様な存(そん)在感を放っている場合はどうか。

坊の眼差しを再び与えられることになる。それは過去の経験の総体を無化して、被写体の日常的な存在感を解体してしまう。
　毎日を生きる上では不都合極まりない、そんな眼差しを※5束(つか)の間得ることに、我々が奇妙なときめきを覚えるのは何故(なぜ)か。それは、日常の名のもとに固定された生の意味のリセットと再構築、さらには拡大に繋(つな)がる歓(よろこ)びだと思われる。

（穂村　弘『野良猫を尊敬した日』講談社文庫、二〇二一年）

※1　ジャンル　種類。様式。
※2　被写体　写真に写すもの。
※3　漠然　ぼんやりとして、はっきりしないさま。
※4　尾翼　飛行機などの後ろの端(はし)の方に取り付けられたはね。
※5　束の間　ごく短い時間。

令和４年度　学力検査　問題用紙

## 第３検査

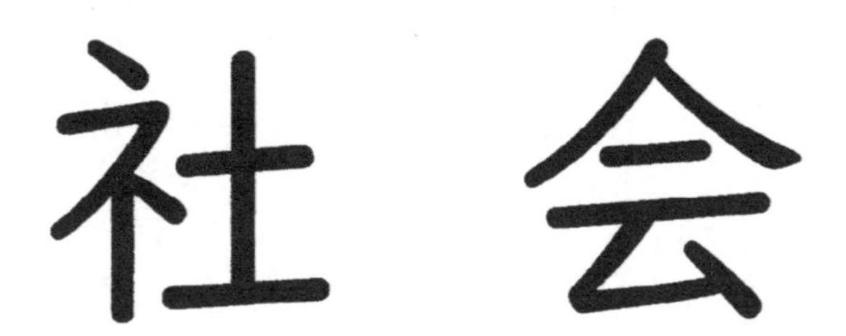


(11:10～11:40　30 分間)

【注意】

１．開始の合図があるまで，冊子を開いてはいけません。
２．答えは，すべて解答用紙に書きなさい。
３．問題は，１ページから１０ページまで，印刷してあります。
４．解答用紙には，黒えんぴつ，またはシャープペンシルを使い，濃く，はっきりと解答らんからはみ出さないように書きなさい。
　また，消すときは消しゴムできれいに消しなさい。
５．開始の合図で，解答用紙の決められた場所に，受検番号を書きなさい。
６．問題を読むとき，声を出してはいけません。

三重大学教育学部附属中学校

1 鈴木さんは，夏休みの自由研究で，いとこが住んでいる尾鷲市を調査することにし，【資料１】の地図を持って，いとこの家に向かった。鈴木さんの調査に関して，次の各問いに答えなさい。

【資料１】尾鷲市の地図

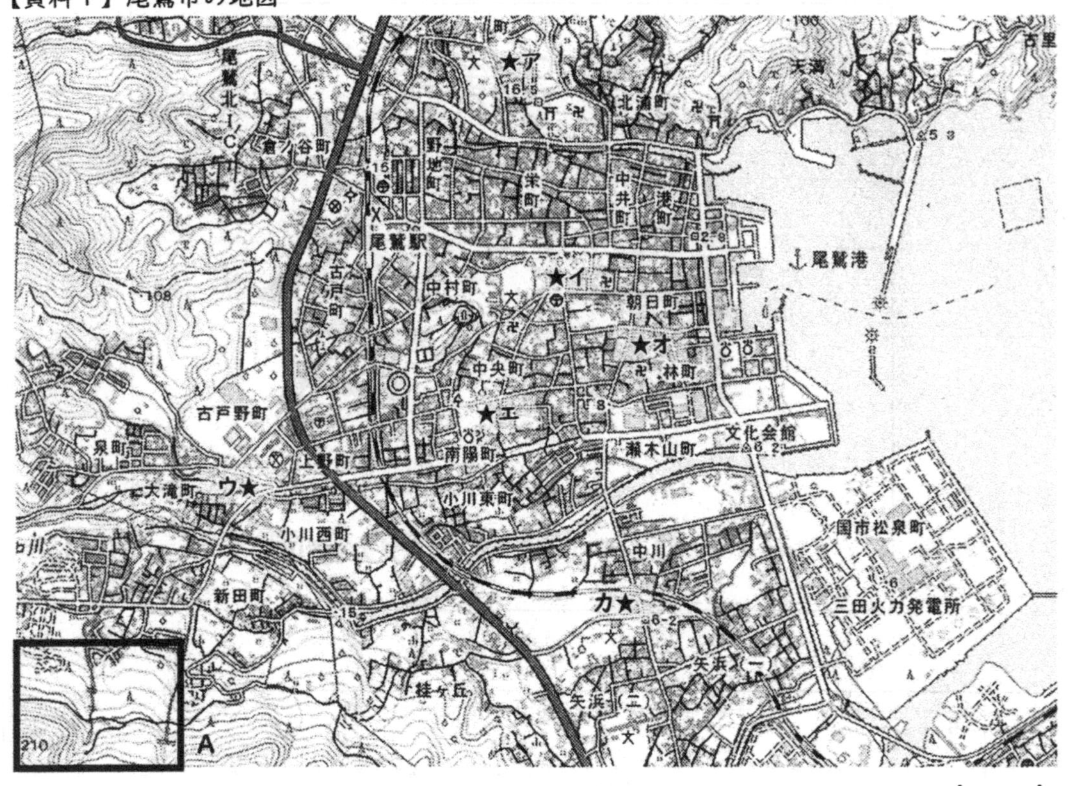


出典)「国土地理院 平成２８年９月１日発行 ２万５千分の１地形図」をもとに作成．

200m

(1) 鈴木さんは【資料１】にある尾鷲駅から，いとこの家に行こうとしている。【資料２】をもとに，いとこの家の位置として最もふさわしいものを，【資料１】の中にある★印のア～カから１つ選び，その記号を書きなさい。

【資料２】いとこから送られてきたメール

> 尾鷲に来てくれるのは，３年ぶりかな？久しぶりに会えるから，とっても楽しみ！ぼくの家まで駅から歩いて来てくれるんだって？ちょっと遠いけど，気をつけてね。まず，尾鷲駅を出ると，交番があるよ。駅から東に 100mちょっと進んで，交差点を右に曲がるんだ。そこからまっすぐ南に進んでいくと，図書館があるから，その交差点を左に曲がってね。しばらく進むと学校があるよ。ここがぼくの通っている学校なんだ。この学校の近くがぼくの家だから，連絡してくれたら，学校まで迎えに行くよ。

(2) 鈴木さんは【資料1】の□Aで知らない地図記号（═══）を見つけた。調べてみると，【資料3】の写真のような施設を表していることがわかった。この場所に，写真のような施設が建設されている目的として，最も適切なものを，次のア〜エから1つ選び，その記号を書きなさい。

ア　大雨でおきる土砂くずれの被害を防ぐため。
イ　川に流れる水を貯えて水力発電を行うため。
ウ　川が流れているので，橋として利用するため。
エ　水を貯えて農業用水や飲み水として使うため。

【資料3】A付近の拡大図と施設の写真

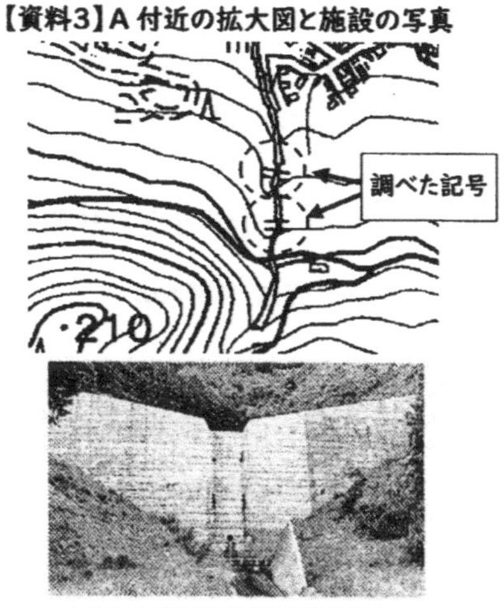


出典）三重県尾鷲建設事務所 HP
(https://www.pref.mie.lg.jp/)

(3) 鈴木さんは，いとこから尾鷲市を中心とした三重県南部が林業のさかんな地域であることを聞いて，この地域の林業について調べることにした。次の各問いに答えなさい。

① 尾鷲市で林業がさかんになった理由を，【資料4】を見て気候の面から調べ，次のようにまとめた。（　あ　）・（　い　）にあてはまる語句をそれぞれ書きなさい。

・尾鷲市の気候は，三重県中部の津市に比べて冬の気温が（　あ　），一年を通して降水量が（　い　）ため，木が育つのに適している。

↓

・そのため，江戸時代から，木材をつくるために人工林が育てられるようになり，「尾鷲ひのき」や「熊野杉」が有名になっている。

【資料4】津市と尾鷲市の気候の様子を表すグラフ

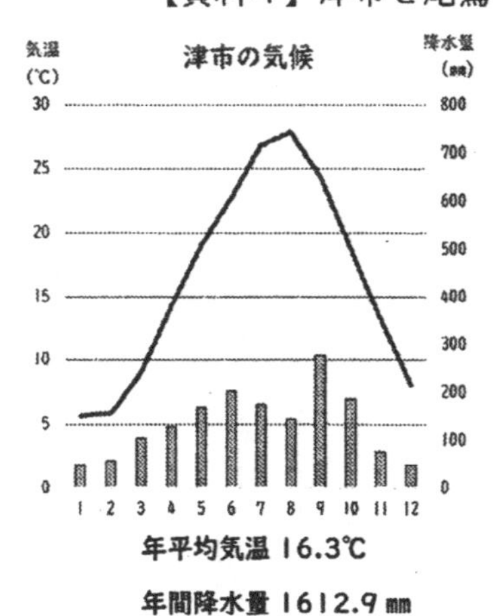


年平均気温 16.3℃
年間降水量 1612.9 mm

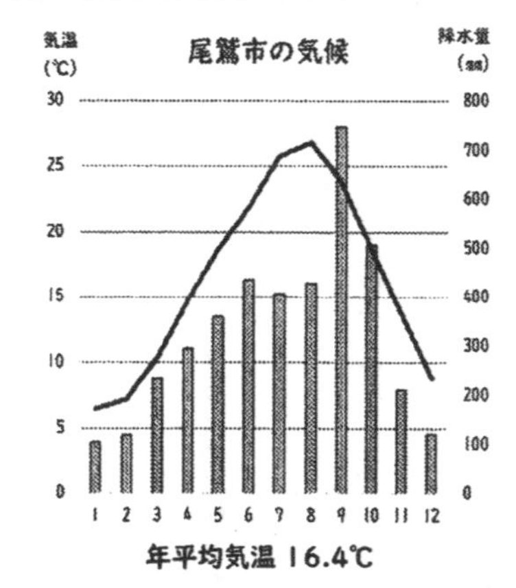


年平均気温 16.4℃
年間降水量 3969.7 mm

出典）気象庁HP (http://www.jma.go.jp)の統計より作成。



次のページへ⇒

② 次に，鈴木さんはどんな人が林業をしているのかを調べていて，次の【資料５】を手に入れた。【資料５】から読み取れることとして，最もふさわしいものを，次のア～エから１つ選び，その記号を書きなさい。

【資料５】林業で働く人の年齢別の割合とその変化の様子

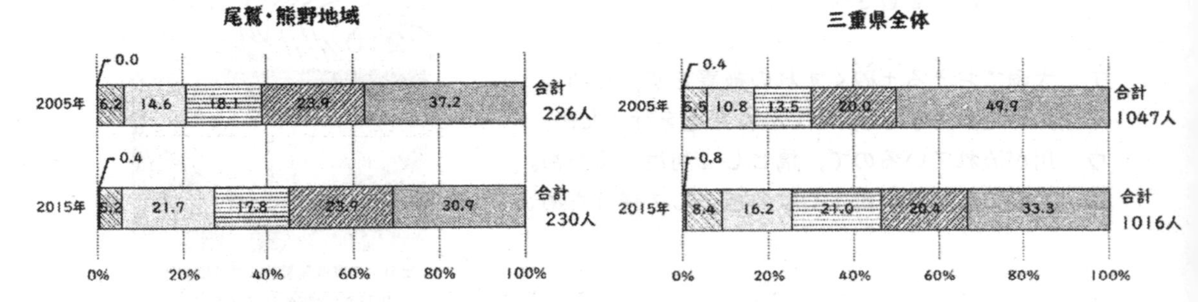


▨15～19才 □20～29才 □30～39才 □40～49才 ▨50～59才 ▨60才以上

出典）三重県資料『尾鷲熊野地域森林計画書』より作成.

ア　尾鷲・熊野地域でも三重県全体でも，林業で働く人は減少していっている。
イ　尾鷲・熊野地域でも三重県全体でも，60才以上の高齢者の割合が高まっている。
ウ　尾鷲・熊野地域は三重県全体と比べて，60才以上の高齢者の割合が高い。
エ　尾鷲・熊野地域は三重県全体と比べて，30才代の人の割合の変化が大きい。

(4) 鈴木さんは，【資料１】の尾鷲市の地図にのっている火力発電所が，現在はなくなっていることに気づいた。いとこに聞くと【資料６】の新聞記事を見せられた。右のページは【資料６】の記事を読んだ後，鈴木さんがまとめた調べ学習の一部である。これらを読んで，次の各問いに答えなさい。

【資料６】鈴木さんが見せてもらった新聞記事の一部

中部電力は二十七日、三重県尾鷲市の尾鷲三田火力発電所（石油燃焼※1）を二〇一八年度で廃止すると正式発表した。

（中略）

中部電力は、跡地に地元産の間伐材※2を燃やす出力一万キロワット未満の小型バイオマス発電所の建設を検討しており、自然エネルギーの地産地消※3と一次産業※4の振興※5を後押しする構え。

（後略）

※1　燃焼　燃やすこと
※2　間伐材　木の成長を助けるために切った木や枝のこと
※3　地産地消　身近な地域で生産して、その地域で消費すること
※4　一次産業　農業・林業・水産業のこと
※5　振興　さかんにすること

出典）「中日新聞」2018年2月28日朝刊より作成.

## バイオマス発電所ができると，どんなよいことがあるの？

【資料６】の記事を読んで，火力発電所の跡地に木材を利用したバイオマス発電所をつくると，どんなよいことがあるのかと疑問に思ったので，調べてまとめてみました。

### 1. バイオマス発電の特徴は？

バイオマス発電と今まであった火力発電の違いを，下の図①にまとめてみました。

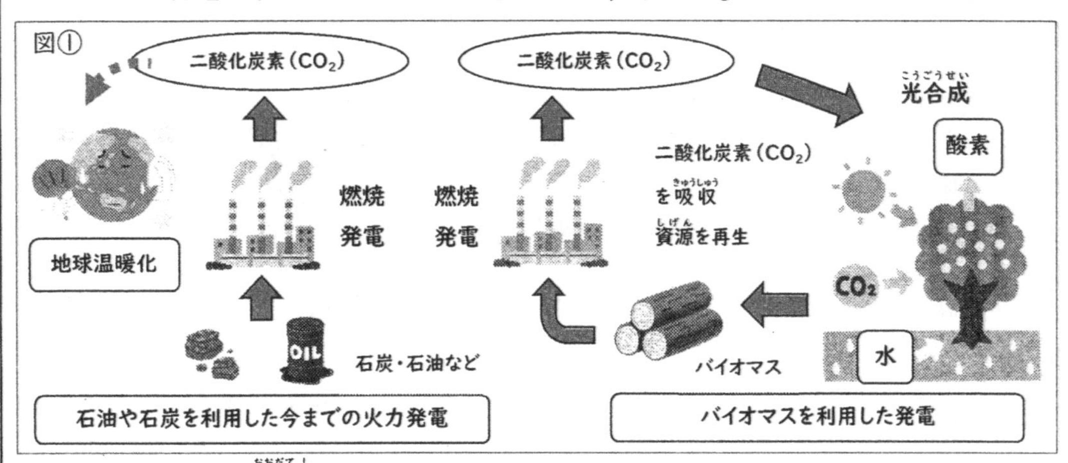


出典）農林水産省資料，大館市ＨＰ(https://www.city.odate.lg.jp/)より作成.

◎図①から考えたバイオマスのよい点と課題点

| よい点 | 課題点 |
| --- | --- |
| ・$CO_2$を吸収するので地球温暖化にならない<br>・石油などと違い（　う　） | ・木が育つのには時間がかかる<br>・石油などと違いかさばるし，運びづらい |

### 2. バイオマス発電所はまちをよくするの？

上で考えたように，バイオマスには課題もありますが，今まで調べてきたことから，尾鷲には課題点をプラスにできる条件が整っています。だから，この場所にバイオマス発電所をつくれば，たくさんの電気をつくることができます。

バイオマス発電所ができた時，尾鷲市がどのようによくなっていくかを，自分なりに右の図②にまとめてみました。

図②

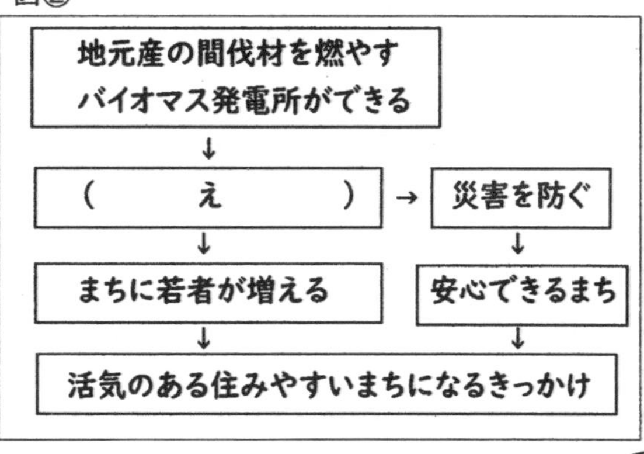


① 鈴木さんの調べ学習の（　う　）にあてはまる内容を書きなさい。
② 鈴木さんの調べ学習の（　え　）にあてはまる内容を書きなさい。



次のページへ⇒

2 水谷さんは，歴史を学ぶ上で，各時代の食生活がそのときの世の中の影響(えいきょう)を大きくうけていると考え，カードにまとめ資料をつくることにした。それぞれの資料を見て，次の各問いに答えなさい。

(1) 【資料7】の［　X　］にあてはまる時代の様子を，次のア～エから１つ選び，その記号を書きなさい。

ア　魚をとるために，鉄でつくったつり針(ばり)を使っていた。
イ　米づくりをおこない，収穫(しゅうかく)した米を高床(たかゆか)倉庫などに保存(ほぞん)した。
ウ　動物を狩(か)ったり，貝や木の実を採集したりして生活していた。
エ　農作業がしやすくなる道具を，渡来人(とらいじん)が伝えた。

【資料7】

**縄文(じょうもん)時代**

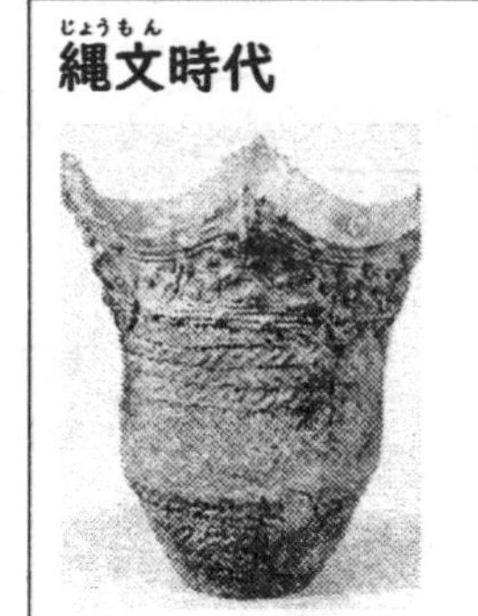

様子
［　X　］

関係すること
人々の食生活は，季節による変化やその時のとれ具合に大きく左右された。

(2) 【資料8】の（　お　）～（　き　）にあてはまる語句を，それぞれ書きなさい。

【資料8】

**奈良時代**

答志郡答志郷塩三斗

平城京で見つかった木簡

様子
・税として，各地から特産物が集められ，（ お ）は（ か ）をまねた豪華(ごうか)な食事を楽しむようになった。
・木簡(もっかん)から，現在の三重県のある地域から特産物の（ き ）が都に運ばれたとわかる。

関係すること
何度も遣(けん)（ か ）使を送り，税の制度などをまねしていた。
⇒天皇中心の国をつくろうとした。

出典）三重県 HP (https://www.pref.mie.lg.jp/) より作成。

**平安時代**

様子
・（ お ）の食事に多くのきまりができた。
・仏教の教えもあって，動物の肉を食べることが禁止された。

関係すること
遣（ か ）使を廃止
⇒スプーンを使うことや，牛乳を飲むといった習慣がなくなっていった。
⇒（ お ）が中心の日本風の文化がさかえた。

出典）『《歴史ごはん》食事から日本の歴史を調べる（第2巻）』くもん出版，2019 年などより作成。

(3)　【資料９】について，次の各問いに答えなさい。

【資料９】

**室町時代**

様子

・A茶を飲む習慣が広がった。

・B生け花や能・C狂言も楽しまれた。

関係すること

足利義政がD寝殿造を取り入れる。
⇒簡素で静かな美しさが好まれた。

**戦国時代**

様子

・百姓が足軽として戦うこともあり，兵糧丸とよばれる，携帯食が発達する。

関係すること

戦国大名があらわれ，全国各地で戦った。
⇒その後，E全国が統一されていった。

①　下線部Ａ～Ｄから正しくない語句を１つ選び，その記号を書きなさい。また，正しくない語句を正しい語句に書き直しなさい。

②　下線部Ｅについて，次のア～ウのできごとを年代の古い順に正しくならべかえ，記号を書きなさい。

ア　刀狩令が出される。

イ　楽市楽座がおこなわれる。

ウ　朝鮮半島に大軍が送られる。

(4)　水谷さんは，山本さんと協力して江戸時代のカードを作ることにした。２人の会話文の［　Ｙ　］にあてはまる文を書きなさい。

水谷さん：江戸時代は天ぷらやすしの屋台が楽しめるようになったんだよね。

山本さん：そうだね。でも，それは江戸などの一部の町人たちの話だよ。

水谷さん：江戸の食を支えていたのは，当時の日本の人口の８割にもなる百姓だった。

山本さん：彼らの生活は【資料10】でわかるよ。

水谷さん：なぜこのようなおふれ書きが出されていたのだろう。

山本さん：【資料11】を合わせてみると，武士の生活もかかわってくることがわかるね。

水谷さん：なるほど。江戸幕府は［　Ｙ　］させるために，おふれ書きを出したんだね。

【資料10】百姓へのおふれ書き

一　朝は早く起きて草を刈り，昼は田畑を耕し，夜は縄をない，仕事にはげむこと。

一　酒や茶を買って飲んではならない。

一　食べ物を大切にし，なるべく雑穀を食べ，米を多く食べないこと。

【資料11】江戸幕府の収入の内わけ

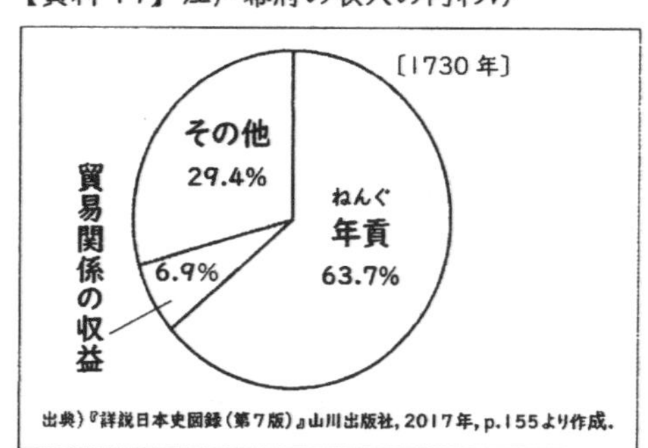


出典）『詳説日本史図録（第７版）』山川出版社，2017年，p.155より作成。

⑸　水谷さんと山本さんは，さらに明治時代のカードを作ろうとしている。２人の会話文の［　Z　］にあてはまる文を，【資料 12】と【資料 13】をもとに書きなさい。

**江戸時代**

様子
・江戸の町人が屋台を楽しんだ。
・百姓がそれ以外の身分の食を支えた。

関連すること
　幕府は武士の生活を支えるための政策(せいさく)を出した。

**明治時代**

様子
・牛肉を食べる文化が広がった。
・カレーライスが誕生(たんじょう)した。

変化に関連すること

【資料 12】江戸時代の終わりごろ

**長州藩(ちょうしゅうはん)の高杉晋作(たかすぎしんさく)が見た中国(1862 年)**

　中国人は，イギリスに戦争で負けてから，外国人の命令で働かされている。わが国もこうならないか心配だ。

↓ ２年後

欧米の艦隊(かんたい)に負け，占領(せんりょう)された長州藩の砲台(ほうだい)

【資料 13】明治時代の始めごろ

**明治政府がおこなったこと**

富国強兵
　…工業をさかんにし，強い軍隊をもつ。
岩倉使節団(いわくらしせつだん)
　…欧米諸国(おうべいしょこく)の産業や文化を学びに行く。

出典）横浜(よこはま)開港資料館 HP
（http://www.kaikou.city.yokohama.jp/）より作成.

水谷さん：明治時代は下書きがあるよ。
山本さん：江戸時代と比べると，生活の様子がずいぶん違うね。
水谷さん：牛肉を食べる文化や，カレーライスなどの洋食が広まったんだよ。
山本さん：平安時代以降，肉は食べないようにしてきたんだったね。どうして，長く続いた習慣を変えてまで，欧米の文化を取り入れようとしたのだろう？
水谷さん：江戸時代から明治時代に移り変わるときには，【資料 12】，【資料 13】のようなことがあったようだよ。【資料 12】を見ると，当時の日本人の気持ちがわかるね。
山本さん：だから，［　Z　］国をめざして，明治政府がつくられたんだね。
水谷さん：それは，当時の日本にとって，文化も変えるほどの変化だったんだね。

3 テレビでニュース番組を見ていた佐藤さんは，「男性産休」という言葉を耳にした。興味を持ち，近所の図書館で調べたところ，【資料 14】のような新聞記事を見つけた。【資料 14】と，それについての会話文を読んで，次の各問いに答えなさい。

佐藤さん：「男性産休」という，これまでにないしくみが始まるなんて，調べるまで知らなかったよ。
田中さん：私も知りませんでした。こんな法律がつくられていたんだね。
中村さん：法律はとても大事だけど，それ以上に大事で，国の政治の基本的なあり方を定めているのが$_{ア}$憲法だって，授業で習ったね。
佐藤さん：$_{イ}$司法権を持つことができるのは国会だけで，そこで決まった法律などにもとづいて，国民全体のために色々な仕事をおこなうのが内閣(ないかく)なんだ。
中村さん：$_{ウ}$国会で指名された首相(しゅしょう)が，専門(せんもん)的な仕事を担当(たんとう)する$_{エ}$国務大臣を$_{オ}$任命して内閣がつくられ，政治をすすめていくんだよね。
田中さん：ところで，「育休」と「産休」って何だろう。
中村さん：インターネットで調べてみたら右のような意味があるんだね。
佐藤さん：「男性産休」というのは，実際には出産しない男性が，「産休」の期間にあわせて取ることができる育休なんだね。
田中さん：育休は，仕事に就(つ)いて働く人なら，性別に関係なく取ることができるものなのに，どうして「男性産休」という新しいしくみをつくるんだろうね。
中村さん：そのことが私も気になりました。この機会に，みんなで調べて，まとめてみようよ。

【資料 14】「男性産休」制度についての記事

今年6月に成立した改正育児・介護(かいご)休業法で新設された「男性産休」のしくみが、来年10月1日から始まることになった。

（中略）

従来(じゅうらい)の育休とは別に取得することができる。男性産休は、子どもの生後8週間以内に最大4週間まで父親が育休を取れるようになるしくみ。

（後略）

出典）「朝日新聞」2021年9月22日朝刊より作成.

育休　「育児休業」のことで，原則として1歳(さい)までの子どもを育てる男女の労働者に認められている休業。経営者は，雇(やと)っている労働者から申し出があった場合、原則として拒(こば)むことができない。

産休　「出産休暇(きゅうか)」のことで，女性は出産予定日の6週間前から，出産後は8週間の休暇を取ることが法律で認められている。

(1) 会話文の下線部ア～オから正しくない語句を1つ選び，その記号を書きなさい。また，正しくない語句を正しい語句に書き直しなさい。



次のページへ⇒

(2)　【資料 15】の①から読み取れることとして正しくないものを，次のア～エから１つ選び，その記号を書きなさい。

ア　2007 年以降，男性の育休取得率と女性のそれは常に 70％以上の開きがある。
イ　2007 年から 2019 年までの間，女性の育休取得率は常に 80％を超えている。
ウ　2019 年の女性の育休取得率は，2009 年のそれと比べて 10％下がっている。
エ　変化が小さかった男性の育休取得率は，2016 年頃（ごろ）から少しずつ増えている。

【資料 15】田中さんが調べてきたこと

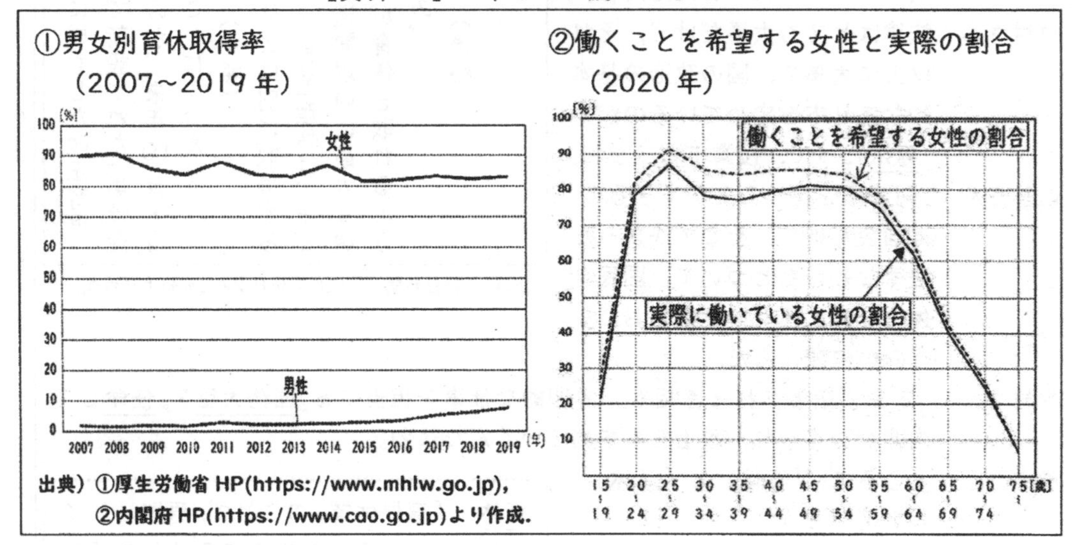

出典）①厚生労働省 HP(https://www.mhlw.go.jp)，
②内閣府 HP(https://www.cao.go.jp)より作成.

(3)　【資料 15】の②にある２つの折れ線グラフにはさまれた部分は，「働くことを希望しているのに，実際には働いていない女性の割合」を表している。その「実際に働いていない理由」についてまとめた【資料 16】の（　く　）にあてはまる語句を，漢字２字で書きなさい。

【資料 16】中村さんが調べてきたこと

| 出産と（　く　） | 27.5% |
|---|---|
| 健康上の理由 | 16.6% |
| 介護と看護（かんご） | 6.2% |
| その他 | 49.7% |

出典）内閣府 HP(https://www.cao.go.jp)より作成.

(4)　【資料17】は，佐藤さんたちが作成したまとめである。これを見て，次の各問いに答えなさい。

【資料17】佐藤さんたちが作成したまとめ

1．【資料15】【資料16】からわかる，今の日本社会の様子や問題

「働くことを希望」しているのに，実際に働いていない女性が多い　⇒　女性の思いや願いが大切にされていない

男性はどう思っているのだろう？

2．三重県庁で，実際に育休をとった男性の思いを聞きました

2019年に約1か月半，育休を取得しました。第1子の時は育休を取りませんでしたが，その時に育児はものすごく大変だということを理解したので，第2子の時は，より積極的に育児に関わろうと決意したんです。

しかし，業務の内容によっては育休を取りたくても取れない人も多いと聞いていますよ。

出典）三重県HP(https://www.pref.mie.lg.jp/)より作成.

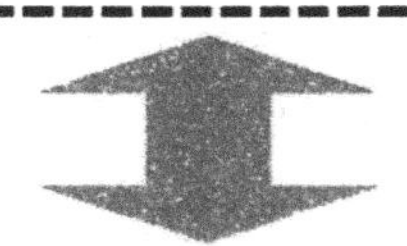

3．授業で習ったこと

日本国憲法　・全ての国民は，個人として尊重され，法の下に（　け　）である。
・仕事に就いて働くことは，権利であると同時に（　こ　）でもある。

4．「育休をとる男性を増やすことや，『男性産休』制度を新しく作ること」のねらい

［　　　　　　　　　　］ことで，より良い社会の実現につなげていく。

①　【資料17】の（　け　）・（　こ　）にあてはまる語句を，それぞれ書きなさい。

②　【資料17】の［　　　　］にあてはまる文を，〔　守る　〕の語句を必ず使って書きなさい。



おわり

令和４年度　学力検査　問題用紙

## 第２検査

# 算 数

（10：15～10：55　40分間）

【注意】

1．開始の合図があるまで，冊子を開いてはいけません。
2．答えは，すべて解答用紙に書きなさい。
3．問題は，１ページから８ページまで，印刷してあります。
4．解答用紙には，黒えんぴつ，またはシャープペンシルを使い，濃く，はっきりと，解答らんからはみ出さないように書きなさい。
　また，消すときは消しゴムできれいに消しなさい。
5．開始の合図で，解答用紙の決められた場所に，受検番号を書きなさい。
6．問題を読むとき，声を出してはいけません。
7．終了の合図で，すぐに筆記用具を置きなさい。
8．円周率を用いて計算するときには，3.14を用いなさい。
9．作図に用いた線は，消さずに残しておきなさい。
10．比を答えるときには，もっとも簡単な整数の比で書きなさい。分数を答えるときには，分子・分母をもっとも簡単な整数を用いて書きなさい。

三重大学教育学部附属中学校

1 次の各問いに答えなさい。(1)～(5)については，[　　　]にあてはまる数を，それぞれ答えなさい。(6)，(7)については，その問いの指示にしたがって答えなさい。

(1) $9 \times 4 \div 6 \times 3 =$ [　　　] である。

(2) $\frac{5}{6} - \frac{3}{10} =$ [　　　] である。

(3) 右の三角形ＡＢＣは，辺ＡＢと辺ＡＣの長さが等しい二等辺三角形で，点Ｄ，点Ｇはそれぞれ辺ＡＢ，辺ＡＣの真ん中の点である。三角形ＡＤＧの面積が 28 ㎠であるとき，長方形ＤＥＦＧの面積は [　　　] ㎠である。

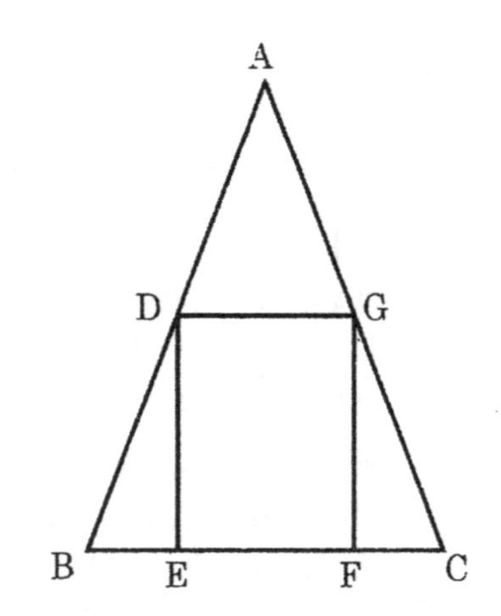


(4) 直方体から三角柱を切りぬいた右の図のようなＺ字型の立体がある。この立体の体積は [　　　] ㎤である。

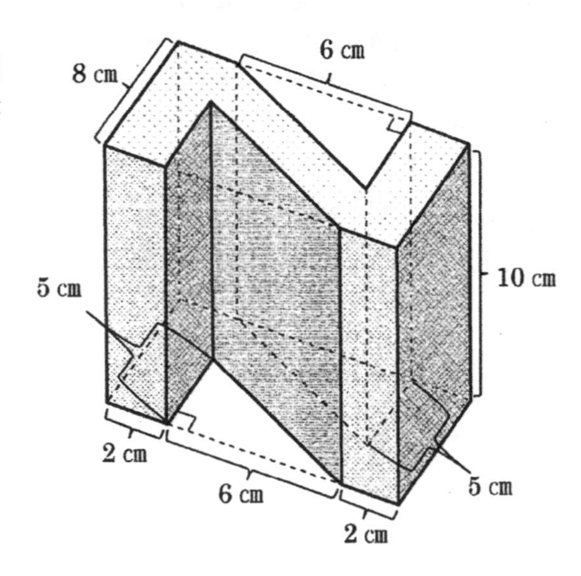

(5) 右の表は，決まった速さで走る自転車の，走った時間と道のりの関係を表したものである。この自転車が16 km走るのにかかる時間は［　　］分である。

| 時間　（分） | 15 | 30 | 45 | |
|---|---|---|---|---|
| 道のり（km） | 3.2 | 6.4 | 9.6 | |

(6) 下の表は，とり肉のからあげのレシピである。レシピをもとに料理するとき，適切なものを，次のア～エからすべて選び，その記号を書きなさい。
ただし，大さじ1は小さじ3と等しいとする。

| 材料（3人分） | |
|---|---|
| とり肉 | 700g |
| 酒 | 大さじ 2 |
| 水 | 大さじ 2 |
| しょう油 | 大さじ 1.5 |
| 塩 | 小さじ 1 |
| すりおろしニンニク | 10g |
| しょうが | 10g |
| 小麦粉 | 大さじ 5 |
| かたくり粉 | 大さじ 4 |
| サラダ油 | 適量 |

ア　しょう油と塩の必要な量の比は9：2である。
イ　とり肉が4.8 kgあり，他の材料が十分あるとき，20人分作ることができる。
ウ　2人分作るとき，すべての材料を$\frac{2}{5}$倍すればよい。
エ　1人分作るとき，小麦粉は大さじ1と小さじ2必要である。

(7) 次のような中心が点Oである円を利用して，コンパスと定規を使い，正六角形を解答用紙にかきなさい。ただし，図をかくときに用いた線は消さずに残しておきなさい。

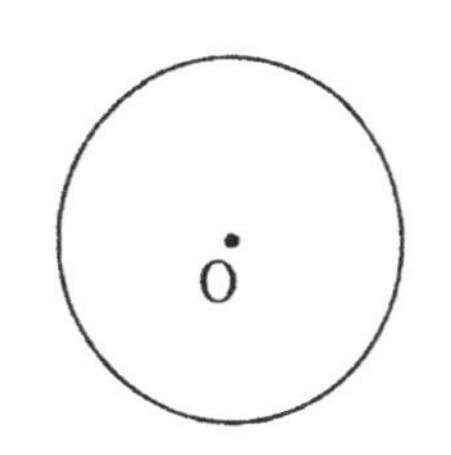


次のページへ⇒

2 保健委員会のメンバーで，校内でケガをする児童の数を減らすことを目的に，1週間の保健室の来室記録をとった。メンバーの**会話文**を読んで，次の各問いに答えなさい。

| 曜日 | 学年 | ケガの種類 | 場所 | 時間 |
|---|---|---|---|---|
| 月曜 | 2年 | つき指 | 体育館 | 授業中 |
| 月曜 | 2年 | 打ぼく | 教室 | 休み時間 |
| 月曜 | 3年 | 打ぼく | 体育館 | 授業中 |
| 月曜 | 4年 | 打ぼく | 体育館 | 授業中 |
| 月曜 | 2年 | すりきず | ろうか | 昼休み |
| 月曜 | 4年 | つき指 | 校庭 | 昼休み |
| 月曜 | 4年 | すりきず | ろうか | 昼休み |
| 月曜 | 2年 | ねんざ | ろうか | 昼休み |
| 月曜 | 4年 | 打ぼく | 体育館 | 授業中 |
| 月曜 | 2年 | ねんざ | 校庭 | 休み時間 |
| 月曜 | 1年 | すりきず | 校庭 | 授業中 |
| 月曜 | 3年 | 打ぼく | 教室 | そうじ中 |
| 月曜 | 5年 | 打ぼく | ろうか | 休み時間 |

| 曜日 | 学年 | ケガの種類 | 場所 | 時間 |
|---|---|---|---|---|
| 火曜 | 3年 | 打ぼく | 体育館 | 授業中 |
| 火曜 | 4年 | 打ぼく | 教室 | 休み時間 |
| 火曜 | 2年 | ねんざ | ろうか | 昼休み |
| 火曜 | 6年 | すりきず | 校庭 | 昼休み |
| 火曜 | 5年 | 打ぼく | 教室 | 休み時間 |
| 火曜 | 3年 | ねんざ | 体育館 | 授業中 |
| 火曜 | 3年 | 打ぼく | 体育館 | 授業中 |
| 火曜 | 4年 | すりきず | 校庭 | 昼休み |
| 火曜 | 1年 | 打ぼく | 教室 | そうじ中 |

| 曜日 | 学年 | ケガの種類 | 場所 | 時間 |
|---|---|---|---|---|
| 水曜 | 6年 | 打ぼく | ろうか | 休み時間 |
| 水曜 | 6年 | つき指 | 校庭 | 昼休み |
| 水曜 | 6年 | すりきず | 体育館 | 授業中 |
| 水曜 | 5年 | 打ぼく | 校庭 | 昼休み |
| 水曜 | 4年 | 打ぼく | 校庭 | 昼休み |
| 水曜 | 1年 | 打ぼく | 教室 | 昼休み |
| 水曜 | 4年 | すりきず | 校庭 | 休み時間 |
| 水曜 | 1年 | 打ぼく | ろうか | 昼休み |
| 水曜 | 6年 | つき指 | 体育館 | 授業中 |
| 水曜 | 3年 | 鼻血 | 教室 | 授業中 |

| 曜日 | 学年 | ケガの種類 | 場所 | 時間 |
|---|---|---|---|---|
| 木曜 | 3年 | 切りきず | 教室 | 休み時間 |
| 木曜 | 5年 | つき指 | 体育館 | 授業中 |
| 木曜 | 6年 | つき指 | 体育館 | 授業中 |
| 木曜 | 2年 | 打ぼく | 校庭 | 昼休み |
| 木曜 | 6年 | 骨折 | 校庭 | 昼休み |
| 木曜 | 3年 | 打ぼく | 教室 | 授業中 |
| 木曜 | 4年 | 打ぼく | 教室 | 休み時間 |
| 木曜 | 1年 | 打ぼく | 校庭 | 昼休み |

| 曜日 | 学年 | ケガの種類 | 場所 | 時間 |
|---|---|---|---|---|
| 金曜 | 4年 | 打ぼく | 教室 | 昼休み |
| 金曜 | 2年 | 鼻血 | 教室 | 授業中 |
| 金曜 | 3年 | 打ぼく | ろうか | 休み時間 |
| 金曜 | 5年 | すりきず | 校庭 | 昼休み |
| 金曜 | 4年 | すりきず | 校庭 | 休み時間 |
| 金曜 | 1年 | 打ぼく | 教室 | そうじ中 |
| 金曜 | 2年 | 打ぼく | ろうか | 休み時間 |
| 金曜 | 2年 | すりきず | 体育館 | 授業中 |
| 金曜 | 5年 | 打ぼく | ろうか | 昼休み |
| 金曜 | 6年 | ねんざ | 校庭 | 授業中 |

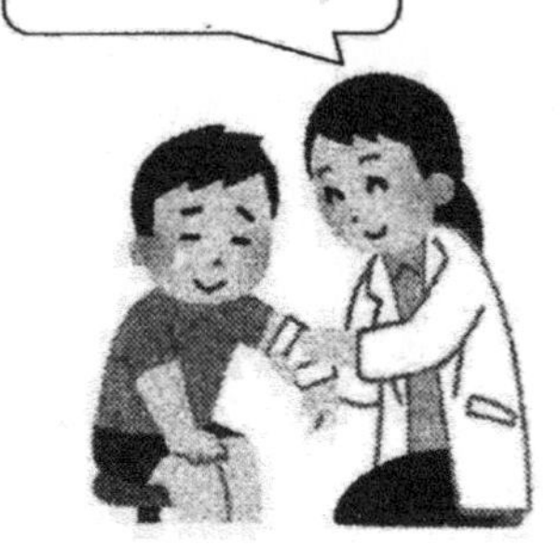


【表】1週間の保健室の来室記録をまとめたもの

**会話文1**

山本さん：先週の来室記録を，保健室の先生が【表】のようにまとめてくれたよ。
鈴木さん：曜日ごとにまとめてくれているんですね。この来室記録を曜日・学年・ケガの種類・場所・時間の①項目（こうもく）ごとに，人数を整理してみようよ。
田中さん：そうだね。整理して，みんなにポスターで伝えよう。

(1) 下線部①について，保健委員会メンバーが項目ごとの人数を【図1】のようなポスターにまとめた。【図1】のア，イにあてはまる数を，それぞれ書きなさい。

**項目ごとのケガの人数について**

| 曜日 | 人数 |
|---|---|
| 月曜 | 13 |
| 火曜 | 9 |
| 水曜 | 10 |
| 木曜 | 8 |
| 金曜 | 10 |
| 合計 | 50 |

| 学年 | 人数 |
|---|---|
| 1年 | 6 |
| 2年 | 10 |
| 3年 | 9 |
| 4年 | 11 |
| 5年 | 6 |
| 6年 | 8 |
| 合計 | 50 |

| ケガの種類 | 人数 |
|---|---|
| 打ぼく | 25 |
| すりきず | 10 |
| ねんざ | 5 |
| つき指 | 6 |
| 鼻血 | 2 |
| 骨折 | 1 |
| 切りきず | 1 |
| 合計 | 50 |

| 場所 | 人数 |
|---|---|
| 校庭 | 15 |
| 体育館 | 12 |
| 教室 | 13 |
| ろうか | 10 |
| 合計 | 50 |

| 時間 | 人数 |
|---|---|
| 授業中 | 17 |
| 昼休み | 18 |
| そうじ中 | ア |
| 休み時間 | イ |
| 合計 | 50 |

【図1】項目ごとにまとめたポスター

**会話文２**

山本さん：みんなに気をつけてもらえるように，もっと細かく整理しようよ。
鈴木さん：ひとつの項目に着目し，さらにそれをもうひとつの項目で整理するというのはどうだろう。そうすれば，②よりくわしいポスターができそうだね。
田中さん：さらに，③算数の授業で習ったグラフを使ってもいいかもしれないね。

⑵　下線部②について，鈴木さんは【図２】のポスターのように，まず曜日に着目し，さらにその曜日ごとのケガの種類を整理した。【図２】の下線部④の２はどんなことを表しているか。下のウ，エにあてはまる語句を，それぞれ書きなさい。

下線部④の２は，［ウ］に［エ］で，保健室に来室した人数

**月曜の打ぼくが最多!!**

| | 打ぼく | すりきず | ねんざ | つき指 | 鼻血 | 骨折 | 切りきず |
|---|---|---|---|---|---|---|---|
| 月曜 | 6 | 3 | 2 | 2 | 0 | 0 | 0 |
| 火曜 | 5 | ④2 | 2 | 0 | 0 | 0 | 0 |
| 水曜 | 5 | 2 | 0 | 2 | 1 | 0 | 0 |
| 木曜 | 4 | 0 | 0 | 2 | 0 | 1 | 1 |
| 金曜 | 5 | 3 | 1 | 0 | 1 | 0 | 0 |
| 合計 | 25 | 10 | 5 | 6 | 2 | 1 | 1 |

【図２】曜日とケガの種類でまとめたポスター

⑶　下線部③について，【図２】の１週間の合計をもとにした帯グラフを完成させなさい。ただし，ケガの種類がわかるようにかくこと。

⑷　【図３】は，【図２】の表の各曜日のケガの種類を帯グラフにしたポスターである。鈴木さんと田中さんは，その帯グラフの値について次のような疑問をもった。それぞれの疑問に対して，あなたならどのように答えるか。解答用紙に書きなさい。

**火曜は打ぼくの割合が大きい！**
**金曜のすりきずも意外に割合が大きい！**

月曜　46%　23%　15%　15%
火曜　56%　22%　22%
水曜　50%　20%　20%　10%
木曜　50%　25%　13%　13%
金曜　50%　30%　10%　10%

0%　10%　20%　30%　40%　50%　60%　70%　80%　90%　100%

□打ぼく　□すりきず　□ねんざ　□つき指　□鼻血　□骨折　□切りきず

【図３】曜日とケガの種類を帯グラフで表したポスター

鈴木さんの疑問

なぜ，月曜と木曜は，合計が100%にならないのだろう。

田中さんの疑問

なぜ，打ぼくの数は月曜より火曜の方が少ないのに，割合（わりあい）は月曜より火曜の方が大きいのだろう。

⑸　山本さんは，まず場所に着目し，その場所ごとのケガの種類を整理し，ポスターをつくった。山本さんのポスターのタイトルとして，もっともふさわしいものを，次のア～エから１つ選び，その記号を書きなさい。

ア　実は教室も危険！　～ そこで重大な骨折（こっせつ）も起こっている ～
イ　危険な場所は校庭！　～ そこでは打ぼくがもっとも多い ～
ウ　体育館では注意！　～ つき指が多く発生してる場所です ～
エ　発生１位は昼休み！　～ 打ぼく・すりきず・ねんざ注意 ～

次のページへ⇒

3 水谷さんと中村さんは算数の授業で「三角形の面積の求め方」について学習した。次の**会話文**と２人の**ノート**はそのときのものである。次の各問いに答えなさい。

**会話文**

伊藤先生：前回の授業では「平行四辺形の面積の求め方」について考えましたね。水谷さん，平行四辺形はどのような図形でしたか。

水谷さん：平行四辺形は向かい合った２組の辺が平行な四角形のことです。その特ちょうには［　①　］ことや，［　②　］ことなどがあります。また，平行四辺形の面積は底辺×高さで求められます。

伊藤先生：そうですね。それでは，【図１】のような「三角形の面積の求め方」について考えてみましょう。

中村さん：予習してきました。底辺×高さ÷２ですよね。

伊藤先生：では，どうしてそう求めることができるのか，考え方をノートにまとめて説明してみましょう。

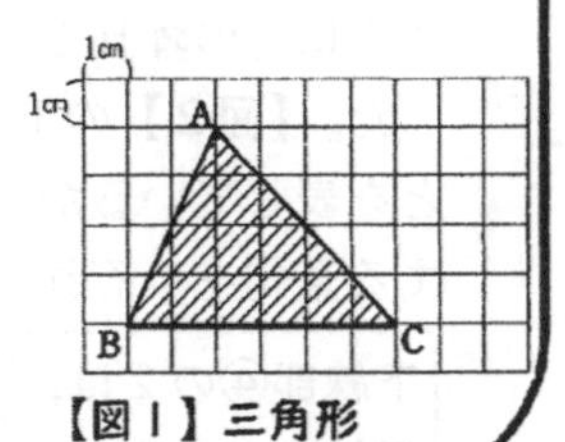

【図１】三角形

**水谷さんのノート**

【方法】同じ三角形をくっつけて平行四辺形をつくる。

【式】　(6 × 4) ÷ 2　= 12　　　12 ㎠

式の中の，6 は三角形の底辺，4 は三角形の高さだから，三角形の面積は底辺×高さ÷２で求められるとわかります。

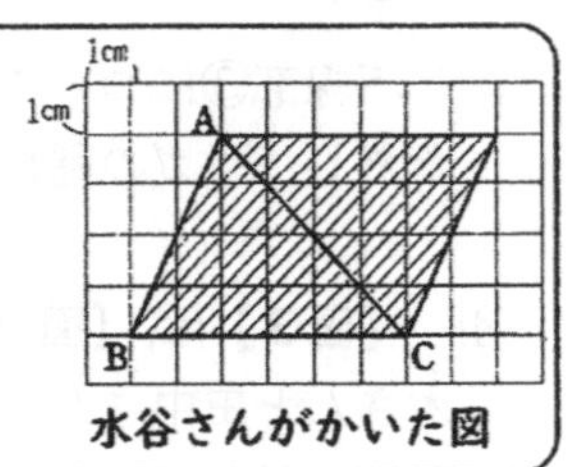

水谷さんがかいた図

**中村さんのノート**

【方法】三角形を直線で分けてまわして平行四辺形をつくる。

【式】　6 × (4 ÷ 2)　= 12　　　12 ㎠

式の中の，6 は三角形の底辺，4 は三角形の高さだから，三角形の面積は底辺×高さ÷２で求められるとわかります。

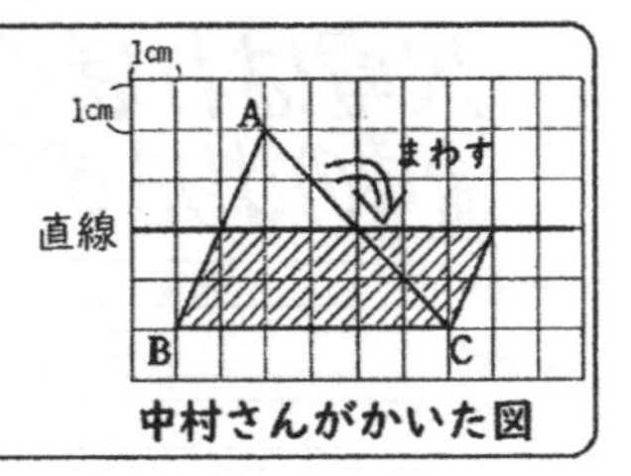

中村さんがかいた図

(1) ［　①　］，［　②　］にあてはまるものを，それぞれ解答らんに合うように書きなさい。

(2) ２人の**ノート**についてクラスメイトから次のような発言があった。［　③　］，［　④　］にあてはまるものを，次のア～エからそれぞれ１つずつ選び，その記号を書きなさい。

> 水谷さんの方法では［　③　］だから，2でわっているんだね。
> だから，式は(　)を使って(6×4)÷2 と書いているんだね。
> 中村さんの方法では［　④　］だから，2でわっているんだね。
> だから，式は(　)を使って 6×(4÷2)と書いているんだね。

ア　三角形の面積が，平行四辺形の面積２つ分
イ　三角形の面積２つ分が，平行四辺形の面積
ウ　平行四辺形の高さの半分が，三角形の高さ
エ　三角形の高さの半分が，平行四辺形の高さ

(3) 次の**鈴木さんのノート**は，鈴木さんが**中村さんのノート**を参考にしてまとめたものである。**鈴木さんのノート**の［　　］にあてはまる式を書きなさい。

**鈴木さんのノート**

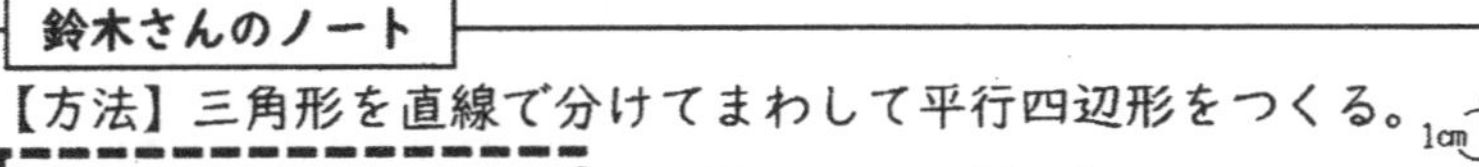

【方法】三角形を直線で分けてまわして平行四辺形をつくる。

【式】［　　　　　　　　　　］＝12　　　12㎠

式の中の，6は三角形の底辺，4は三角形の高さだから，

順番をいれかえると，

三角形の面積は底辺×高さ÷2で求められるとわかります。

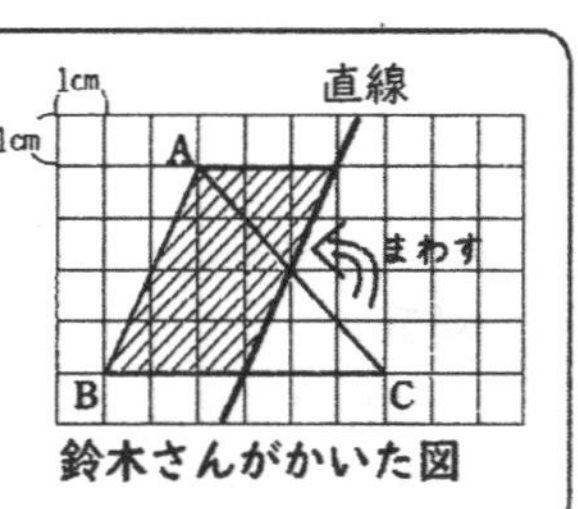

鈴木さんがかいた図

(4) 次の授業では「台形の面積の求め方」について学習した。次の**【図2】**は，そのときの黒板の様子である。それぞれの**ノート**を参考にして，**【図2】**の［　　］の**【式①】**，**【図②】**，**【式③】**にあてはまるものを，それぞれかきなさい。

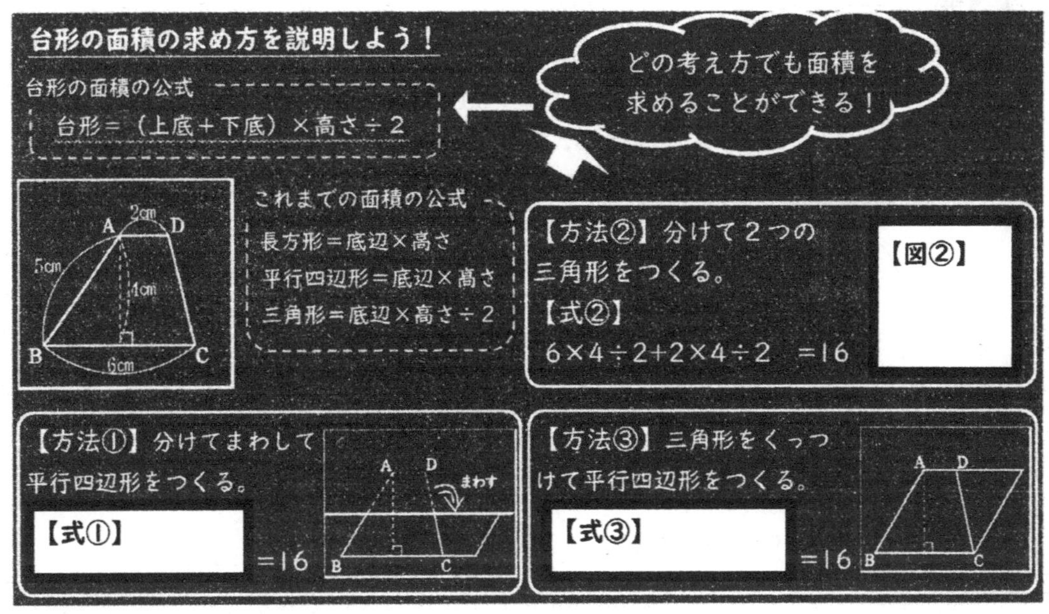

**【図2】黒板の様子**

(5) 鈴木さんは，授業で「台形の面積の求め方」を学習したあと，次の五角形ＡＢＣＤＥの面積を下のように考えて求めた。鈴木さんの考えた**【方法】**と**【式】**をもとに，定規を使って解答用紙の図を完成させなさい。

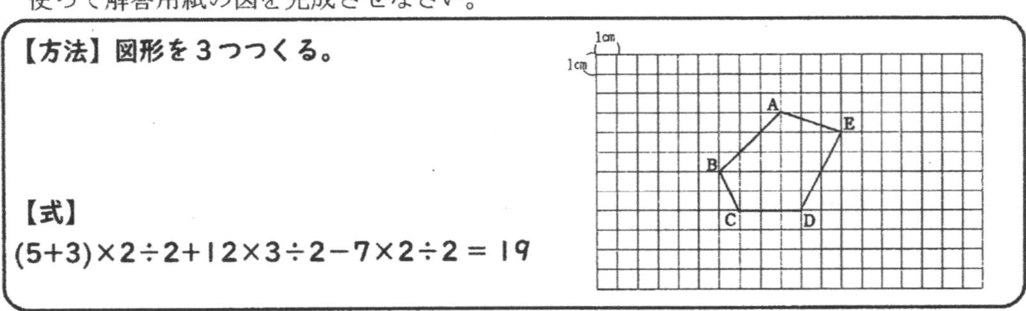


次のページへ⇒

4 鈴木さん，田中さん，水谷さん，山本さんは，【図１】のかけ算の九九表の中の数の合計を求めることについて考えた。**場面１**，**場面２**について，次の各問いに答えなさい。

よこ　かける数（列）

たて　かけられる数（段）

| | 1 | 2 | 3 | 4 | 5 | 6 | 7 | 8 | 9 |
|---|---|---|---|---|---|---|---|---|---|
| 1 | 1 | 2 | 3 | 4 | 5 | 6 | 7 | 8 | 9 |
| 2 | 2 | 4 | 6 | 8 | 10 | 12 | 14 | 16 | 18 |
| 3 | 3 | 6 | 9 | 12 | 15 | 18 | 21 | 24 | 27 |
| 4 | 4 | 8 | 12 | 16 | 20 | 24 | 28 | 32 | 36 |
| 5 | 5 | 10 | 15 | 20 | 25 | 30 | 35 | 40 | 45 |
| 6 | 6 | 12 | 18 | 24 | 30 | 36 | 42 | 48 | 54 |
| 7 | 7 | 14 | 21 | 28 | 35 | 42 | 49 | 56 | 63 |
| 8 | 8 | 16 | 24 | 32 | 40 | 48 | 56 | 64 | 72 |
| 9 | 9 | 18 | 27 | 36 | 45 | 54 | 63 | 72 | 81 |

❶　❷　❸

**【図１】かけ算の九九表**

**場面１**

**【図１】にある❶❷❸は，「たて３段(だん)×よこ３列の９マス」です。それぞれの９マスにある９個の数の合計を，工夫して求めようとしています。**

**鈴木さんの考え方**

私は，各段ごとにたした数をたして合計を求めるよ。

<❶のとき>

１段目　２＋３＋４＝９
２段目　４＋６＋８＝18
３段目　６＋９＋12＝27
だから，
９＋18＋27＝54

<❷のとき>

４段目　16＋20＋24＝60
５段目　20＋25＋30＝75
６段目　24＋30＋36＝90
だから，
60＋75＋90＝225

<❸のとき>

７段目　42＋49＋56＝147
８段目　48＋56＋64＝168
９段目　54＋63＋72＝189
だから，
147＋168＋189＝504

**田中さんの考え方**

鈴木さんのようにすべてたすと，❶ならすぐに計算できるけど，❷❸だと大変だね。私は，計算のきまりを使って工夫して合計を求めるよ。

<❶のとき>

　９＋18＋27
＝　１×９＋２×９＋３×９
＝　（１＋２＋３）×９
だから最終的に，
６×９で 54 になる。

<❷のとき>

　60＋75＋90
＝　**あ**　×15＋　**い**　×15＋　**う**　×15
＝　（　　**え**　　）×15
だから最終的に，
**お**　×15で　225　になる。

❶❷のと中の式は，かけ算の九九表の「かけられる数（段）」と「かける数（列）」に，何か関係がありそうですね。

(1)　**「田中さんの考え方」**にある［　　］内の**あ～お**にあてはまる数や式を，それぞれ書きなさい。

(2)　右の［　　］は，**「田中さんの考え方」**で，<❸のとき>の合計について考えたものである。**か～く**にあてはまる式を，それぞれ書きなさい。

　147＋168＋189
＝　　　**か**
＝　　　**き**
だから最終的に，
　**く**　で　504　になる。

**水谷さんの考え方**

9マスにある数を**ならして**いくと，すべて真ん中の数で表すことができそうだね。このことを使うと，簡単に合計が求められるよ。例えば<❶のとき>なら，

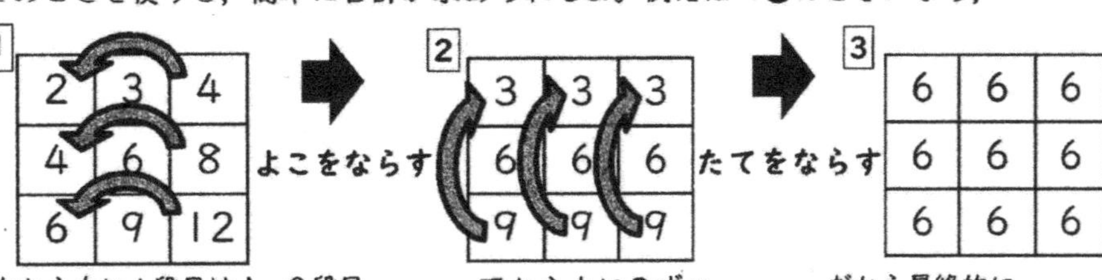


右から左に1段目は1，2段目は2，3段目は3動かしている

下から上に3ずつ動かしている

だから最終的に，6×9で54になる

(3) 下の□は，**「水谷さんの考え方」**で<❸のとき>の合計について考えたものである。**け〜し**にあてはまる数を，それぞれ書きなさい。また，2の図を完成させなさい。

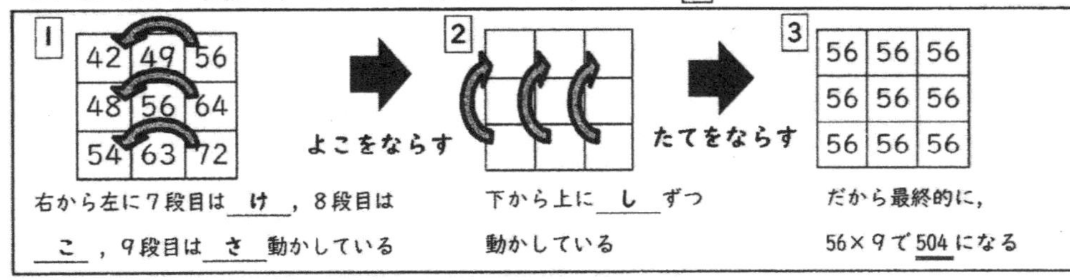

1
42 49 56
48 56 64
54 63 72
よこをならす
2
たてをならす
3
56 56 56
56 56 56
56 56 56
右から左に7段目は け ，8段目は こ ，9段目は さ 動かしている
下から上に し ずつ動かしている
だから最終的に，56×9で504になる


(4) 山本さんは，❶❷❸とはちがう「たて3段×よこ3列の9マス」にある9個の数の合計について，右のように考えた。その「たて3段×よこ3列の9マス」の図を完成させなさい。

**山本さんが考えたこと**

**「田中さんの考え方」**と**「水谷さんの考え方」**の両方で求めてみると，最終的に表される式はどちらも「24×9」になって，合計は216になるよ。

**場面2**

**場面1で考えたことを使って，「たて9段×よこ9列の81マス」にある81個の数の合計を，工夫して求めようとしています。**

田中さん：私の考え方だと，最終的に ① という式で表されて2025になる。

水谷さん：私の考え方だと，最終的に ② という式で表されて2025になる。

| | 1 | 2 | 3 | 4 | 5 | 6 | 7 | 8 | 9 |
|---|---|---|---|---|---|---|---|---|---|
| 1 | 1 | 2 | 3 | 4 | 5 | 6 | 7 | 8 | 9 |
| 2 | 2 | 4 | 6 | 8 | 10 | 12 | 14 | 16 | 18 |
| 3 | 3 | 6 | 9 | 12 | 15 | 18 | 21 | 24 | 27 |
| 4 | 4 | 8 | 12 | 16 | 20 | 24 | 28 | 32 | 36 |
| 5 | 5 | 10 | 15 | 20 | 25 | 30 | 35 | 40 | 45 |
| 6 | 6 | 12 | 18 | 24 | 30 | 36 | 42 | 48 | 54 |
| 7 | 7 | 14 | 21 | 28 | 35 | 42 | 49 | 56 | 63 |
| 8 | 8 | 16 | 24 | 32 | 40 | 48 | 56 | 64 | 72 |
| 9 | 9 | 18 | 27 | 36 | 45 | 54 | 63 | 72 | 81 |

(5) ①②にあてはまる式を，次のア〜エからそれぞれ1つずつ選び，記号を書きなさい。

ア 25×81　　イ 45×45　　ウ 27×75　　エ 25×45

(6) 右にある**山本さんの疑問**に対して，あなたならどのように答えるか。解答用紙にかきなさい。ただし，解答用紙の図を用いてもよいものとする。

**山本さんの疑問**

「225×9」でも2025になるけど，どのように考えると，最終的にこの式で表されるのかな？

―おわり―

令和４年度　学力検査　問題用紙

第４検査

# 理　科

(11:55～12:25　30分間)

【注意】

1．開始の合図があるまで，冊子(さっし)を開いてはいけません。
2．答えは，すべて解答用紙に書きなさい。
3．問題は，１ページから10ページまで，印刷してあります。
4．解答用紙には，黒えんぴつ，またはシャープペンシルを使い，濃(こ)く，はっきりと解答らんからはみ出さないように書きなさい。
また，消すときは消しゴムできれいに消しなさい。
5．開始の合図で，解答用紙の決められた場所に，受検番号を書きなさい。
6．問題を読むとき，声を出してはいけません。

三重大学教育学部附属中学校

1 会話文１～会話文４を読んで，次の各問いに答えなさい。

会話文１

水谷さん：冬になると，バッタを見なくなるのはなぜかな。
鈴木さん：バッタは秋に卵を産んで，その後に死んでしまうからだよ。
水谷さん：秋に産んだ卵から春になるとバッタのよう虫がふ化するから，また春や夏にバッタを見ることができるね。

(1) バッタのなかまのショウリョウバッタのよう虫はおよそ１cm，成虫になるとオスは，４～５cm，メスは８～９cmの大きさまで成長する。ショウリョウバッタのよう虫が成虫になるまでのようすで正しいものを，次のア～エから１つ選び，その記号を書きなさい。

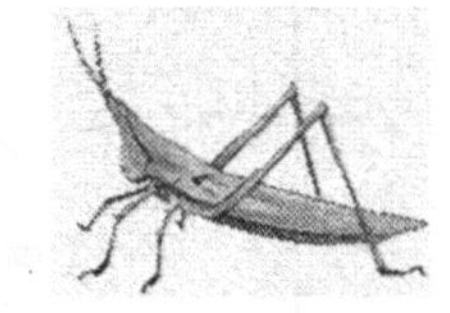
【図１】ショウリョウバッタ

ア　よう虫の時は植物を食べ，成長するとさなぎになり，成虫となる。
イ　よう虫の時は植物を食べず，成長するとさなぎになり，成虫となる。
ウ　よう虫の時は植物を食べ，だっ皮を何度もくり返して，成虫となる。
エ　よう虫の時は植物を食べず，だっ皮を何度もくり返して，成虫となる。

会話文２

水谷さん：バッタはなぜ卵を産むと死んでしまうのかな。
鈴木さん：じゅ命がその理由の一つだけど，そもそもバッタは日本の冬を過ごすことができないんだよ。
水谷さん：なぜ冬を過ごすことができないのかな。
鈴木さん：それは，私たち人間は一年中体温が36℃ぐらいに保たれているからだよ。かぜをひいたとき体温が高くなると体が苦しくなるよね。体温の変化は生物にとっては命にかかわることなんだ。バッタは体温が50℃以上と高すぎても，５℃以下と低すぎても生きることができないよ。【資料１】からわかるように，バッタは人間とちがって（　あ　）という特ちょうがあるから，冬を過ごすことができないんだ。

【資料１】

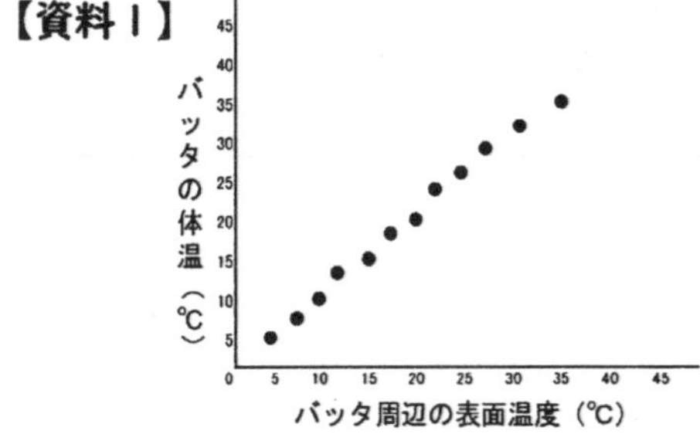


【資料１】のそれぞれの●は周辺の表面温度でのバッタの体温をあらわしている。

出典）国際農林水産業研究センターHP（https://www.jircas.go.jp/ja/release/2021/press202102）をもとに作成。

(2)（　あ　）には，体温について，人間とはちがうバッタの特ちょうが書かれている。（　あ　）にあてはまる文を書きなさい。



2022(R4) 三重大学教育学部附属中
教英出版

会話文３

水谷さん：地面の表面温度が50℃以上になる砂ばくにもバッタは生息しているよね。
鈴木さん：西アフリカからインドにわたる地域には，サバクトビバッタとよばれるバッタが生息しているよ。
水谷さん：バッタは体温が50℃以上になると生きられないと聞いたけど，50℃以上の砂ばくで，サバクトビバッタはどのように過ごしているのかな。
鈴木さん：周辺の表面温度が40℃以下の時は，**【図２】**のように行動し，周辺の表面温度が40℃をこえるときは，**【図３】**のように足や体をのばす「背のび行動」をおこなうよ。

**【資料２】**

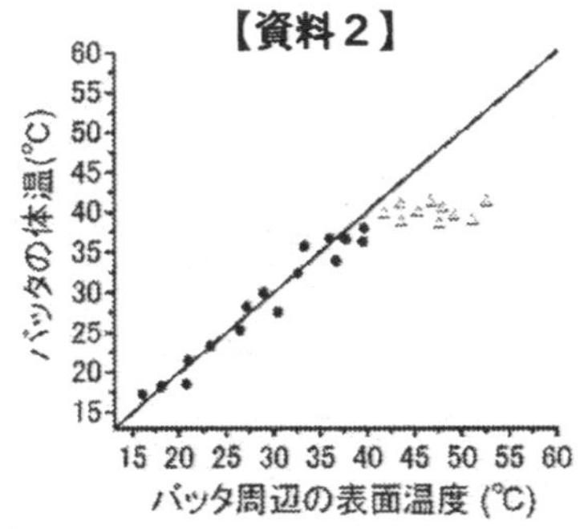


**グラフ内の●は通常時，△は背のび行動時でのバッタ周辺の表面温度とバッタの体温の関係を表したものである。**

**【図２】通常時**

**【図３】背のび行動時**

出典）国際農林水産業研究センターHP（https://www.jircas.go.jp/ja/release/2021/press202102）をもとに作成.

(3)　サバクトビバッタが「背のび行動」をおこなう理由を，**【資料２】**・**【図２】**・**【図３】**から予想して書きなさい。

会話文４

水谷さん：サバクトビバッタは，すごく長いきょりを移動することができるみたいだけど，１日にどのくらい移動することができるのかな。
鈴木さん：サバクトビバッタの成虫は１日に100㎞以上移動できるといわれているよ。
水谷さん：すごい飛行能力だね。
鈴木さん：チョウやトンボのような飛行能力はないから，風をうまく利用して移動しているんだよ。
水谷さん：この飛行能力があれば，インドより東の中国や日本にも移動できそうだね。
鈴木さん：それはできないみたいだよ。インドから東への移動は確認されていないよ。インドには標高2000m以上の山脈がたくさんあって，バッタは山脈をこえることができないからね。

(4)　サバクトビバッタは標高2000m以上の山脈をこえることができない。その理由を書きなさい。



次のページへ⇒

2　三重県津(つ)市では，１月６日の20時に【図１】のような月が西の空に見えた。
会話文１，会話文２を読んで，次の各問いに答えなさい。

会話文１

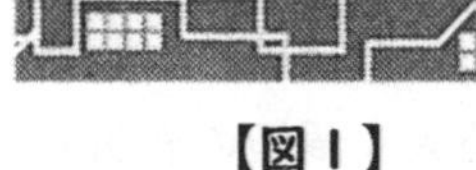


【図１】

水谷さん：きれいな形の月だね。
鈴木さん：そうだね。月はいろいろな形があるからね。
水谷さん：月の形は，毎日少しずつ変わっているよね。
鈴木さん：そうだよ。月の形は，地球・月・太陽の位置関係で見え方が変わるよ。月の形が変わることを「月の満ち欠け」というけど，29.5日かけて月の満ち欠けが起きているよ。

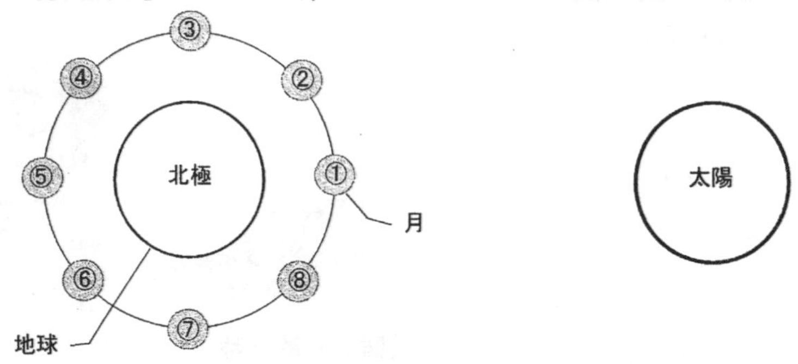


【図２】地球と月と太陽の位置関係

水谷さん：【図２】の①の位置にあるときが新月で，⑤の位置にあるときが満月だね。
鈴木さん：①の新月から地球を一周して，もう一度①にもどるまでが29.5日だね。
水谷さん：ところで，【図１】の月は【図２】の①～⑧のどの位置にあるときかな。
鈴木さん：どの位置にあるかを調べる方法は２つあって，月の満ち欠けのようすから調べる方法と，月が見える時刻と方角から調べる方法があるよ。
水谷さん：月の満ち欠けのようすから調べる方法は学習したよ。

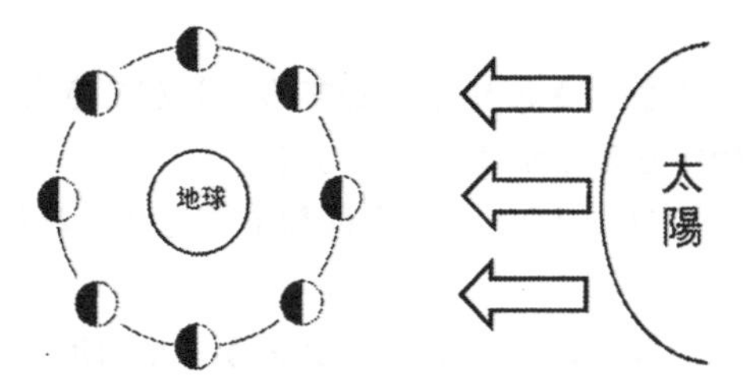


【図３】太陽の光が月にあたるようす

鈴木さん：月は太陽の光があたって光って見えているから，太陽の光のあたりかたで，位置が特定できるよ。
水谷さん：【図３】を参考に考えると，【図２】の（　あ　）の位置ということがわかるね。
鈴木さん：そのとおりだよ。

(1)　文中の（　あ　）にあてはまるものを，【図２】の①～⑧から１つ選び，その数字を書きなさい。

会話文２

水谷さん：月が見える時刻と方角からはどうやって調べるのかな。

鈴木さん：まずは時刻に注目しよう。時刻を特定するには，宇宙(うちゅう)からみた地球【図４】を活用すると考えやすいよ。

水谷さん：地球は一日で一回転するから，Ａの位置から再びＡの位置までもどるまでには24時間かかるってことだね。

鈴木さん：そうだよ。日本がＡの位置に来たときは12時，Ｄの位置に来たときは18時Ｇの位置に来たときは24時になるよね。月を見た時刻は20時だったから，【図４】の（　い　）の位置ということだね。

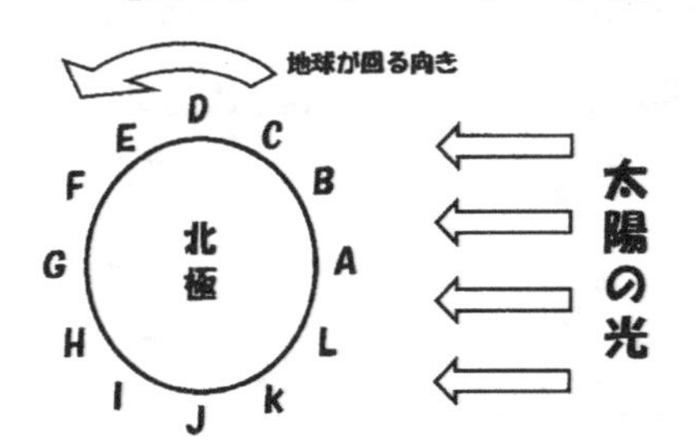


【図４】地球と太陽の光の関係

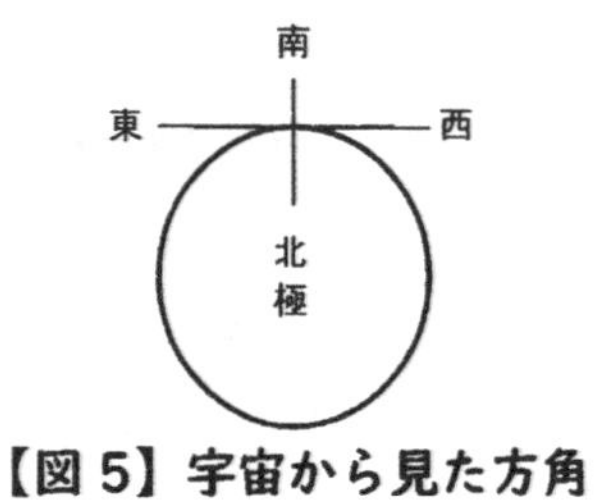


【図５】宇宙から見た方角

水谷さん：なるほど，次に見える方角を考えると【図４】の（　い　）の位置にあるとき西の空に見えたことから，やはり月の位置は【図２】の（　あ　）の位置ということがわかるね。

鈴木さん：そういうことだね。

水谷さん：このやり方がわかれば，これから見える月の形や見える方角を予想することができるね。

鈴木さん：では，１月18日の18時に見える月の形と月の方角を予想してみよう。

(2)　文中の（　い　）にあてはまるものを，【図４】のＡ～Ｌから１つ選び，その記号を書きなさい。

(3)　１月18日の18時に見える月の形と方角を表しているものを，次のア～クから１つ選び，その記号を書きなさい。

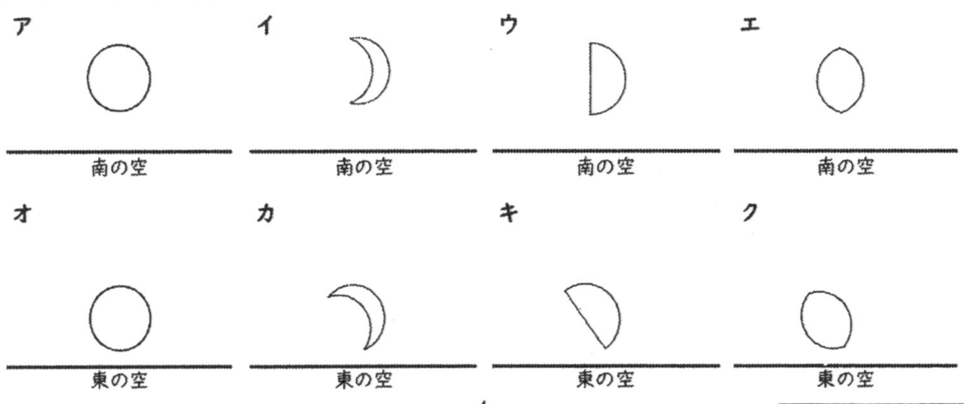




次のページへ⇒

3 鈴木さんと水谷さんは，火のついたろうそくをさまざまな条件のびんに入れてろうそくの燃え方を観察した。次の各問いに答えなさい。

(1) **【表1】**～**【表3】**は，**【実験1】**～**【実験5】**について，「入っている気体」・「びんの中の気体のようす」・「結果」をまとめたものである。

**【表1】**

| | 【実験1】 | 【実験2】 | 【実験3】 |
|---|---|---|---|
| 入っている気体 | 空気 | 酸素の体積の割合が100% | 二酸化炭素の体積の割合が100% |
| びんの中の気体のようす | ちっ素（◇）・酸素（●）・二酸化炭素（■） | 酸素（●） | 二酸化炭素（■） |
| 結果 | ろうそくはおだやかに燃えた | ろうそくは【実験1】よりはげしく燃えた | ろうそくの火はすぐに消えた |

① **【表1】**の**【実験1】**において，ろうそくの火が消えたあとの気体に含まれる，ちっ素・酸素・二酸化炭素の体積の割合は，実験前の割合と比べると，それぞれどのように変化しているか。それぞれの変化についての組み合わせとして，最も適したものを，次のア～カから1つ選び，その記号を書きなさい。

| | ちっ素 | 酸素 | 二酸化炭素 |
|---|---|---|---|
| ア | 小さくなっている | なくなっている | 大きくなっている |
| イ | 小さくなっている | 小さくなっている | 小さくなっている |
| ウ | 小さくなっている | なくなっている | 変化していない |
| エ | 変化していない | 小さくなっている | 大きくなっている |
| オ | 変化していない | なくなっている | 小さくなっている |
| カ | 変化していない | 小さくなっている | 変化していない |

2

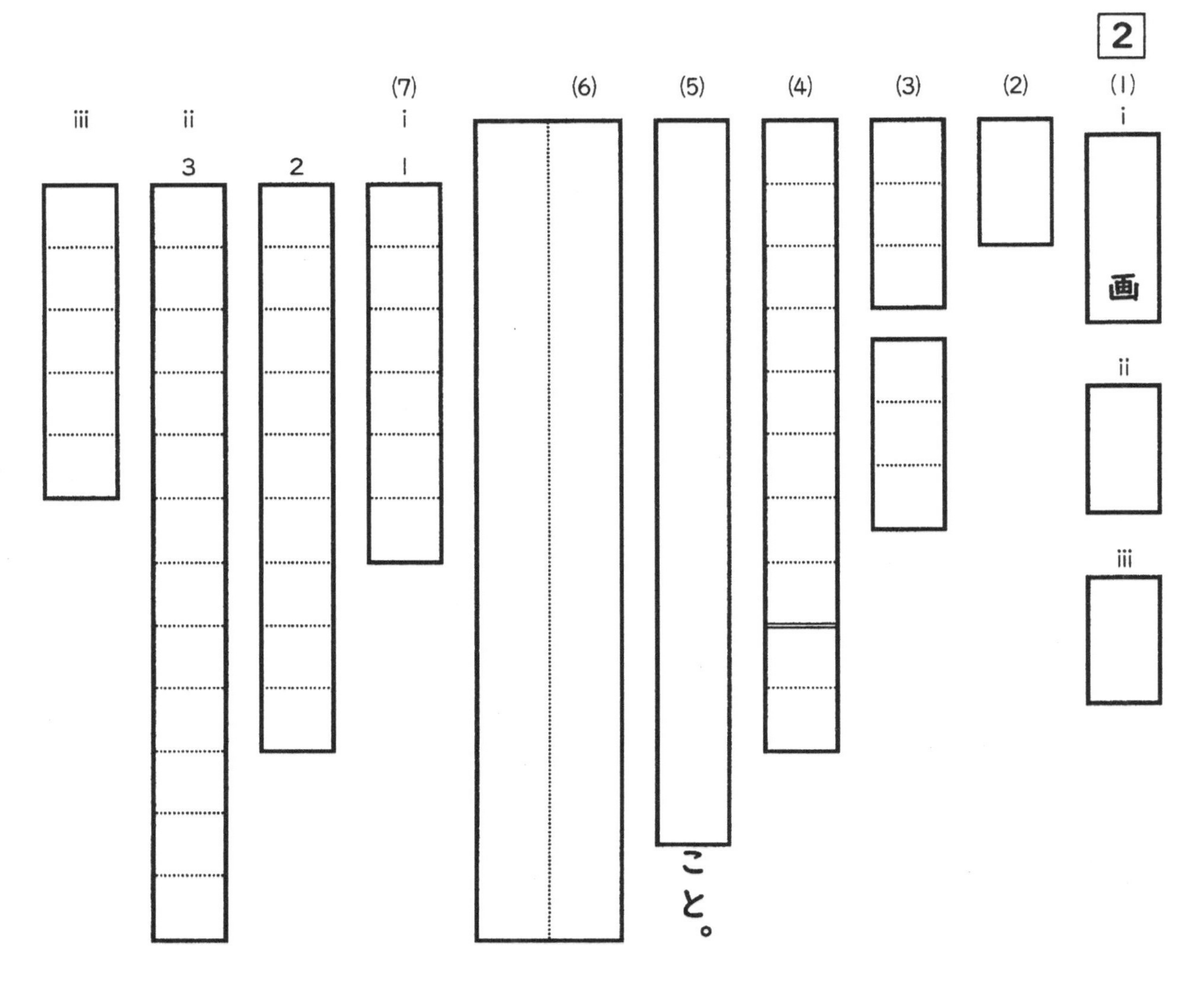

3

| | |
|---|---|
| (1) | ① 向かい合った　　　　　　が |
| | ② 向かい合った　　　　　　が |
| (2) | ③　　　④ |
| (3) | 【式】 |
| (4) | 【式①】 |
| | 【図②】 A D B C |
| | 【式③】 |
| (5) | 1cm 1cm A B C D E |

4

| | |
|---|---|
| (1) | あ　　い　　う　　え　　お |
| (2) | か　　き　　く |
| (3) | け　　こ<br>さ　　し　　2 |
| (4) | 24 |
| (5) | ①　　② |
| (6) | |

| | 1 | 2 | 3 | 4 | 5 | 6 | 7 | 8 | 9 |
|---|---|---|---|---|---|---|---|---|---|
| 1 | 1 | 2 | 3 | 4 | 5 | 6 | 7 | 8 | 9 |
| 2 | 2 | 4 | 6 | 8 | 10 | 12 | 14 | 16 | 18 |
| 3 | 3 | 6 | 9 | 12 | 15 | 18 | 21 | 24 | 27 |
| 4 | 4 | 8 | 12 | 16 | 20 | 24 | 28 | 32 | 36 |
| 5 | 5 | 10 | 15 | 20 | 25 | 30 | 35 | 40 | 45 |
| 6 | 6 | 12 | 18 | 24 | 30 | 36 | 42 | 48 | 54 |
| 7 | 7 | 14 | 21 | 28 | 35 | 42 | 49 | 56 | 63 |
| 8 | 8 | 16 | 24 | 32 | 40 | 48 | 56 | 64 | 72 |
| 9 | 9 | 18 | 27 | 36 | 45 | 54 | 63 | 72 | 81 |

2

| | | | | | |
|---|---|---|---|---|---|
| (1) | | | | | |
| (2) | お | | か | | き |
| (3) ① | 記号 | 正しい語句 | | | |
| (3) ② | → → | | | | |
| (4) | | | | | |
| (5) | | | | | |

3

| | | |
|---|---|---|
| (1) | 記号 | 正しい語句 |
| (2) | | |
| (3) | | |
| (4) ① | け | こ |
| (4) ② | | |

| | | |
|---|---|---|
| (1) | ① | |
| | ② | |
| | ③ | |
| (2) | ① | |
| | ② | |

| | | |
|---|---|---|
| (1) | ① | |
| | ② | |
| (2) | | |
| (3) | あ | い |

受検番号

得点

（配点非公表）

# 令和４年度　学力検査　理科　解答用紙

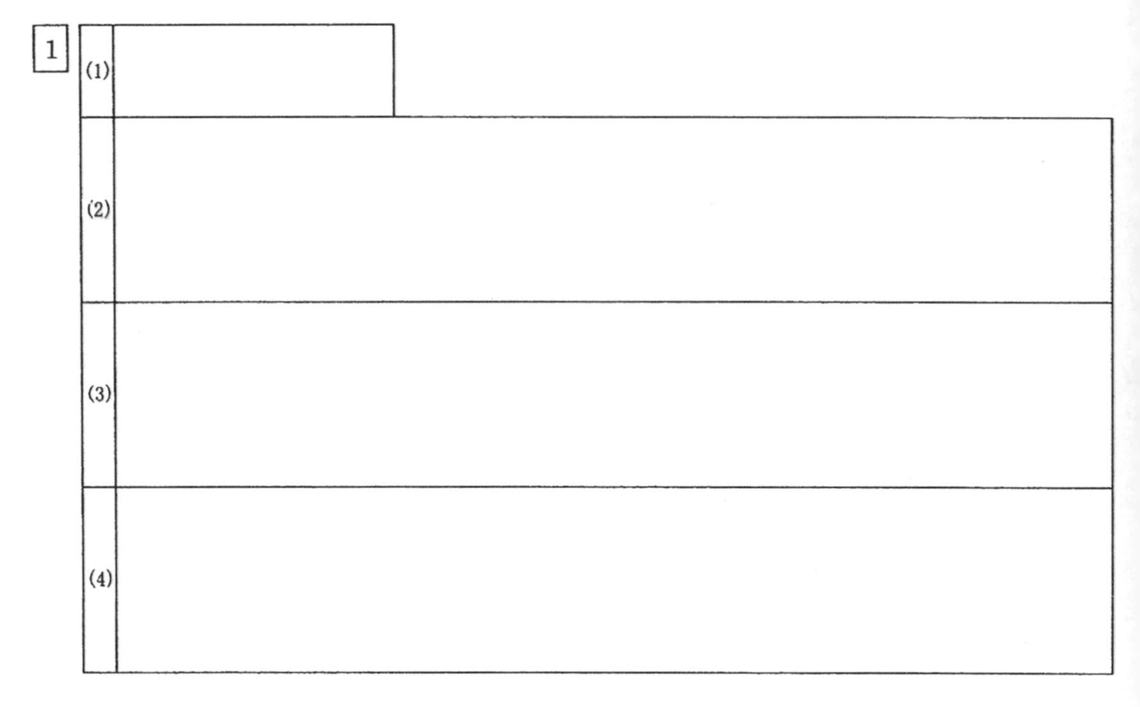

1

| | |
|---|---|
| (1) | |
| (2) | |
| (3) | |
| (4) | |

2

| | |
|---|---|
| (1) | |
| (2) | |
| (3) | |

| 受検番号 | | 得点 | |
|---|---|---|---|

（配点非公表）

# 令和４年度　学力検査　社会　解答用紙

1

<table>
<tr><td>(1)</td><td colspan="5"></td></tr>
<tr><td>(2)</td><td colspan="5"></td></tr>
<tr><td rowspan="2">(3)</td><td>①</td><td>あ</td><td></td><td>い</td><td></td></tr>
<tr><td>②</td><td colspan="2"></td><td colspan="2"></td></tr>
<tr><td rowspan="2">(4)</td><td>①</td><td colspan="4"></td></tr>
<tr><td>②</td><td colspan="4"></td></tr>
</table>

| 受検番号 | | 得点 |
|---|---|---|

（配点非公表）

# 令和４年度　学力検査　算数　解答用紙

1

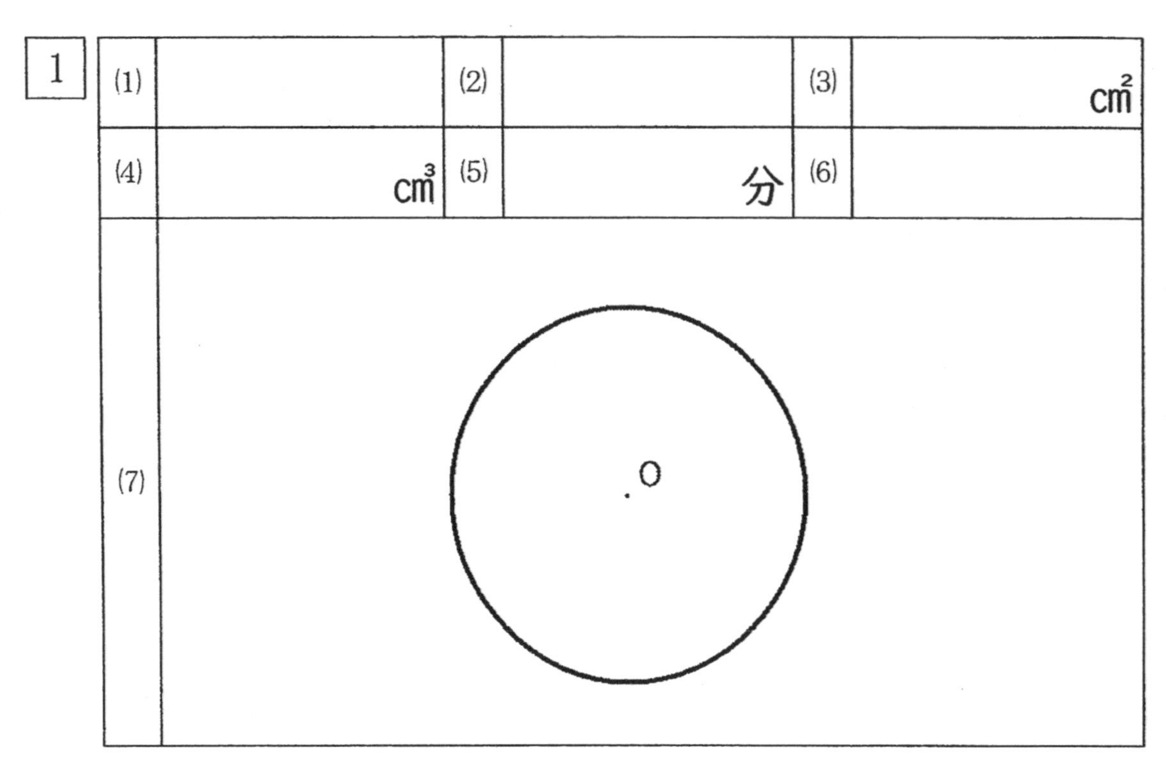


2

| (1) | ア　　イ | (2) | ウ　　　　エ |
|---|---|---|---|
| (3) | 0　10　20　30　40　50　60　70　80　90　100%<br>骨折　切りきず | | |
| (4) | 月曜と木曜の合計が100%にならないのは， | | 打ぼくの数が月曜より火曜の方が少ないのに，割合は月曜より火曜の方が大きいのは， |
| (5) | | | |

受検番号

得　点

（配点非公表）

# 令和四年度　学力検査　国語　解答用紙

一

(1) A　B

(2) C　D

(3)

(4)　(5)

(6) i F　G

ii H　I　J

iii E 今度は　人だと

バレるんじゃないか、と不安になったのだ。

会話文１

鈴木さん：**【実験１】**～**【実験３】**から，酸素には，ものを燃やすはたらきがあることがわかるね。

水谷さん：そうかな。**【実験１】**～**【実験３】**を見ると，二酸化炭素が燃えている火を弱めたり，火を消したりするはたらきをもっている，とも考えられるね。

鈴木さん：では，**【実験４】**として，びんの中の酸素の体積の割合を 20%，二酸化炭素の体積の割合を 80%にして実験してみたらどうだろう。

水谷さん：二酸化炭素に燃えている火を弱めたり消したりするはたらきがあるなら，**【実験４】**のろうそくは**【実験１】**よりおだやかに燃えるか，消えてしまいそうだね。

**【表2】**

| | 【実験４】 |
|---|---|
| 入っている気体 | 酸素の体積の割合が20%，二酸化炭素の体積の割合が80% |
| びんの中の気体のようす | 酸素（●）・二酸化炭素（■） |
| 結果 | ろうそくの燃え方は，【実験１】と変わらなかった |

② **【表2】**の**【実験4】**の結果から，ろうそくの燃え方は**【実験１】**と変わらないことがわかった。このことから，二酸化炭素の体積の割合の大きさとろうそくの燃え方について，どのような関係になっているか書きなさい。

会話文２

水谷さん：これまでの実験の結果から，二酸化炭素の体積の割合の大きさと，ろうそくの燃え方の関係が分かったね。

鈴木さん：そうだね。では，**【実験５】**として，びんの中の酸素の体積の割合を 50%，二酸化炭素の体積の割合を 50%にして実験してみたらどうだろう。

**【表3】**

| | 【実験５】 |
|---|---|
| 入っている気体 | 酸素の体積の割合が50%，二酸化炭素の体積の割合が50% |
| びんの中の気体のようす | 酸素（●）<br>二酸化炭素（■） |

③ **【表3】**の**【実験5】**をおこなうと，結果はどうなると考えられるか。最も適したものを，次のア～エから１つ選び，その記号を書きなさい。

ア　ろうそくの燃え方は，**【実験１】**よりはげしい。

イ　ろうそくの燃え方は，**【実験１】**と変わらない。

ウ　ろうそくの燃え方は，**【実験１】**よりおだやかに燃える。

エ　ろうそくの火は消える。



次のページへ⇒

(2) 鈴木さんと水谷さんは，ろうそくが燃えているときの空気の動きについて調べるため，さらに**【実験6】**と**【実験7】**をおこなった。

会話文3

水谷さん：ろうそくの長さは，ろうそくが燃え続ける時間と関係があるのかな。

鈴木さん：ろうそくが長ければ長いほど，ロウの量が増えるから長時間，燃え続けるとは思うよ。

水谷さん：**【実験6】**のように，同じびんに長いろうそくと短いろうそくを入れて実験してみよう。

実験後

鈴木さん：**【実験6】**では，短いろうそくの火の方が先に消え，長いろうそくの火の方が長時間燃え続けたよ。

水谷さん：予想どおりだね。でも，ろうがまだ残っているよね。

鈴木さん：ろうがまだ残っているのに，なぜ短いろうそくの火が先に消えてしまったのかな。

水谷さん：びんの中の空気の動きに原因がありそうだね。

鈴木さん：では，**【実験7】**のように，火のついた線香を近づけて，ろうそくが燃えているときにどのように空気が動いているか，線香のけむりの動きから調べてみよう。

**【実験6】**

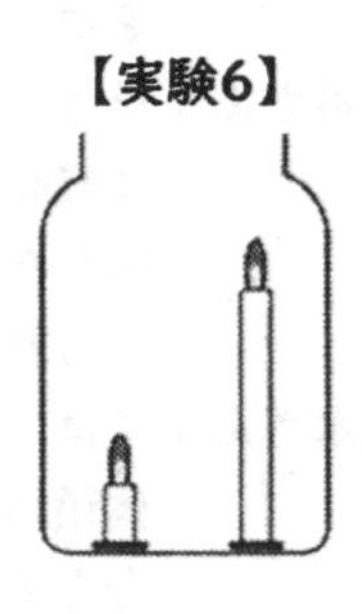

**【実験7】**

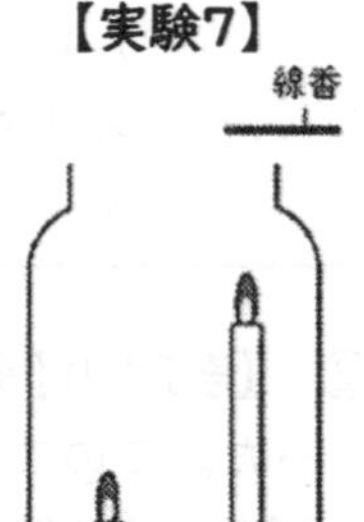


① **【実験7】**のように，火のついた線香をびんの入り口に近づけたとき，線香のけむりはどのように動くか。最も適したものを，次のア～エから１つ選び，その記号を書きなさい。

ア　線香のけむりは，上昇(しょう)する。
イ　線香のけむりは，びんの中へ吸(す)いこまれる。
ウ　線香のけむりは，一度びんの中へ吸いこまれた後，上昇する。
エ　線香のけむりは，一度上昇した後，びんの中へ吸いこまれる。

会話文4

水谷さん：びんにふたをすると，ろうそくの火に風はあたらなくなるけど，新しい空気が入らないからどちらのろうそくの火も消えそうだね。

鈴木さん：あれ。**【実験8】**のようにしてびんにふたをしたら，<u>短いろうそくの火よりも長いろうそくの火の方が早く消えてしまったよ。</u>

**【実験8】**

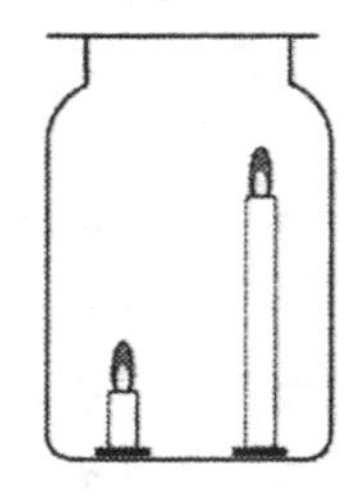

② 会話文4の下線部のようになる理由を書きなさい。

4 会話文１～会話文３を読んで，次の問いに答えなさい。

> 会話文１
> 鈴木さん：私の席は窓の近くだから，日光がさしこんで暖かいよ。
> 水谷さん：でも，日光でまぶしいときもあるよね。
> 鈴木さん：そんなときは，カーテンを閉めればだいじょうぶだよ。

(1) 【図１】は鈴木さんの座席の近くの窓のようすを表したものである。また，【図２】は鈴木さんの教室の座席付近を上から見たときのようすであり，図中の白色の部分は窓から日光がさしこんでいることを表している。

ただし，カーテンA，Bはそれぞれ窓のP点まで閉めることができるものとする。

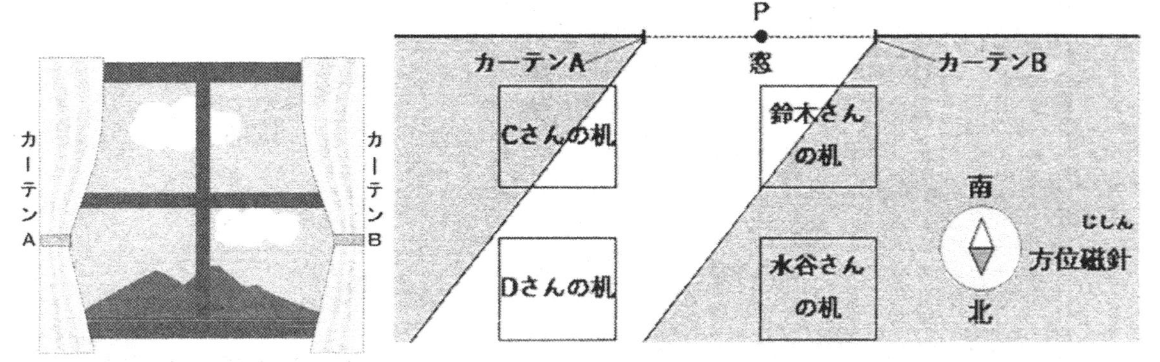


【図１】窓のようす　　【図２】教室を上からみたようす

① 【図２】のカーテンA，Bを閉めたときのようすとして正しいものを，次のア～エからすべて選び，その記号を書きなさい。

ただし，机の一部分でも日光があたっているときは，日光があたっているものとする。

ア　カーテンAをP点まで閉めると，Dさんの机には日光があたらない。
イ　カーテンBをP点まで閉めると，鈴木さんの机には日光があたらない。
ウ　カーテンAをP点まで閉めると，Cさんの机には日光があたらない。
エ　カーテンBをP点まで閉めると，Dさんの机には日光があたらない。

② 【図２】のように日光が教室にさしこんでいるとき，【図２】の状態から太陽が沈むまでの間に水谷さんの机には日光があたらないことがわかった。水谷さんの机にはなぜ日光があたらないのか，【図２】をもとに説明しなさい。



次のページへ⇒

会話文２

田中先生：虫めがねを使うと，日光を集めることができます。【図３】のように黒色の紙を置く場所をＡ，Ｂ，Ｃの順に変えていくとどうなるか，調べましょう。

鈴木さん：Ａの位置に黒色の紙を置くと，光が円の形に見えました。Ｂでは光の円の形が小さくなってすごく明るくなったけど，Ｃではまた光の円の形が大きくなりました。大きさはちがうけど，紙に映(うつ)った光が円の形をしているのは虫めがねが円の形をしているからですか。

田中先生：そうですね。では，虫めがねの上に【図４】のような形に穴をあけた厚紙を置いて，紙に光がどのような形に映って見えるか，調べましょう。

鈴木さん：【図５】のＤの位置に黒色の紙を置いたときは，光はそのまま厚紙の穴の形になりました。Ｅの位置のときは円の形に見えるけど，小さすぎてわかりづらいです。

田中先生：では，Ｆの位置に紙を置くと，紙に光がどのような形に映って見えるか，調べましょう。

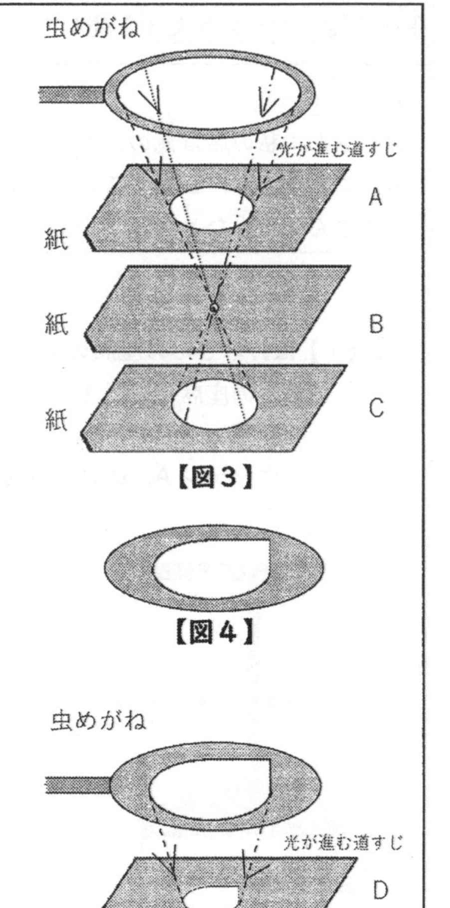

【図３】
【図４】
【図５】

⑵　【図５】のＦの位置に黒色の紙を置いたとき，光はどのような形に映って見えるか，次のア～エから１つ選び，その記号を書きなさい。

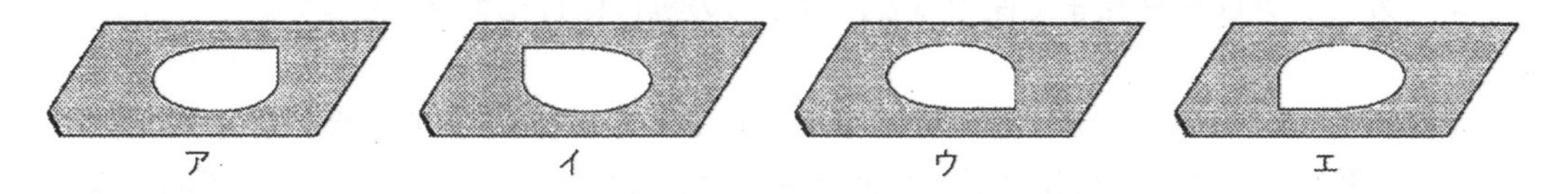

会話文３

田中先生：**【図３】**のＢと**【図５】**のＥの位置に黒色の紙を置いたときに，光が小さくなってすごく明るくなったね。そのまま虫めがねを動かさずに少し待ってみましょう。

鈴木さん：あれ，紙がこげ始めたよ。**【図３】**のＡ，Ｃと**【図５】**のＤ，Ｆのときは紙がこげなかったのになぜだろう。

田中先生：それは，（　あ　）が集まって，（　い　）なったからだよ。

⑶ 会話文３の（　あ　）と（　い　）にあてはまる言葉を，それぞれ書きなさい。



―おわり―

2022(R4) 三重大学教育学部附属中
K 教英出版

令和三年度　学力検査　問題用紙

# 第一検査

# 国語

（九時二十分～十時、四十分間）

【注意】

一、開始の合図があるまで、冊子(さっし)を開いてはいけません。
二、答えは、すべて解答用紙に書きなさい。
三、問題は、1ページから8ページまで、印刷してあります。
　なお、問題用紙の他に【別紙】があり、Ⅰ・Ⅱの問題文が印刷してあります。
四、解答用紙には、黒えんぴつ、またはシャープペンシルを使い、濃(こ)く、はっきりと、解答らんからはみ出さないように書きなさい。また、消すときは消しゴムできれいに消しなさい。
五、開始の合図で、解答用紙の決められた場所に、受検番号を書きなさい。
六、問題を読むとき、声を出してはいけません。
七、終了の合図で、すぐに筆記用具を置きなさい。
八、決められた字数で答える問いは、句読点・記号も字数にふくむものとして答えなさい。
九、漢字は省略せずていねいに書きなさい。

三重大学教育学部附属中学校

1 【別紙】問題文Ⅰの文章を読んで、次の各問いに答えなさい。（決められた字数で答える問いは、句読点・記号も字数にふくむ。）

(1) 「私は、能率の悪いことをするんだねと言った[①]」とあるが、そう言われても大浦君が私の家に新聞配達をしている理由を、十五字以上二十字以内で、解答らんに合う形にして書きなさい。

(2) 「息をひそめて[②]」の意味として最も適当なものを、次のア～エから一つ選び、その記号を書きなさい。

ア 物事を行う調子や気分が、ぴったりと合う。
イ 運動したり興奮（ふん）したりして、激（はげ）しい息づかいをする。
ウ 何かにおどろいたり恐れたりして、一瞬（しゅん）息を止める。
エ そこにいると分からないように息をおさえてじっとする。

(3) 「声をかけようと思ったけど、なんだかできなくて[③]」とあるが、私が声をかけなかった理由として最も適当なものを、次のア～エから一つ選び、その記号を書きなさい。

ア 大浦君と親しくないので、大浦君が来るのを待っていたことが知られるとはずかしいと思ったから。
イ せっかく大浦君が集中して一生懸（けん）命仕事をしているところを、じゃましてはいけないと思ったから。
ウ 声をかけないでほしいと言っていた大浦君の言葉を思い出し尊（そん）重しなければならないと思ったから。
エ 急に声をかけられた大浦君がびっくりして、ころんでけがをしてしまうかもしれないと思ったから。

(4) 「いつも起きる時間[④]」は何時何分か、漢数字で書きなさい。

(5) 「新聞紙がほんのり暖かく感じる[⑤]」理由を二つ、本文の言葉を使ってそれぞれ十字から十五字で書きなさい。

次のページへ⇐

(6) 「対戦⑥」という表現には、私のどのような思いが表れているか。最も適当なものを、次のア～エから一つ選び、その記号を書きなさい。

ア 早起きして新聞を読んでいる姿(すがた)を見せることで、高校生になってからあまり会話をしていない父さんに認(みと)められたいという気持ち。
イ 父さんも大浦君の配達した新聞を読みたがっていたため、早起きの勝負で父さんに勝って、今日の新聞だけは取りたいという気持ち。
ウ 早起きして新聞を読もうとするかもしれない父さんと争ってでも、大浦君が配達してくれた今日の新聞だけは取りたいという気持ち。
エ 父さんは時々早く目を覚まして「私」よりも先に新聞を読みふけることがあるので、父さんにだけは絶対負けたくないという気持ち。

(7) 問題文 Ⅰ の文章からは、そうだとも、そうではないとも判断できない内容をふくむ文を、次のア～エから一つ選び、その記号を書きなさい。

ア 「私」は、直ちゃんの次に目を覚まして、大浦君が新聞配達する様子を見たあと、しばらくベッドの中で過ごした。
イ 大浦君は、大きい黒い自転車に乗って、おじさんと一緒に「私」の家にやってきて、郵便受けに新聞を突(つ)っ込んだ。
ウ 父さんは、ふだんはそれほど早く起きないのだが、この日に限って早く起きてきて、「私」と新聞の取り合いをした。
エ 直ちゃんは、「私」がこの日とつぜんいつもの朝とはちがう行動をとり始めた理由がよくわからず、とまどっている。

(8) 次の【図1】は、高橋さんが問題文 Ⅰ を読みながら人物の関係をまとめたもの、【図2】は、問題文 Ⅰ をすべて読んでから【図1】を書き直したものである。《高橋さんが【図2】に書き直すときに工夫したこと》と【図1】、【図2】を読んで、あとの問いに答えなさい。

i 「 A 」にあてはまる言葉を【図2】の中からぬき出して書きなさい。

ii 高橋さんは、文章全体を読み通して、中心に「私」を書くことにした。その理由を B にあてはまる形で書きなさい。

《高橋さんが【図2】に書き直すときに工夫したこと》

・「 A 」という言葉がまぎらわしい場所にあり、別の人が A であるように見えたので、わかりやすい場所に移動した。
・ B ため、「私」を中心にして書き直した。
・関係がわかりやすいように、矢印を使ったり、言葉をおぎなったりした。
・字や線をていねいに書き直した。

【図1】

おじさん
新聞配達
大浦君
プレゼント!
がんばれ!
同級生
仲がよい
直ちゃん
父さん
家族
私
農業
兄
早起き
予備校の
先生

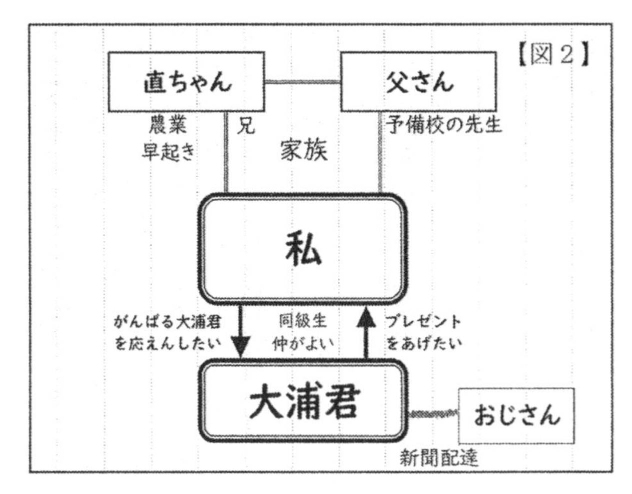


2　【別紙】問題文Ⅱの文章を読んで、次の各問いに答えなさい。(決められた字数で答える問いは、句読点・記号も字数にふくむ。)

(1)「すこぶる①」という言葉の意味として最も適当なものを、次のア～エから一つ選び、その記号を書きなさい。

ア　やはり
イ　とても
ウ　たぶん
エ　すこし

次のページへ⇐

(2)　金曜日から四百日後は何曜日か。漢字で書きなさい。

(3)　問題文Ⅱでいう「考えること」[②]にあたるものを、次のア～エから二つ選び、その記号を書きなさい。

ア　今年のお年玉で読みたかった本を買ったあと、残ったお金を何にいくら使うか計画を立てること。
イ　「先生は、大そうじの計画をゆっくりていねいに説明した。」という文から、主語をぬきだすこと。
ウ　手ぎわよく大そうじを進めるためにはどのように作業を分けあえばよいか、アイデアを出すこと。
エ　昨日の夜の気象データを見て、気圧を赤色、風速と風向きを青色のペンで白地図に書きこむこと。

(4)　例として挙げられている三段論法の「イワシ」を「ラッコ」にかえると、それが成り立たなくなる理由を、次のア～エから一つ選び、その記号を書きなさい。

ア　多くの生物が水中を泳ぐのに、魚だけが水中を泳ぐ生き物であるかのような前提になっているから。
イ　すべての魚が水中を泳ぐのに、イワシだけが水中を泳ぐ魚であるかのような前提になっているから。
ウ　イワシは魚ではないのに、イワシが水中を泳ぐ魚の一種であるかのような結論になっているから。
エ　イワシはラッコではないのに、イワシをラッコにかえてもよいかのような結論になっているから。

(5)　問題文Ⅱでのべられている前提、結論、論理について、あとの問いに答えなさい。

i　本文でのべられている内容とあわないものを、次のア～エから一つ選び、その記号を書きなさい。

ア　前提や結論が正しいからといって、必ずしも論理が正しいとは限らない。
イ　論理的に正しく、結論が正しいときでも、道筋が正しくないことはある。
ウ　前提や結論が正しくないからといって、論理が正しくないとは限らない。
エ　論理的に正しく、結論が正しいときでも、前提が正しくないことはある。

【別紙】

問題文 Ⅱ

## ※1 論理は考えないためにある

まあ、言い過ぎだということは分かっているのだけれど、ぼくとしてはそう言ってみたくもなる。「論理は考えないためにある」。

どうしてって？ どういうことかって？ なに言ってんだって？

まあまあ。

たとえば、「木曜日の次の日は何曜日か」という問いにはだれだってすぐに「金曜日」と答える。実はこれ、とても「※2 論理的」だ。で、この問題に答えるのに「考える」必要などありはしない。

じゃあ、「今日は木曜日だ。今日から 100 日後は何曜日か」という問題だとどうだろう。「日曜日？」――どうして？

「だって日曜なら休みだし、いいと思った」

うん。①すこぶる※3 非論理的だ。

指折り数えて答えるひともいるかもしれない。たいへんだけど。でも、それはそれで論理的だ。そして、そのやり方もまた、考えて答えたとは言われないだろう。

まあ、ふつうは7日ごとに木曜日が繰り返すから、10 回繰り返すと 70 日。それから7×4＝28 で、合計 14 回繰り返してその木曜日が 98 日目。あとはやっぱり指折り数えて、99、金、100、土。100 日後は土曜日。こんなふうに答えることになる。

これって、論理的だけど、「考えている」のだろうか。

もしどういうふうにやればいいかあらかじめ方針が決まっていて、あとはただ単純に計算しただけならば、それは「考えた」とは言われない。どんなにめんどくさくても計算は計算であって、②考えることとは違う。「12+35」という足し算に答えるのに考える必要なんかないように、「5764795354998721８＋8388492123875」という足し算の場合も考える必要なんかない。（そもそも答える必要がない。）

たんにめんどうな計算をすることと「考える」こととは違う。だから、計算機は、どんなにめんどうな計算でもどんどんやってくれるけれど、それは考えてるんじゃない。

計算は一本道だ。それに対して考えることは分かれ道に立つこと。あるいは道が見えない藪の中に立つことだ。一本道だったら、どんなに長くて曲がりくねった道だろうと、※4「……that leads to your door」とか、歌でも口ずさんで行けばいい。

論理もやっぱり一本道だ。だから、論理の道筋をたどることは考えることとは違う。

違う……はずなんだけど、な
えよう」とか言いたくなってしま
なぜだろう。

### 「論理」

問題を出そう。

次のように言うひとがいた
か。

魚は水中を泳ぐ。
イワシは水中を泳ぐ。
だから、イワシは魚だ。

ふたつの※5前提から※6結
やつだ。それで、この前提は正
論も正しいなら、それでいいの
ゃない。

論理というのは、前提と結
る。前提や結論がそれ自体と
は、論理の持ち分じゃない。

それで、もしこの※8推論が
コにかえても成り立つはずだ。

魚は水中を泳ぐ。
ラッコは水中を泳ぐ。
だから、ラッコは魚だ。

でも、これはやっぱり、あん
論も正しかったけれど、論理と

### ※10 タラバガニが

次の問題。これは論理的だ

タラバガニは「メー」と鳴
北海道の羊は「メー」と
だから、北海道の羊はタ

【別紙】

問題文Ⅰ

高校二年生の「私」は、兄の直ちゃん、父との三人で暮らしている。同じ高校に通う大浦君とは、中学三年生の時から仲が良い。クリスマス一か月前のある日、アルバイトをして「すごいプレゼント」を「私」にすると大浦君が宣言した。

大浦君は早速翌日から新聞配達※1を開始した。大浦君の熱い希望で、私の住む地域が担当区域になったらしい。大浦君と私の家は結構離れていて、車でだって二十分近くかかる。昨日その話を聞いた①私は、能率の悪いことをするんだねと言ったけど、今日はいつもより早起きをして、二階の窓からじっと家の前の通りを見ていた。

五時過ぎの外はやっぱりまだ暗いけど、空はほんのり白く、もうすぐ夜が明けることがわかる。

しばらくぼんやり眺めていると、揺れながら走ってくる自転車が見えた。大浦君だ。宣言どおり電動自転車じゃなく、新聞屋さんのものであろう大きい黒い自転車に乗っている。初日だからか、おじさんと一緒だ。

大浦君は配達先の家の前に止まり表札を確かめると、片足で自転車を支えながら新聞を郵便受けに入れた。たったそれだけなのに、私はなぜかどきどきした。白っぽい朝のせいかいつも会ってる大浦君がすごく新鮮に見える。

大浦君は私の家の前でも自転車を止めた。かごから新聞を抜き出し、郵便受けに突っ込む。私は②息をひそめて、じっと大浦君の動きを見守った。ただ、新聞を配達しているだけだ。なのに、大浦君が野球部の試合でバッターボックス※2に立った時みたいに、見ているだけで緊張した。窓を開けて③声をかけようと思ったけど、なんだかできなくてただじっと二階の窓から見ていた。山ほど新聞が詰まったかごが揺れて、自転車はふらふらだった。だけど、大浦君は豪快にこいで、朝もやの中を進んでいった。

私は早く下へ行きたいのを我慢して、④いつも起きる時間が近づくまでじっとベッドの中で過ごした。あんまり早起きするとわざとらしいし、直ちゃんにきっとひやかされる。

六時二十分。それでもいつもより二十分も早く、私は下へと急いだ。

「あれ、おはよう。どうしたの？」

ⅱ　本文中で挙げられている例の代わりとして使えないものを、次のア～エから一つ選び、その記号を書きなさい。

ア　カラスは空を飛ぶ。
　　飛行機は空を飛ぶ。
　　だから、飛行機はカラスだ。

イ　空を飛ぶものはすべて鳥だ。
　　飛行機は空を飛ばない。
　　だから、飛行機は鳥ではない。

ウ　鳥は空を飛ぶ。
　　カラスは空を飛ぶ。
　　だから、カラスは鳥だ。

エ　空を飛ぶものはすべて鳥だ。
　　飛行機は空を飛ぶ。
　　だから、飛行機は鳥だ。

(6)　問題文Ⅱの文章の特徴について、当てはまらないものを、次のア～オから二つ選び、その記号を書きなさい。

ア　論理の説明とは直接関係のない話をところどころにはさみ、読み手の興味をひきつけている。
イ　論理について読み手が理解しやすいように、意外性のある例を挙げながら説明を進めている。
ウ　意外性のある小見出しを示すことで、論理的に考えることの重要性を読者に実感させている。
エ　筆者から読み手に向けて、目の前で話しかけているような親しみやすい文体で書かれている。
オ　三つの章はどれも問いかけで始まり、その解説、そして結論でまとめるかたちになっている。

次のページへ⇐

(7) 次の会話文をよく読んで、あとの問いに答えなさい。

水谷さん　ぼくの担任の先生は、「論理的に考えなさい」が口ぐせなんだ。だから、授業でも「結論」という言葉をよく使っているよ。でも「前提」という言葉はあまり聞いたことがないな。

中村さん　たしかに、私のクラスでも「前提」という言葉はあまり使わないかな。でも問題文[II]を読むと、

　魚は水中を泳ぐ。

　イワシは水中を泳ぐ。

だから、イワシは魚だ。

の前提は（　1　）だとわかるよね。そして（　2　）が結論だね。

山本さん　三段論法は説得力があるように感じたけど、タラバガニの例はなんだかややこしいことになっているよ。前提ふたつがまちがっているのに、結論は正しいなんて不思議な結果だな。前提のひとつがまちがい、ひとつが正しかったらどうなるんだろう。

水谷さん　えーと、まず、タラバガニのほうを変えて、北海道の羊のほうをそのままにしてみよう。えーと、ちょっと待ってね。

中村さん　よし、私は逆の場合を考えるね。

　タラバガニは（　3　）。

　北海道の羊は（　4　）。

　だから、（　5　）。

ふたつの場合の結論をみていくと、（　6　）ね。

山本さん　論理について考えるのは、意外におもしろいね。普通ならそんなことはありえないということまで考えないといけないんだね。それにタラバガニのセーターだなんて。そんなのがあったら、ぼくは一度着てみたいよ。よろいみたいに固いのかな。

水谷さん　カニの殻（から）から作る服はあるよ。タラバガニが使われているかどうかわからないけれどね。

山本さん　え、本当かい。カニの殻から作れるものについて、調べてみるよ。

ⅰ　会話文の中村さんの言葉にある（　1　）（　2　）にあてはまるものを、次のア～キからそれぞれ一つずつ選び、その記号を書きなさい。

ア　「魚は水中を泳ぐ。」
イ　「イワシは水中を泳ぐ。」
ウ　「だから、イワシは魚だ。」
エ　「魚は水中を泳ぐ。」と「イワシは水中を泳ぐ。」
オ　「魚は水中を泳ぐ。」と「だから、イワシは魚だ。」
カ　「イワシは水中を泳ぐ」と「だから、イワシは魚だ。」
キ　「魚は水中を泳ぐ。」と「イワシは水中を泳ぐ。」と「だから、イワシは魚だ。」

ⅱ　会話文の（　3　）（　4　）（　5　）に適切な言葉を書き入れて、文章を完成させなさい。

ⅲ　会話文の（　6　）に入るものとして最も適当なものを、次のア～エから一つ選び、その記号を書きなさい。

ア　どちらも必ず「北海道の羊はタラバガニである」となる
イ　どちらも「北海道の羊はタラバガニである」となるときもあれば、『北海道の羊はタラバガニではない』となるときもある
ウ　どちらも必ず「北海道の羊はタラバガニではない」となる
エ　どちらも必ず「北海道のタラバガニは羊ではない」となる

(8)　山本さんたちの班は、カニの殻から衣服が作れるかを調べて、二週間後に発表することになっている。その発表にむけて、中学三年生の鈴木さんに練習発表を見てもらい、助言してもらった。次のページにあるのは、山本さんたちの班の【練習発表の原稿】【山本さんの班の発表ポスター】【鈴木さんからの意見】である。よく読んで、あとの問いに答えなさい。

ⅰ　（　A　）にあてはまる内容を、【練習発表の原稿】の中の言葉を使って書きなさい。

ⅱ　（　B　）にあてはまる内容をできるだけくわしく書きなさい。

ⅲ　漢字のまちがいを見つけ、（　C　）（　D　）にあてはまるように書きなさい。

次のページへ⇐

【練習発表の原稿】

みなさんは、カニを食べたことはありますか。とてもおいしいカニですが、食べた後の殻はごみになります。私たちの班は、この殻が服などを作る材料になるということを知り、調べてみることにしました。そうすると、意外にもカニの殻から、服や肥料、体にぬるクリームなども作られていることがわかりました。捨てられれば、ごみになってしまうため、二酸化炭素など増えすぎると環境(かん)によくないと言われているものが出てしまいます。簡(かん)単にごみとして捨(す)ててしまわずに、食べた後の殻を使って、役に立つものを作っていて、とても環境によいと思いました。

【山本さんの班の発表ポスター】

タラバガニのセーターは作れるか？
冬はカニのおいしい季節ですね！
二酸化炭素など
温暖化にも悪影響!?
でも必ず出るのが
大量の殻
捨てられれば
大量のごみ
焼やすのに
エネルギーが必要
ごみになるはずの
ものを、服、ハンド
クリーム、肥料など
役に立つものに！
肥料
★調べてわかったことと次への課題
・捨てるものから、役に立つものをつくる技術がすごい。
・ごみも減るし、環境によいと思った。
・タラバガニからセーターが作れるかはわからなかった。


【鈴木さんからの意見】

（3）年（3）組
鈴木

とても面白くて、いいテーマだと思います。ただ、まだ環境によいと言い切れる説得力はありません。気になったのは矢印の部分です。（　A　）ときに、（　B　）かを調べれば、本当に環境によいかがわかると思います。あと漢字のまちがいがあります。（　C　）を（　D　）に直しておきましょう。

—おわり—

令和３年度　学力検査　問題用紙

第２検査

# 算　数

（10：15〜10：55　40 分間）

【注意】

1．開始の合図があるまで，冊子を開いてはいけません。
2．答えは，すべて解答用紙に書きなさい。
3．問題は，１ページから８ページまで，印刷してあります。
4．解答用紙には，黒えんぴつ，またはシャープペンシルを使い，濃く，はっきりと，解答らんからはみ出さないように書きなさい。
また，消すときは消しゴムできれいに消しなさい。
5．開始の合図で，解答用紙の決められた場所に，受検番号を書きなさい。
6．問題を読むとき，声を出してはいけません。
7．終了の合図で，すぐに筆記用具を置きなさい。
8．円周率を用いて計算するときには，3.14 を用いなさい。
9．作図に用いた線は，消さずに残しておきなさい。
10．比を答えるときには，もっとも簡単な整数の比で書きなさい。分数を答えるときには，分子・分母をもっとも簡単な整数を用いて書きなさい。

三重大学教育学部附属中学校

1 次の各問いに答えなさい。(1)～(4)については，[　　] にあてはまる数や記号を，それぞれ答えなさい。(5)，(6)については，その問いの指示にしたがって答えなさい。

(1) $21 - 9 \times 2 =$ [　　] である。

(2) $1.3 + \frac{1}{4} =$ [　　] である。

(3) 長方形ＡＥＤＦは長方形ＡＢＣＤと右のように重なっており，点Ｅは辺ＢＣの上にある。辺ＡＥの長さが 15 ㎝，辺ＥＤの長さが 20 ㎝，辺ＡＤの長さが 25 ㎝であるとき，辺ＡＢの長さは [　　] ㎝である。

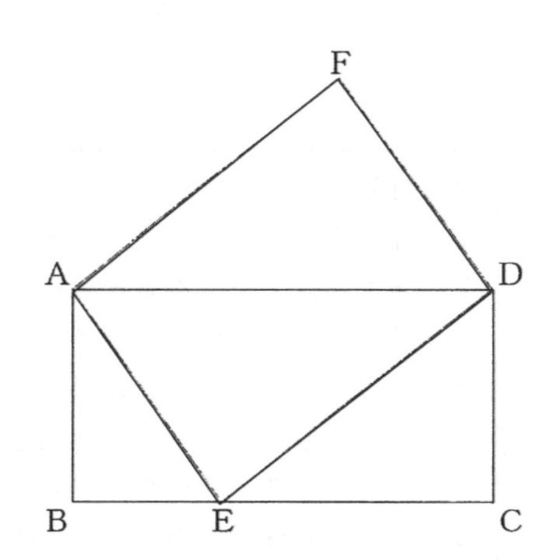


(4) 立方体や直方体を右のように組み合わせる。この立体の体積は [　　] ㎤である。

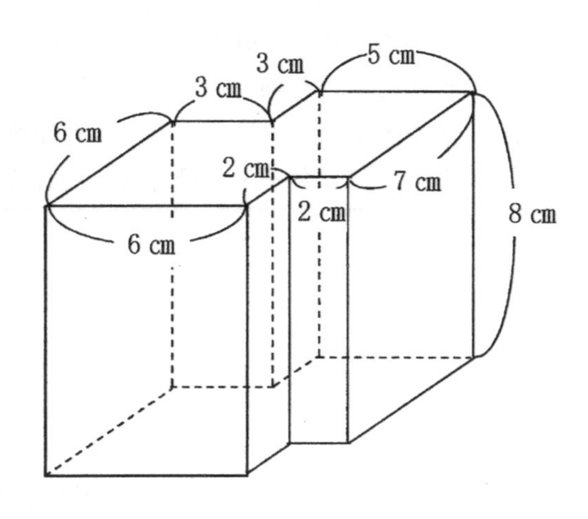

(5) 鈴木さんは，3つのカップラーメンのうちどれを買おうか考えている。【鈴木さんが買いたいカップラーメン】にあてはまるものはどれか，下の[ ]の，容器に書かれている値段，割引きシール，栄養成分の表を見て，次のア～エから1つ選び，その記号を書きなさい。ただし，消費税は考えないものとする。

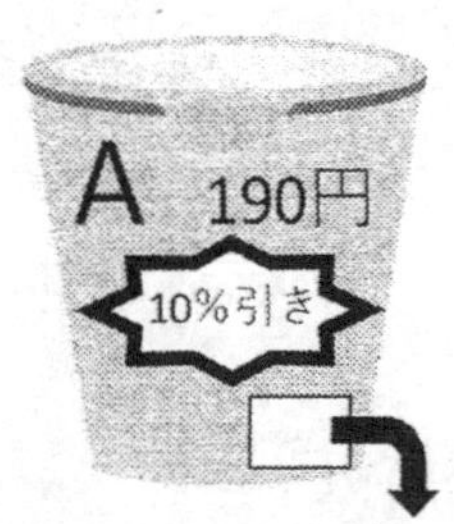


栄養成分　1食(90g)当たり

| | | |
|---|---|---|
| エネルギー | : | 434kcal |
| たんぱく質 | : | 10.5g |
| 脂質 | : | 20.4g |
| 炭水化物 | : | 52.1g |
| 食塩相当量 | : | 4.4g |

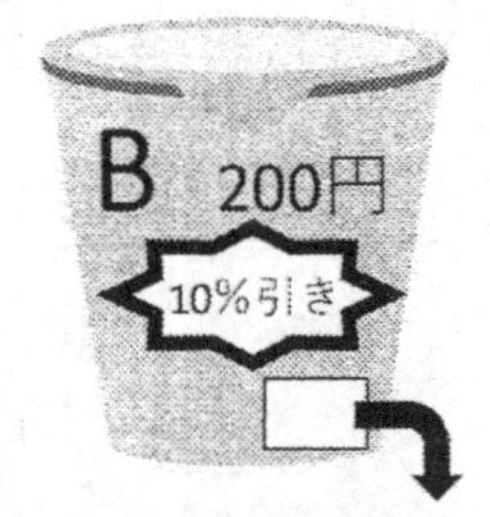


栄養成分　1食(80g)当たり

| | | |
|---|---|---|
| エネルギー | : | 377kcal |
| たんぱく質 | : | 9.7g |
| 脂質 | : | 16.3g |
| 炭水化物 | : | 47.9g |
| 食塩相当量 | : | 3.2g |

栄養成分　1食(100g)当たり

| | | |
|---|---|---|
| エネルギー | : | 453kcal |
| たんぱく質 | : | 12.4g |
| 脂質 | : | 18.1g |
| 炭水化物 | : | 60.0g |
| 食塩相当量 | : | 6.4g |

【鈴木さんが買いたいカップラーメン】
- 割引き後の値段が 180 円未満である。
- カップラーメン1 g 当たりのエネルギーが 4.8kcal 以下である。

ア　Aのカップラーメンがあてはまる。
イ　Bのカップラーメンがあてはまる。
ウ　Cのカップラーメンがあてはまる。
エ　すべてのカップラーメンがあてはまらない。

(6) コンパスと定規を使って，
辺ACの長さが4㎝，
辺BCの長さが5㎝，
角Bの大きさが45°
の三角形をかくとき，考えられる頂点Aを図の中にすべてかきなさい。ただし，頂点Aは点線......の上に，頂点Cは実線____の上にあるものとし，図をかくときに用いた線は消さずに残しておきなさい。

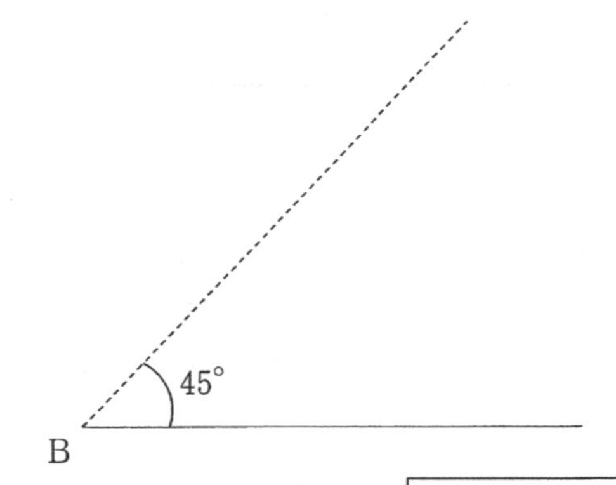


次のページへ⇒

2 中村さんは，小学校の算数の授業で「分数のわり算のしくみ」を学習した。【図１】は，その授業の黒板の様子である。次の各問いに答えなさい。

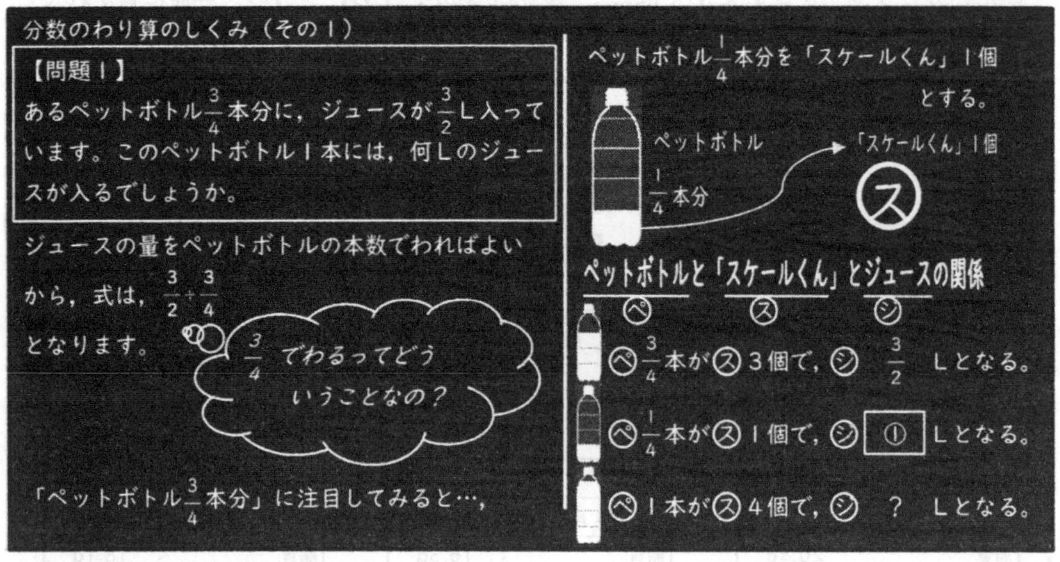

【図１】黒板の様子その１

(1) 【図１】の中の ① にあてはまる数を書きなさい。

(2) 中村さんは，黒板の「スケールくん」を利用して，分数のわり算のしくみを説明した。 ② にあてはまる最も適切な文を，次のア～エから１つ選び，その記号を書きなさい。

中村さん

スケールくん３個でジュース$\frac{3}{2}$Lだから，スケールくん１個あたりのジュースの量を求めるには，３でわって$\frac{3}{2}\div 3$です。
スケールくん４個でペットボトル１本だから，ペットボトル１本あたりのジュースの量を求めるには，４をかけて$\frac{3}{2}\div 3\times 4$です。
この２つの計算を合わせると，「３でわって，４をかける」になるので，「$\frac{4}{3}$をかける」ことになります。
だから，分数のわり算のしくみは， ② 計算になっています。

ア　わる分数の分母と分子をひっくり返して，かける
イ　わられる分数の分母と分子をひっくり返して，かける
ウ　わる分数の分母と分子をひっくり返して，わる
エ　わられる分数の分母と分子をひっくり返して，わる

中村さんは，次の日の算数の授業でも「分数のわり算のしくみ」について学習した。【図２】はその授業の黒板の様子である。

分数のわり算のしくみ（その２）

【問題２】
５Ｌのジュースを，１本あたり$\frac{2}{3}$Ｌ入るペットボトルに分けていくと，ペットボトル何本分になり，何Ｌあまるでしょうか。

式は，$5 \div \frac{2}{3}$ となります。
$\frac{2}{3}$に注目して，ジュース１Ｌを３等分した$\frac{1}{3}$Ｌを，「スケールくん」㋜１個とします。

ジュースと「スケールくん」とペットボトルの関係

㋛$\frac{2}{3}$Ｌが㋜２個で，㋮ １ 本となる。
㋛$\frac{1}{3}$Ｌが㋜１個で，㋮ $\frac{1}{2}$ 本となる。
㋛１Ｌが㋜３個で，㋮ $\frac{3}{2}$ 本となる。
㋛５Ｌが㋜？個で，㋮ ？ 本となる。

【図２】黒板の様子その２

(3)　中村さんは，前の日と同じように，分数のわり算のしくみを説明した。中村さんの説明の［③］，［④］にあてはまる言葉を書きなさい。

中村さん

５Ｌのジュースにふくまれる，［③］を求めるには，
３をかけて　５×３　です。
［③］から［④］を求めるには，
２でわって　５×３÷２　です。
この２つの計算を合わせると，「３をかけて，２でわる」になるので，
「$\frac{3}{2}$をかける」ことになります。
やっぱり，分数のわり算のしくみは，昨日と同じようになります。

(4)　中村さんのノートには，【問題２】について考えたことが【図３】のように書かれているが，１か所正しくないところがある。解答用紙の正しくないところを○でかこみ，正しく直しなさい。

【問題２】について考えたこと

計算は，$5 \div \frac{2}{3} = 5 \times \frac{3}{2} = \frac{15}{2} = 7\frac{1}{2}$

答えは，ペットボトル７本分になって，ジュースは $\frac{1}{2}$ Ｌあまる。

【図３】中村さんのノート

次のページへ⇒

3 小学生の鈴木さんは，運動会で陸上選手の山本さんと一緒(しょ)に走ることになった。山本さんは秒速10m，鈴木さんは秒速5mで走る。鈴木さんと友達の水谷さんの会話文を読んで，次の各問いに答えなさい。ただし，速さは常に一定であるものとする。

会話文Ⅰ

鈴木さん：会ったことないけど，山本さんってどれだけ速いんだろう。
水谷さん：スタートしてからの時間を$x$秒，スタート地点からの距離(きょり)を$y$mとして，山本さんが走ったときのグラフをかいてみよう。
鈴木さん：私のグラフもかきこむと【図１】になったよ。
水谷さん：どんどん差がひらくね。スタートから40m走った地点では［ア］秒も差があるよ。
鈴木さん：スタートして６秒後の距離の差は［イ］mもあるね。

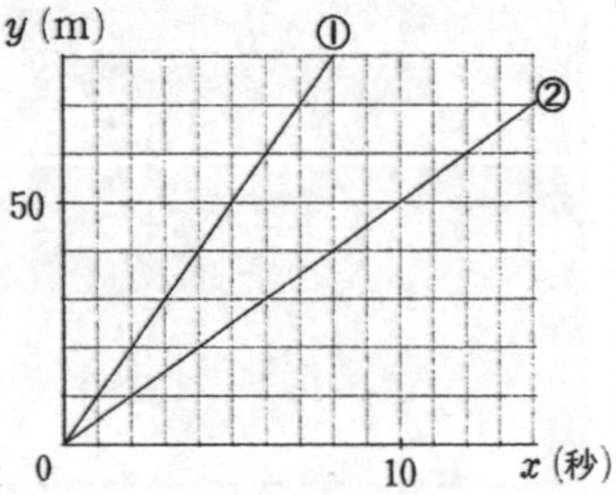

【図１】

(1) 会話文Ⅰの［ア］，［イ］にあてはまる数を書きなさい。

会話文Ⅱ

鈴木さん：山本さん速いな。どうにかいい勝負したいよ。
水谷さん：スタートするタイミングを何秒かおそくしてもらおう。
鈴木さん：もし２秒おくらせてもらったらどうかな。
水谷さん：グラフで見ると【図２】のように①から③に直線が移動したように見えるね。
鈴木さん：直線②と直線③が点Ａで交わっているよ。
水谷さん：このことは(　　　)ということを表しているよ。
鈴木さん：なるほど。山本さんがスタートするタイミングを３秒，４秒，…とおそくすると，どうなるかな。
水谷さん：１秒おそくするごとに，追いつく時間が［　］秒ずつおそくなり，追いつく地点が10mずつ遠くなるんじゃないかな。じゃあ<u>100m走で同時にゴールするためにはどうすればいいかな。</u>

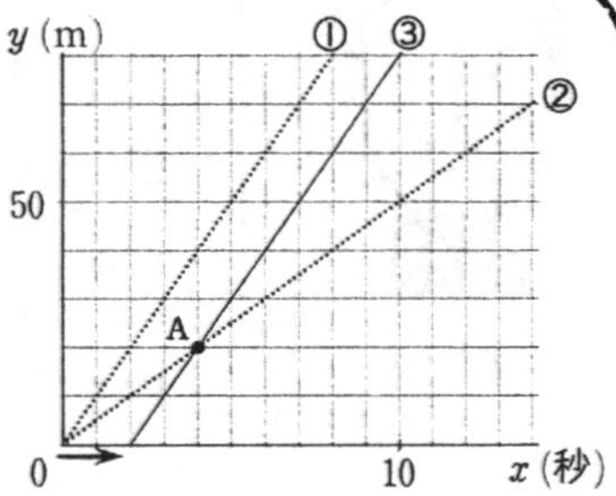

【図２】

(2) 会話文Ⅱの(　　)にあてはまるものを次のア～エから１つ選び，その記号を書きなさい。また，［　］にあてはまる数を書きなさい。

ア　鈴木さんが山本さんに20mの地点で追いつく
イ　鈴木さんが山本さんに20秒後に追いつく
ウ　山本さんが鈴木さんに20mの地点で追いつく
エ　山本さんが鈴木さんに20秒後に追いつく

⑶ 会話文Ⅱの下線部について，水谷さんは次の方法Ⅰ，方法Ⅱのように考えた。方法Ⅰ，方法Ⅱの［ア］～［オ］にあてはまる言葉や数を書きなさい。

方法Ⅰ

**【山本さんのスタートのタイミングを，鈴木さんよりおそくする方法】**

・２人の走る［ア］は変わらない。
・鈴木さんはそのまま走る。

【方法Ⅰのときの表】

| | 鈴木さん | 山本さん |
|---|---|---|
| 距離 | 100m | 100m |
| 時間 | 20秒 | 10秒 |

だから，山本さんのスタートのタイミングを，鈴木さんより10秒おそくすればよい。

方法Ⅱ

**【山本さんのスタート地点を，鈴木さんより遠くする方法】**

・２人の走る［イ］は変わらない。
・鈴木さんはそのまま走る。

【方法Ⅱのときの表】

| | 鈴木さん | 山本さん |
|---|---|---|
| 時間 | 20秒 | ［ウ］秒 |
| 距離 | 100m | ［エ］m |

だから，山本さんのスタート地点を，鈴木さんより［オ］m遠くすればよい。

会話文Ⅲ

鈴木さん：私と山本さんが組んで，順番に50mずつ走って，水谷さんと同時にゴールするには，どうしたらいいかな。
水谷さん：山本さんが秒速10m，鈴木さんが秒速5mだから，私は秒速7.5mだったら同時にゴールできるんじゃないかな。
鈴木さん：そうだね。……あれ，本当にそうかな。

⑷ 会話文Ⅲの下線部について，鈴木さんは，水谷さんと鈴木・山本ペアのどちらが先にゴールするか結果を調べ，⑶の方法Ⅰ，方法Ⅱをもとに，同時にゴールする方法を考えた。次の鈴木さんの考えについて，［ア］～［ウ］にはあてはまる言葉を書きなさい。（　）にはどちらの方法で考えたか，ⅠまたはⅡを選び，その記号を書きなさい。ただし，２人がペアで走る場合，交代する時間は考えないものとし，それぞれの速さは常に一定であるものとする。

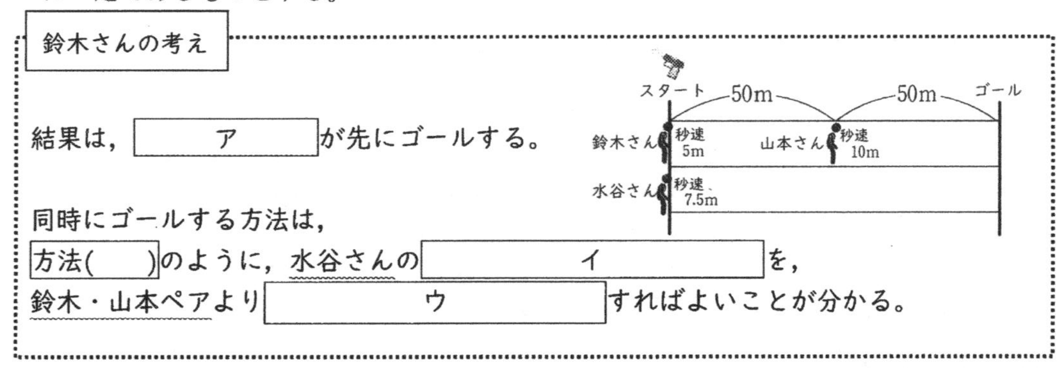

鈴木さんの考え
結果は，［ア］が先にゴールする。
同時にゴールする方法は，
方法（　）のように，水谷さんの［イ］を，
鈴木・山本ペアより［ウ］すればよいことが分かる。
スタート
50m
50m
ゴール
鈴木さん
秒速5m
山本さん
秒速10m
水谷さん
秒速7.5m




次のページへ⇒

4 鈴木さんと田中さんは，かげ絵をするために，【図１】のようにゆかに垂直な白いかべに向けて 50 cmの高さから光を当てて，かげをうつす実験をした。次の各問いに答えなさい。

50 cmの棒を，ゆかに垂直になるように点Bの位置に立てる。
⇒ かげは【図１】のように，「点Cの位置で高さは 50 cm」になった。

※【図１】について
・「ゆかとかべのつなぎ目」と直線①と直線②は平行。
・直線①とACは垂直に交わる。

白いかべ
かげ
棒
50cm
C
ゆかとかべのつなぎ目
ゆか
50cm
照明
50cm
直線①
B
50cm
50cm
直線②
A

【図１】かげをうつす実験

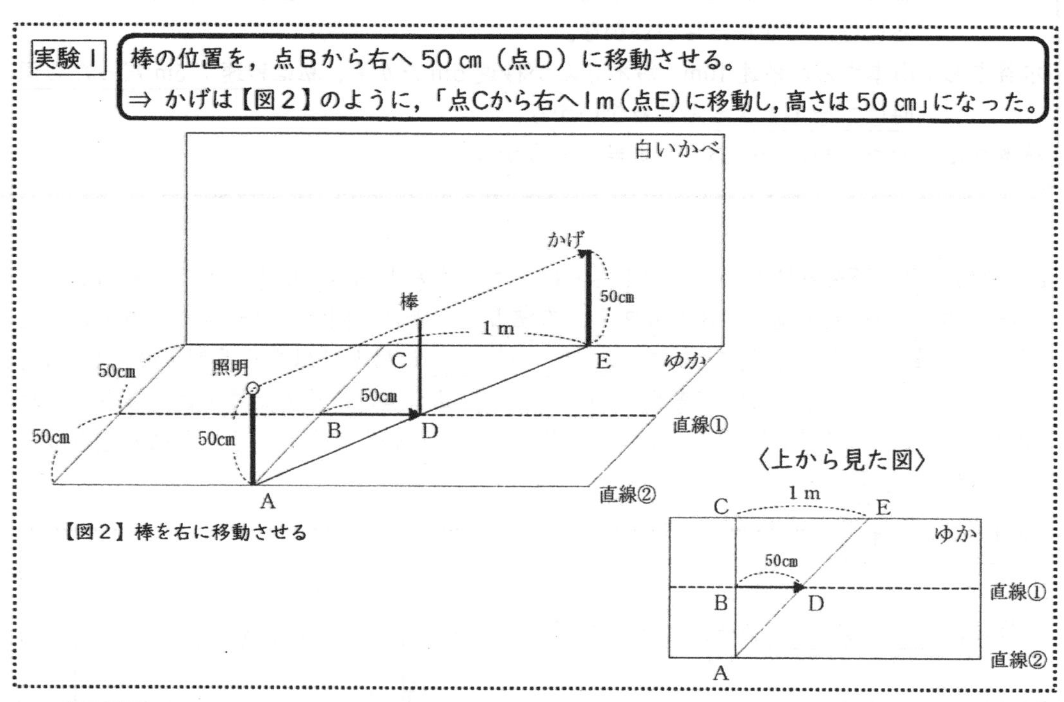

【図２】棒を右に移動させる

(1) 実験１のとき，かげが右へ１m移動した理由について，（ア），（イ）にあてはまるものを書きなさい。

三角形ＡＣＥは，三角形（　ア　）を（　イ　）倍に拡大したものであるから。

(2)　２人は実験１から，かげが「点Ｃから右へ４ｍ移動し，高さは 50 cm」になる方法を考えた。棒または照明を，どの方向にどれだけ移動させたかわかるように，実験１＜上から見た図＞を参考にして矢印や長さを書きこんで，解答用紙の図を完成させなさい。

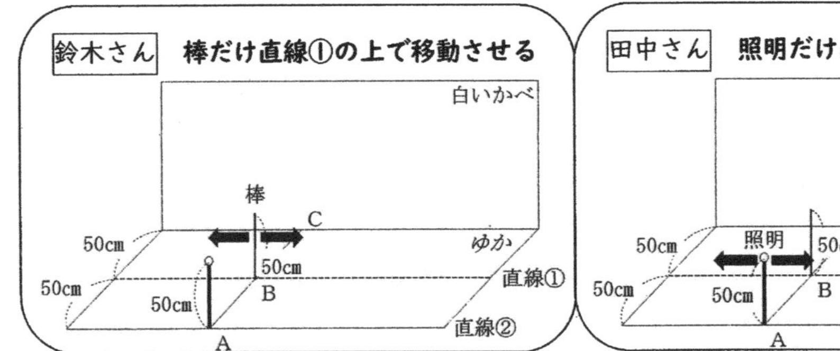


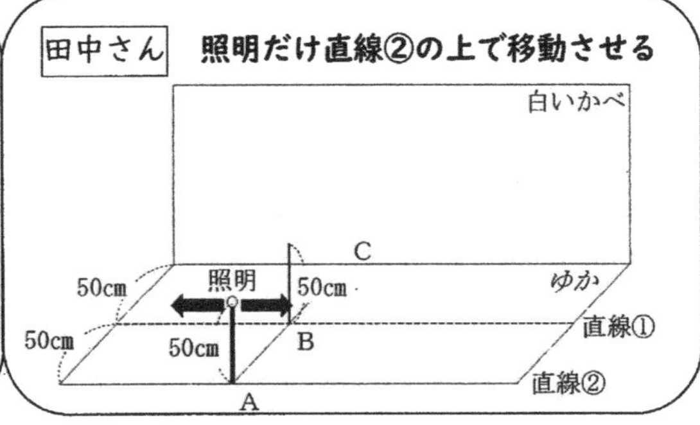


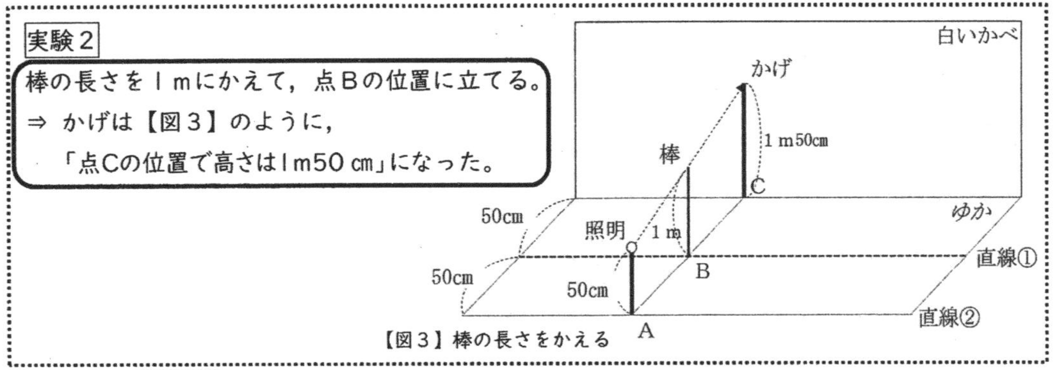

実験２

棒の長さを１ｍにかえて，点Ｂの位置に立てる。
⇒ かげは【図３】のように，
「点Ｃの位置で高さは１ｍ50 cm」になった。



【図３】棒の長さをかえる

(3)　２人は実験２から，かげが「点Ｃの位置で，高さが1 m75 cm」になる方法を考えた。解答用紙の＜横から見た図＞を完成させ，次の(ア)，(イ)にあてはまる数を書きなさい。

**鈴木さん**　**棒の長さを変える**
「棒の長さを（　ア　）cmにする。」

**田中さん**　**棒をＡＣの上で移動させる**
「棒を点Ａから（　イ　）cmの位置に立てる。」

(4)　２人は実験１，実験２から，かげを「【図４】のような長方形」にするには，＜四角形の厚紙＞をかべと平行になるように直線①の上に置けばよいと考えた。＜四角形の厚紙＞として最も適切なものを，次のア～カから１つ選び，その記号を書きなさい。また，厚紙にある●の点を，直線①の上のどの位置に置くとよいか，書きなさい。

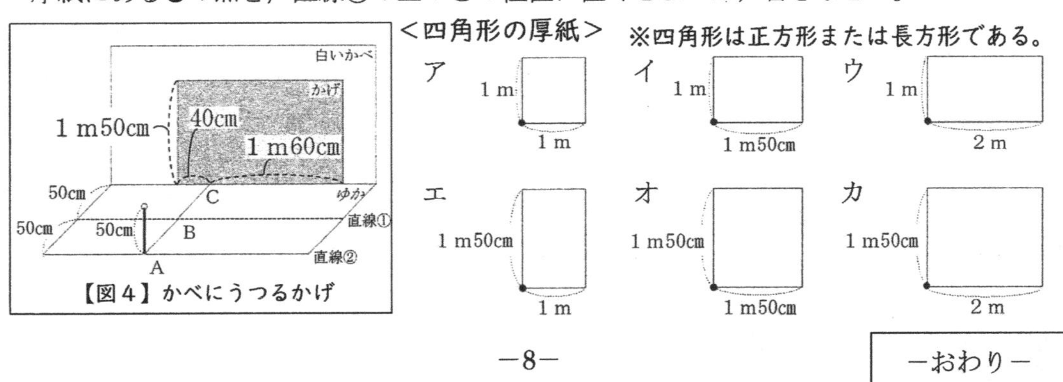


【図４】かべにうつるかげ



－おわり－

空気が冷たいせいで⑤新聞紙がほんのり暖かく感じる。大浦君が配達した新聞。私は大切に手にとって、匂いをかいでみた。もちろん、紙とインクの匂(にお)いしかしない。でも、嬉(うれ)しかった。

農業は朝が早いから私の家は直ちゃんが一番に起きる。だけど、直ちゃんが新聞を読むのは夕方だ。だから、私の⑥対戦相手は父さんだ。父さんは予備校※4で遅(おそ)くまで働いているから、朝は遅い。でも、時々早く目を覚まして、早朝から新聞を読みふけったりする。

「なんなの?」

新聞を抱(だ)きかかえて戻(もど)ると、直ちゃんが怪訝※5(けげん)な顔をした。

「別に」

「ビッグニュースでもあった?」

「そうじゃないけど」

私は適当に答えながら、新聞を広げた。ただの新聞紙だけど、丁寧(ていねい)に扱(あつか)う。大浦君は配達をしているだけで、新聞を作っているわけではない。なのに、新聞の隅(すみ)から隅まで目を通さずにいられなかった。

「変なやつ」

直ちゃんの言葉も無視(むし)して、私は一枚(いちまい)一枚ゆっくりと新聞に目を通した。

(瀬尾まいこ『幸福な食卓』講談社文庫、二〇〇七年)

※1　新聞配達　アルバイトの定番の一つ。朝は早いが時間のめりはりがつけやすい。
※2　バッターボックス　野球で打者が球を打つために立つ場所。
※3　まっさら　まったく新しいこと。まだ、一度も使用していないこと。
※4　予備校　受験生を集めて、大学などに入学できるように教育する学校。
※5　怪訝　その場の事情が分からずなっとくがいかない。

理の場合には「論理的に考

:んだ？

は論理的に正しいのだろう

わゆる「※7三段論法」って
、正しい。じゃあ、前提も結
かならずしもそういうわけじ

筋の正しさにかかわってい
まちがってるかということ

ば、イワシのところを※9ラッ
:。

ら、いまの推論は前提も結
ないということになる。

鳴くとしたら

はない。

たぶん前提はまちがっていると思う。でも結論はあってる。タラバガニのセーターはあまり着たくない。毛ガニだっていやだ。ところで、毛ガニはカニだけど、タラバガニはカニじゃないって、知ってた？ いや、そんな話じゃなくて。

まちがった前提から正しい結論を導くような※11論証が論理的であるはずはない、そう思うかもしれない。

でも、それは違う。

くりかえすけど、前提や結論それ自体の正しさは論理の正しさとは別の話だ。

だから、論理的な正しさをチェックするには、前提で言われていることや結論で言われていることが本当に事実なのかどうかは気にしない方がいい。ともかく、タラバガニが「メー」と鳴くとしたら、どうなるのか。タラバガニがもし「メー」と鳴くならば、それはつまり、「メー」と鳴かないものは断じてタラバガニではないということだ。そして、北海道の羊は「メー」とは鳴かないというのだから、このふたつの前提を合わせると、たしかに北海道の羊はタラバガニじゃないという結論が出てくる。

前提がふたつまちがってるから、まちがいがキャンセルされて正しい結論が出てきちゃったというわけだ。

ここまでの※12教訓。
論理は前提から結論を導く道筋にかかわる。
前提と結論それ自体の正しさは論理の正しさとは別。
いいかな。

（野矢茂樹『はじめて考えるときのように』PHP 文庫，2004 年.）

※1 論理　考え方の正しい筋道。
※2 論理的　話の筋道が通っているようす。
※3 非論理的　話の筋道が通っていないようす。
※4「……that leads to your door」　「……君の扉へと続く」の意。
イギリスの音楽グループ、ザ・ビートルズの歌「The Long And Winding Road」の歌詞。
※5 前提　ものごとが成り立つために前もって示された条件。
※6 結論　最終的にまとまった考えや判断。
※7 三段論法　すでにわかっている二つのことから、三つめの新しいことを判断する方法。
※8 推論　わかっていることをもとにして、まだわかっていないことを筋道をたてて論じること。
※9 ラッコ　北方の海に住む中形の動物。
※10 タラバガニ　タラバガニ科に属する海産生物。北方の海にすむ。
※11 論証　ことの正否を論理的に証明すること。
※12 教訓　今後の生き方に役立つ教え。

令和３年度　学力検査　問題用紙

# 第３検査

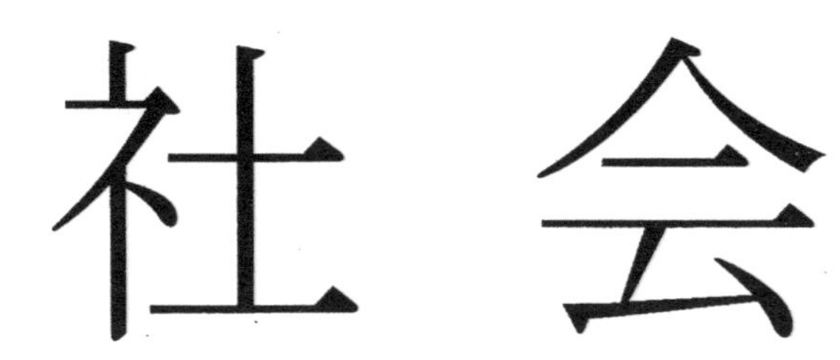


（11：10～11：40　30分間）

【注意】

1．開始の合図があるまで，冊子を開いてはいけません。
2．答えは，すべて解答用紙に書きなさい。
3．問題は，１ページから９ページまで，印刷してあります。
4．解答用紙には，黒えんぴつ，またはシャープペンシルを使い，濃く，はっきりと解答らんからはみ出さないように書きなさい。
　また，消すときは消しゴムできれいに消しなさい。
5．開始の合図で，解答用紙の決められた場所に，受検番号を書きなさい。
6．問題を読むとき，声を出してはいけません。
7．終了の合図で，すぐに筆記用具を置きなさい。

三重大学教育学部附属中学校

1　鈴木さんは，家の中にあった真珠に魅力を感じたため，真珠の養殖をしている漁師さんのもとへ話を聞きに行こうと考えた。そこで鈴木さんは．三重県の南勢地域への旅行計画を考え，冬休みには家族と一緒に旅行をかねた現地調査をおこなった。鈴木さんが現地調査をした三重県の南勢地域について，次の各問いに答えなさい。

【資料１】鳥羽市の地図

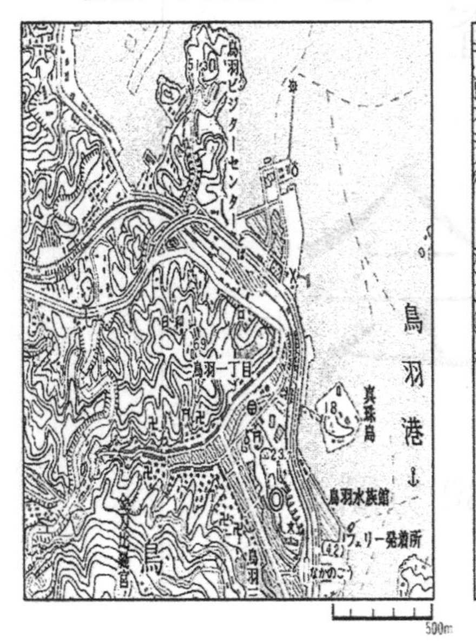


【資料２】英虞湾付近の地図

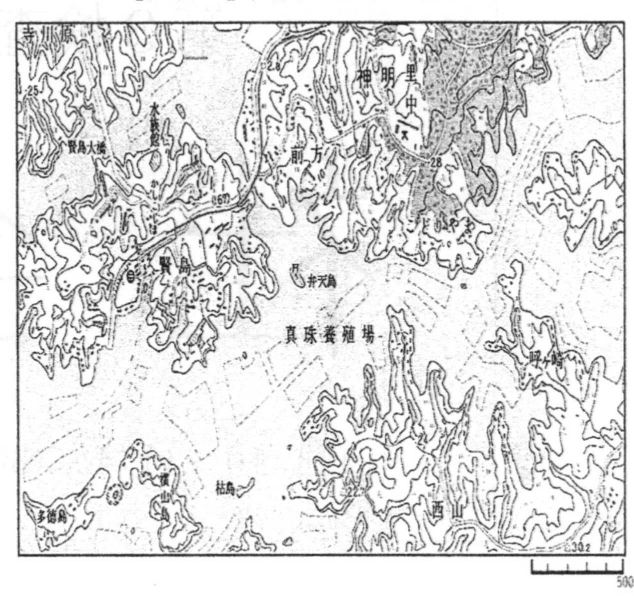


出典）「国土地理院 平成10年10月1日発行 2万5千分の1地形図」より作成.

⑴　鈴木さんは【資料１】にある鳥羽駅（とば）に着いたとき，愛知県の渥美半島がうっすらと見えた。鈴木さんが見ていた向きについて，八方位を使い，書きなさい。

⑵　鈴木さんは鳥羽市内で観光をしたあと，【資料２】にある賢島駅（かしこじま）まで電車で向かった。賢島駅に着くころ，電車の窓を見てみると，特徴的な入り組んだ海岸が目に入ってきた。このような特徴のある海岸の名前を書きなさい。

(3) 鈴木さんは，賢島駅に着いたあと，【資料２】の真珠養殖場で仕事をしている漁師さんのもとへ行き，インタビューの調査をすることができた。次の会話文は，そのインタビューの内容の一部である。

鈴木さん：インターネットで調べてみたのですが，アコヤガイという貝から真珠がとれるみたいですね。
漁師さん：そうです。３年かけてアコヤガイを養殖し，そこから真珠をとり出すことができます。
鈴木さん：アコヤガイを養殖していくときの苦労話を教えていただきたいです。
漁師さん：最近，①何らかの原因でアコヤガイが大量に死んでいるため，真珠養殖をしている私たちの生活は危機的な状況（じょうきょう）になっています。アコヤガイが死んでいる理由がわかる資料をお渡（わた）しします。

【資料３】英虞湾の水温の変化

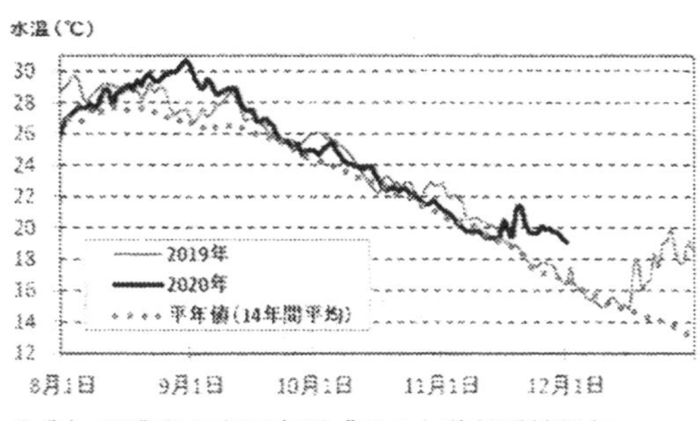


出典）三重県水産研究所「アコヤ養殖環境情報」（2020-32号）より作成．

【資料４】英虞湾にいる小さな生物の数

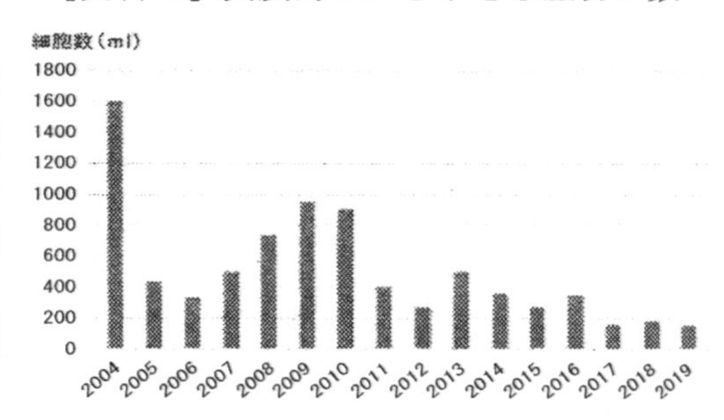


出典）三重県水産研究所「真珠適正養殖管理マニュアル」（2019年12月）p.8より作成．

① 【資料３】と【資料４】は，漁師さんが鈴木さんに渡した資料である。【資料３】は，８月から12月までの英虞湾の水温について，「14年間の平均水温」と「2019年・2020年の水温」を比べたものである。【資料４】は，2004年から2019年までの，10月から12月の英虞湾にいる小さな生物の数である。この２つの資料から，鈴木さんはどんなことをノートに書いたと考えられるか。（　X　）と（　Y　）にあてはまる言葉を書きなさい。

**英虞湾の漁師さんのお話から分かったこと**

アコヤガイは，水温が上がると「食欲」が増す特徴がある。実際に，ここ最近の英虞湾の水温は，黒潮による影響のちがいもあるが，14年間の平均水温よりも（　X　）いる。しかし，アコヤガイのえさになる小さな生物の数は，年々（　Y　）いる。

② 下線部①について，【資料３】と【資料４】をもとにして，〔　栄養　〕の語句を必ず使って，説明しなさい。



次のページへ⇒

**2** 【資料５】は，水谷さんが住んでいる地域の地図である。【資料５】を参考にして，次の各問いに答えなさい。

【資料５】水谷さんが住んでいる地域の地図（桑名市）

出典)「国土地理院 平成１４年３月１日発行 ２万５千分の１地形図」より作成.

⑴ 「なばなの里」があるような，揖斐(いび)川・長良(ながら)川・木曽(きそ)川に囲まれた土地は，川よりも低いため，大雨や台風で川の水が増えると，家や田畑が水につかってしまう特徴がある。そのため，土地のまわりを堤防(ていぼう)で囲み，その中で田畑をつくり，堤防の内側の高いところに家を建てるようにしている。この堤防に囲まれている土地の名前を書くとともに，地図上に書かれている一番低い土地の高さを数字で書きなさい。

⑵ 水谷さんの家の場所（★）について，下の①～④の説明文を読んで，【資料５】の中にあるア～キから１つ選び，その記号を書きなさい。

① 水谷さんのお父さんの仕事場は，家から半径500m以内にある工場である。
② 水谷さんが通う小学校は，家から坂道を下(くだ)ったところにある。
③ 家から八方位で南の方角へ250mの位置に進むと，寺院がある。
④ 水谷さんが病院から時速６kmで走ると，１分後には家に着いている。

3 今年は，「承久の乱」が起こってから800年目の年である。この乱で，重要な役割を果たした人物が北条政子であった。このことから，日本の歴史において女性が果たした役割に興味を持った佐藤さんは，各時代に女性がどのように活躍したのかを調べた。佐藤さんが作った【資料6】から【資料10】について，次の各問いに答えなさい。

(1) 【資料6】の（　あ　）～（　う　）にあてはまる語句・数を書きなさい。

【資料6】弥生時代の女性について

昔の中国で書かれた「魏志倭人伝」という歴史書によると，その当時の日本には，30あまりの小国をまとめる，（　あ　）という名の女王がいました。前までの王は男でしたが，長い間，争いが続いていたので，まじないに優れた（　あ　）が王になったのです。彼女が王の間は争いが起こりませんでした。しかし，彼女が亡くなり男が王になると，国内は再び乱れたので，（　あ　）の一族の娘（13歳）を王にすると，争いは収まったそうです。

〈疑問〉弥生時代に多くの争いが起こったのはどうしてか。

右のグラフを見ると，人々が狩りや漁，採集をして生活していた時代の中で一番人口が多かった時よりも，弥生時代の人口は約（　い　）倍も増えていることが分かります。

これは，弥生時代に中国や朝鮮半島から（　う　）づくりが伝わったことが原因でした。（　う　）は保存し，蓄えることができるので，その前の時代よりも食料を安定して手に入れることができるようになったのです。

実は，このことが争いを生む原因でもありました。（　う　）をつくる上で良い土地や（　う　）そのものを奪い合う争いが起こるようになってしまったのです。

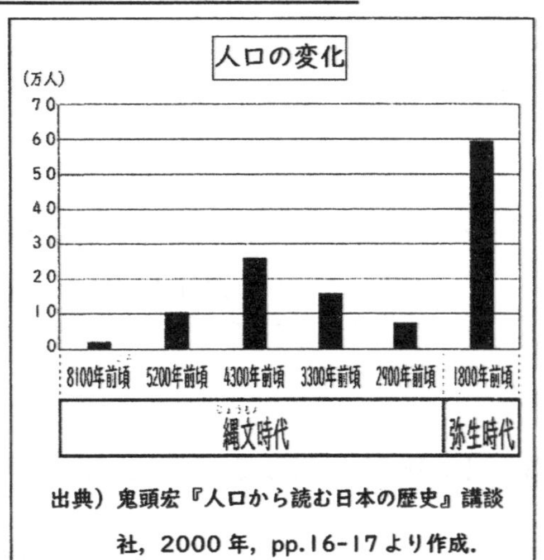

出典）鬼頭宏『人口から読む日本の歴史』講談社，2000年，pp.16-17より作成.



次のページへ⇒

(2)　【資料７】を読んで，次の各問いに答えなさい。

【資料７】平安時代の女性について

①藤原道長などの貴族たちは，自分の娘が天皇に気に入られ，天皇のきさきになれるように，彼女たちに教養ある女性を仕えさせました。清少納言や紫式部も，天皇のきさきになった貴族の娘たちに和歌や漢詩などを教えています。このように天皇の住まいに教養の高い女性が集まったことで，②女性による文学作品が数多く誕生しました。

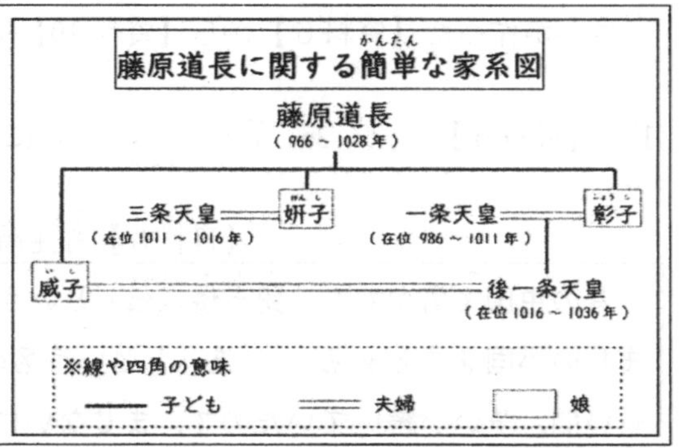


①　下線部①について，藤原道長が朝廷内で強大な力を得ることができたのは，彼が天皇にとってどのような関係であったからか。【資料７】の図をもとにして，説明しなさい。

②　下線部②について，次のア～エは，この時代に見られた文化を説明したものである。ア～エにそれぞれ１つずつ引いてある下線部で，正しくない語句が１つある。正しくない語句のある文章を１つ選び，その記号を書きなさい。また，正しくない語句を正しい語句に書き直しなさい。

ア　清少納言の『枕草子』や紫式部の『源氏物語』は，かな文字で書かれている。
イ　束帯とよばれる男性の服装や，十二単とよばれる女性の服装が生み出された。
ウ　貴族は，寝殿造のやしきで暮らし，琵琶，和歌，双六，蹴鞠などを楽しんだ。
エ　貴族の暮らしの中から生まれた，美しく，はなやかな中国風の文化であった。

(3)　【資料８】を読んで，次の各問いに答えなさい。

【資料８】鎌倉時代の女性について

源氏の将軍が三代で絶えると，（　え　）という将軍を助ける職にあった北条氏が幕府の政治を引きつぎました。２年後，西国を中心に勢力を保っていた朝廷は幕府をたおす命令を全国に出しました。この直後，北条政子は，夫であった頼朝の③ご恩を（　お　）に説くと，彼らは（　か　）をちかって京都にせめ上がり，たちまち朝廷の軍を打ち破ったのです。この「承久の乱」の結果，幕府の力は西国にまで及ぶようになりました。

①　【資料８】の（　え　）～（　か　）にあてはまる語句を書きなさい。

② 下線部③の「ご恩」とは，将軍（幕府）が武士の大切な領地を保護したり，与えたりすることを指す言葉である。この「大切な領地」を，鎌倉時代の武士たちは自分の子どもたち全員に，男子も女子も関係なく，分割して与えていた。このことは，一見良いことに思えるが，長い間にどのような問題につながったと考えられるか。【資料９】をもとにして，説明しなさい。

【資料９】鎌倉時代の武士と領地について

**武士の財産（領地）相続※～大友能直を例に～**

大友能直の領地

能直の死後，全ての領地を「妻」が相続。17 年後，8 人の子に分割して相続。

跡継ぎ →
男子 →
男子 →
男子 →
男子 →
男子 →
女子 →
女子 →
女子 →

※「相続」とは，ある者が亡くなった場合，その人が持っていた領地などの財産を受け継ぐこと。この図の中では，矢印（⟶）が「相続」を表す。

出典）『詳説　日本史史料集（再訂版）』山川出版社，2004 年，p.97 より作成．

(4) 【資料 10】の（　き　）～（　け　）にあてはまる語句の組み合わせが正しいものを，次のア～エから１つ選び，その記号を書きなさい。

【資料 10】明治時代の女性について

日本で最初の女子留学生の一人である津田梅子は，1871 年，満６歳の時に「岩倉使節団」とともに横浜を出航しました。

アメリカで 11 年に及ぶ留学生活を送り，1882 年に帰国した梅子は，日本の女性が置かれていた状況にたいへん驚いたそうです。例えば，右のグラフを見ると，（　き　）の教育に比べて（　く　）の教育が，かなりおろそかにされていたことが分かります。

このような社会状況を変えていきたい，新しい女子教育を行うための学校を自分自身でつくりたいという夢を持つようになった梅子は，ついに 1900 年，念願だった学校を東京に設立しました。右上のグラフをよく見ると，1900 年を過ぎたあたりから（　け　）の義務教育就学率が急速に上昇し，両者の差はほとんどなくなっていったことが分かります。

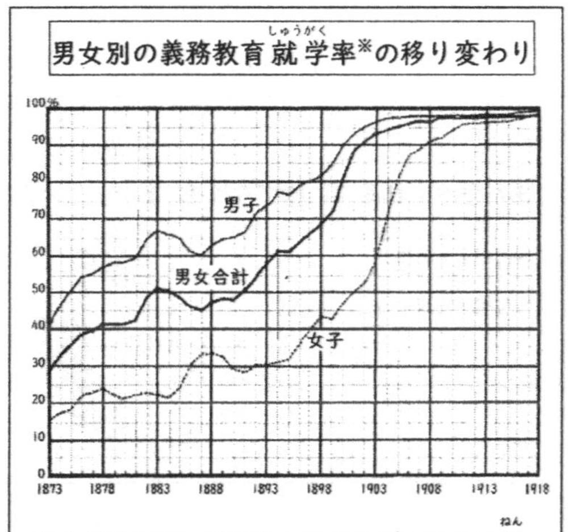


※小学校に通い学習をしなければいけない年齢の子どもたちの中で，実際にそうしている子どもたちがどれくらいいるかを示す割合。

出典）国立国会図書館 HP（https://warp.da.ndl.go.jp）より作成．

ア　き：女子　く：男子　け：女子　　イ　き：女子　く：男子　け：男子
ウ　き：男子　く：女子　け：女子　　エ　き：男子　く：女子　け：男子



次のページへ⇒

**4** 中村さんのクラスでは，「身近な問題と政治との関わり」というテーマで班ごとに調べ学習をして，発表することになった。中村さんの班は，「食品ロス」の問題をテーマに調べ，【資料 11】のようにポスターにまとめ，発表している。会話文と【資料 11】を見て，次の各問いに答えなさい。

山本さん：私たちの班は「食品ロス」の問題について調べました。
鈴木さん：まだ食べられるのに捨てられてしまうものを「食品ロス」と言って，大きな問題になっています。
中村さん：2019 年 10 月には，食品ロスを減らすために①「食品ロスの削減の推進に関する法律」が制定されました。
田中さん：問題意識をもった人々の願いをうけて，②国会議員からの提案で法律がつくられたそうです。
山本さん：③内閣は，法律の目的を実現するために方針を決め，消費者庁を中心に様々な対策がとられるようになりました。
鈴木さん：三重県も，ポスターを作成し，飲食店に呼びかけをしています。
中村さん：他にも，三重県は（　　　　④　　　　）活動をしています。
田中さん：今後も，国や県の政治に関心を持ち，私たちにできることを考えていきたいと思います。

【資料 11】中村さんの班が発表に使ったポスターの一部

**食品ロスの問題とは？**

**まだ食べられるのに捨てられてしまう食品のことを「食品ロス」と言います。**

**食品ロスの量**

**（2017 年）** お店・会社から 328万トン

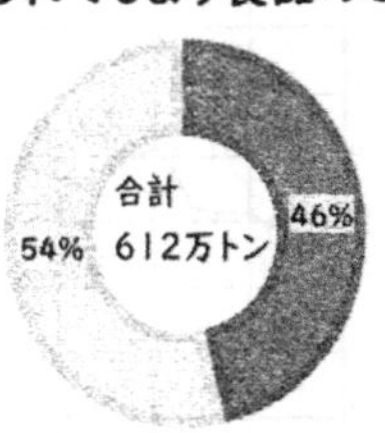


家庭から 284万トン

**国民一人当たり 48 kg**

**1 日あたり 130g（一杯分のご飯と同じ）**

**国の政治はどう関わっているの？**

・「食品ロス削減の推進に関する法律」を作りました。（2019 年 10 月）

・法律をもとに方針を決め，消費者庁を中心に対策に取り組んでいます。

**三重県が作ったポスター**

**飲食店に呼びかけた内容**
1 少量のメニューを取り入れる
2 食べ残しを減らすための呼びかけ
3 食べきった客に特典を与える
4 食品ロスの削減を呼びかける
5 その他，食品ロスを減らす工夫

出典）農林水産省 HP（https://www.maff.go.jp）より作成。

(1) 中村さんの班の発表と【資料 11】から分かることとして，正しいものを次のア～エから1つ選び，その記号を書きなさい。

ア　大半の食品ロスは家庭から出されているので，家庭に呼びかけるべき。
イ　4人家族の場合，毎日1kg以上もの食品ロスを出していることになる。
ウ　国民1人あたり，毎年2トン以上の食品ロスを出していることになる。
エ　お店・会社からの排出量（はいしゅつりょう）が多いので，県が飲食店へ呼びかけている。

(2) 下線部①について，中村さんはこの法律ができるまでの流れを発表するために，【資料12】のように発表原稿（げんこう）にまとめたが，1か所，ミスをしていることに気づいた。正しくない語句を【資料 12】にある下線部ア～エから1つ選び，その記号を書きなさい。また，正しくない語句を正しい語句に書き直しなさい。

【資料 12】中村さんの発表原稿

私は，「食品ロスの削減に関する法律」ができるまでの流れを調べてきました。この表を見てください。
この法律の案は，食品ロスの問題に取り組む国会議員が集まってつくりました。法律の案は，ア内閣がつくることもできます。国会には衆議院（しゅうぎいん）と参議院があり，必ずイ両方で話し合って決めます。まず，委員会で法律案の内容が検討（けんとう）され，良いと判断されたら，本会議で決定します。普通（ふつう）はウ多数決で決定しますが，この法律は全員が賛成しました。それは，この法律がすごく期待されていたからだと思います。そして，法律が成立したら，エ内閣総理大臣が公布し，実施（じっし）日を決めます。この法律は 10 月 30 日から実施されたので，この日が「食品ロス削減の日」とされています。

発表で見せるために作った表

| |
|---|
| 2018年12月<br>食品ロスの問題について考える国会議員のグループが結成される。 |
| 2019年1月～<br>国会が開かれる。法律の案が衆議院に提案される。 |
| 2019年5月14日<br>衆議院の委員会で全員賛成で案が認められる。 |
| 2019年5月16日<br>衆議院の本会議で全員賛成で可決される。 |

↓法律案が参議院に送られる。

| |
|---|
| 2019年5月22日<br>参議院の委員会でも全員賛成で案が認められる。 |
| 2019年5月24日<br>参議院の本会議で全員賛成で可決される。 |
| 2019年5月31日<br>法律が公布される。 |
| 2019年10月30日<br>この日から法律が実施される。 |

出典）衆議院HP(http://www.shugiin.go.jp)より作成。



次のページへ⇒

(3) 下線部②について，田中さんは国会議員が法律をつくる理由を，日本国憲法をもとに，次のように追加説明をおこなった。【資料 13】を参考にして，（　X　）にあてはまる内容を書きなさい。

**国会議員は，主権者である国民の（　X　）だから，国のルールである法律をつくる役割をしています。**

【資料 13】日本国憲法の前文（一部を要約したもの）

日本国民は，選挙で選ばれた国会における代表者を通じて政治に関わり，私たち自身と子孫のために，世界の人々と協力しあい，国全体に自由のもたらすすばらしさを広げ，政府のおこないによって再び戦争が起きることのないようにすることを決意し，主権が国民にあることを宣言して，この憲法を確定します。

(4) 下線部③について，山本さんは，食品ロスの削減に関わる内閣の働きについて，次のように追加説明をおこなった。（　Y　）にあてはまる語句を書きなさい。

**内閣では，それぞれの役所が仕事を分担しています。それぞれの役所の仕事がばらばらにならないように，（　Y　）という会議を開いて，内閣の方針を決めます。**

(5) 会話文の（　④　）にあてはまる内容を，【資料 14】をもとにして書きなさい。

【資料 14】消費者庁と三重県との関係（2019 年度）

| 消費者庁の政策と予算（一部） | | 三重県の取り組み |
|---|---|---|
| ○地方消費者行政強化交付金（22 億円）<br>全国の食品ロスなどの問題に取り組む県や市に対して，必要な資金を支援する。 |  | ○ゴミ袋の調査（570 万円）<br>家庭ごみの中に含まれる食品ロスを調べ，県民に食品ロスの実態を知らせる。 |

（　）内は予算の金額

出典）消費者庁ＨＰ(https://www.caa.go.jp)より作成.



おわり

令和３年度　学力検査　問題用紙

# 第４検査

# 理 科

（11:55～12:25　30 分間）

【注意】

1．開始の合図があるまで，冊子(さっし)を開いてはいけません。
2．答えは，すべて解答用紙に書きなさい。
3．問題は，１ページから 10 ページまで，印刷してあります。
4．解答用紙には，黒えんぴつ，またはシャープペンシルを使い，濃く，はっきりと解答らんからはみ出さないように書きなさい。
　また，消すときは消しゴムできれいに消しなさい。
5．開始の合図で，解答用紙の決められた場所に，受検番号を書きなさい。
6．問題を読むとき，声を出してはいけません。
7．終了の合図で，すぐに筆記用具を置きなさい。

三重大学教育学部附属中学校

1 石川さんと高橋さんは，かん電池と豆電球をつないで回路をつくり，豆電球がつくかどうか確認した。そのあと，かん電池と豆電球のあいだに鉄くぎをつないで，電流が流れるかを調べることにした。次の会話文１・会話文２を読んで，各問いに答えなさい。

会話文１

石川さん：①かん電池２個を並列つなぎにして豆電球とつないで回路をつくったけど，豆電球がつかないよ。どうしてだろう。

高橋さん：②危険だからしてはいけないと先生がおっしゃっていたつなぎ方の回路になっていないかな。

石川さん：それは大丈夫だよ。

高橋さん：ちょっと見せて。ここを直せば豆電球はつくはずだよ。

石川さん：ほんとだ。豆電球はついたね。次は鉄くぎをつないでみよう。

高橋さん：③鉄くぎをつないでも豆電球はついたね。鉄くぎには電流が流れるんだね。

(1) 会話文１の下線部①で石川さんがつくった並列つなぎの回路として考えられるものを，次のア～カからすべて選び，その記号を書きなさい。

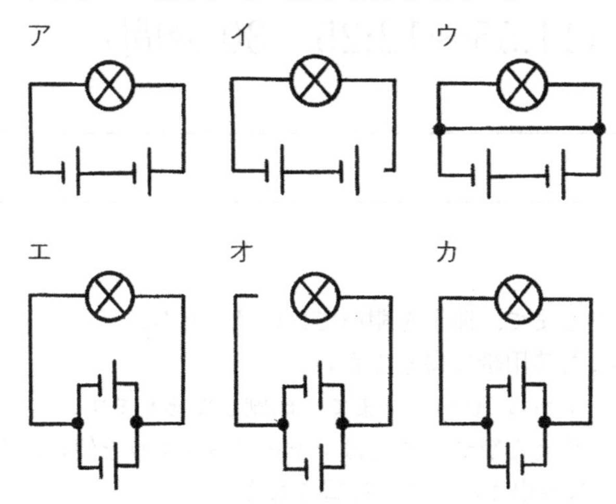


(2) 会話文１の下線部②で危険だからしてはいけないといわれたのは，【図１】のような回路である。【図１】のようにつなぐと，どのような危険があるか書きなさい。

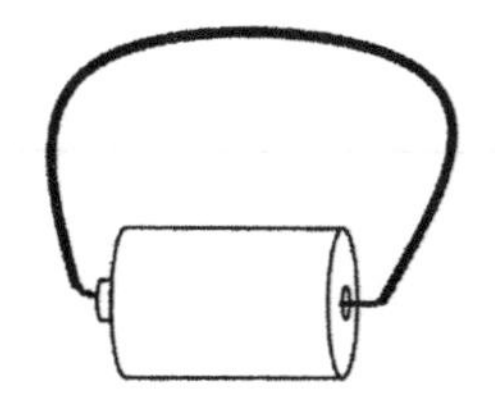

【図１】危険なつなぎ方

(3) 会話文１の下線部③では，かん電池と豆電球のあいだに鉄くぎをつないでも電流が流れることがわかった。鉄くぎのかわりに他のものをつないだときのようすとして正しいものを，次のア～エからすべて選び，その記号を書きなさい。

ア　アルミニウムはくをつなぐと，豆電球はついた。
イ　木製の割(わ)りばしをつなぐと，豆電球はついた。
ウ　10円玉をつなぐと，豆電球はつかなかった。
エ　ガラスコップをつなぐと，豆電球はつかなかった。

会話文２

高橋さん：鉄くぎといえば，電磁石(でんじしゃく)を強くするために使えるよ。
石川さん：どうするの。
高橋さん：【図２】のようにコイルの中に鉄くぎを入れると強くなるんだ。でも，他にも強くする方法があると思っていろいろ試してみたよ。
石川さん：いい方法はあったかな。
高橋さん：④かん電池を２個使うと【図２】より強い電磁石になったよ。

(4) 会話文２下線部④で高橋さんはどのようにコイルとかん電池をつないだと考えられるか。【図３】に導線をかきこみなさい。また，そのようにつなぐとなぜ電磁石が強くなるか理由を書きなさい。

ただし，次の<つなぎ方１>と<つなぎ方２>に注意してかきなさい。

<つなぎ方１>
【図２】の位置に置いた方位磁針(じしん)がさす向きと【図３】の位置に置いた方位磁針がさす向きは変わらないようにつなぐ。
<つなぎ方２>
導線は交わらないようにする。

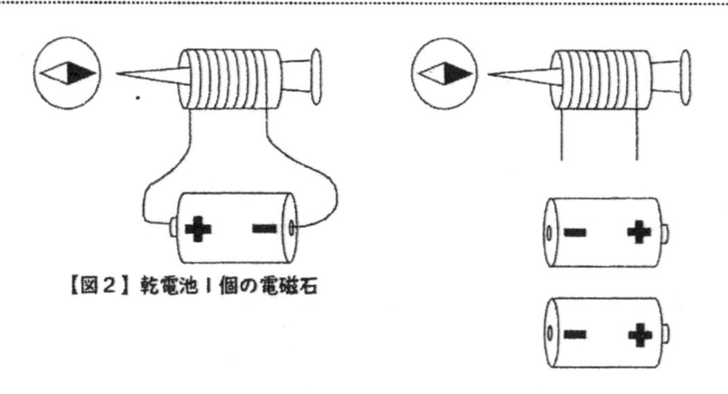


【図２】乾電池１個の電磁石

【図３】乾電池２個の電磁石



次のページへ⇒

**2** 田中さんは，氷が入ったコップに水を注いだようすを見て，氷がういて一部が水面から出ていることに気づいた。このまま氷がとけたら水面の高さは変わるのかが気になったので，加藤さんと実験を行うことにした。次の会話文１・会話文２・会話文３を読んで，各問いに答えなさい。

会話文１

田中さん：氷がとけると，コップの水面の高さは変わるのかな。

加藤さん：実際に水の中の氷をとかして，水面が変わるか見てみよう。

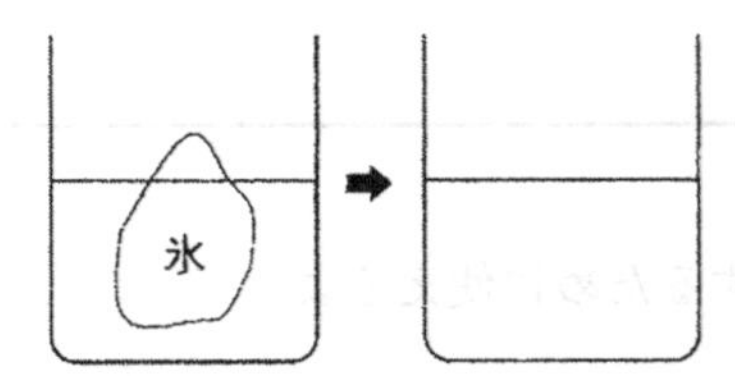


【図１】 氷がとけたときの水面のようす

田中さん：水面の高さは変わらなかったね。

加藤さん：水面の高さが上がると思っていたよ。

田中さん：水面から出ている氷がなくなったのに，どうして水面は上がらなかったのだろう。

加藤さん：水の温度が（ ① ）と，体積が大きくなることを学習したよね。

田中さん：そうだったね。それは，水が増えているということだと思っていたけれどちがうのかな。

加藤さん：水が増えていたら，重くなっているはずだよね。

田中さん：それなら，②15℃の水 100 g をあたためて，5℃ごとの重さを調べてみよう。

【表１】 水の温度と重さの関係

| 温度〔℃〕 | 15 | 20 | 25 | 30 | 35 | 40 | 45 |
|---|---|---|---|---|---|---|---|
| 重さ〔g〕 | 100 | 100 | 100 | 100 | 100 | 100 | 100 |

加藤さん：【表１】を見ると，（ ③ ）ことがわかるね。

(1) （ ① ）に入る言葉を次のア～ウから１つ選び，その記号を書きなさい。

ア　上がる　　イ　変わらない　　ウ　下がる

(2) 下線部②の実験を行ったところ，【表１】の結果になった。（ ③ ）に入る文章としてあてはまるものを，次のア～カから１つ選び，その記号を書きなさい。

ア　水の体積は大きくなる　　イ　水の重さは大きくなる
ウ　水の体積は変わらない　　エ　水の重さは変わらない
オ　水の体積は小さくなる　　カ　水の重さは小さくなる

会話文２

加藤さん：15℃より温度を下げていったらどうなるのだろう。
田中さん：次は水を冷やしてみて，調べてみようよ。でも，0℃になるとこおってしまうね。
加藤さん：0℃のときは製氷皿があるから，それに水を入れて氷をつくって調べよう。

**【表2】 水の温度と重さの関係**

| 温度〔℃〕 | 15 | 10 | 5 | 0 |
|---|---|---|---|---|
| 重さ〔g〕 | 100 | 100 | 100 | 100 |

加藤さん：氷になっても重さは変わらないね。
田中さん：そういえば，水のときは温度によって体積が変わっていたけど，④水から氷になったときには体積は変わっているのかな。

(3) 下線部④で，【図2】は製氷皿の断面図を表している。氷ができたようすとしてあてはまるものを，次のア～オから１つ選び，その記号を書きなさい。

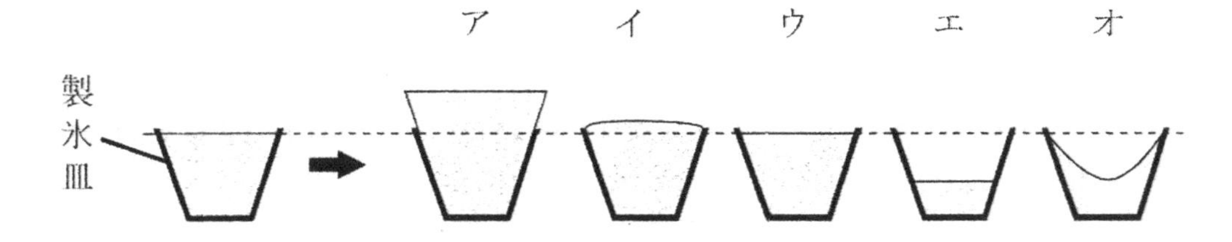


【図2】製氷皿の断面図

会話文３

田中さん：これで，氷がとけたときに水面の高さが変わらなかった理由がわかったよ。
加藤さん：以前，北極の氷がとけても海水面が上がらないという話を聞いたことがあったけれど，⑤海水面が上がらない理由も同じ理由だね。

(4) 下の文章は，下線部⑤の北極の氷がとけても海水面が上がらない理由を説明したものである。（ ⑥ ）・（ ⑦ ）にあてはまる内容を書きなさい。

水にういている氷がとけると（ ⑥ ）は小さくなる。つまり，海水面から（ ⑦ ）の分だけ（ ⑥ ）が小さくなるため，海水面の高さは変わらない。



次のページへ⇒

3 雲，天気，気温の変化のようすについて，次の各問いに答えなさい。

(1) 次の【図1】は，2020年4月10日～12日の連続する3日間の津市の気温の変化を表したものであり，【図2】はそれぞれの日の15時に人工衛星でさつえいした三重県を中心とした雲画像と，それぞれの日の15時の三重県を中心としたアメダス降(こう)水量の図である。

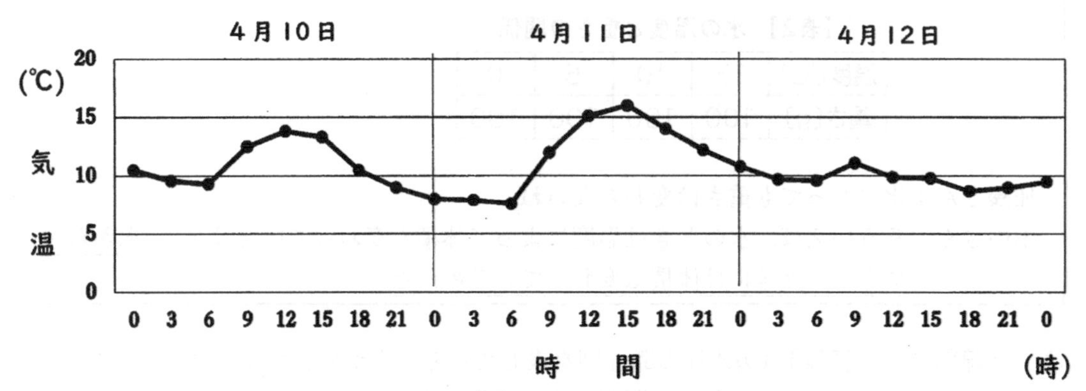


【図1】2020年4月10日～12日の津市の気温の変化

出典）気象庁HP (www.data.jma.go.jp/obd/stats/etrn/index.php) より作成。

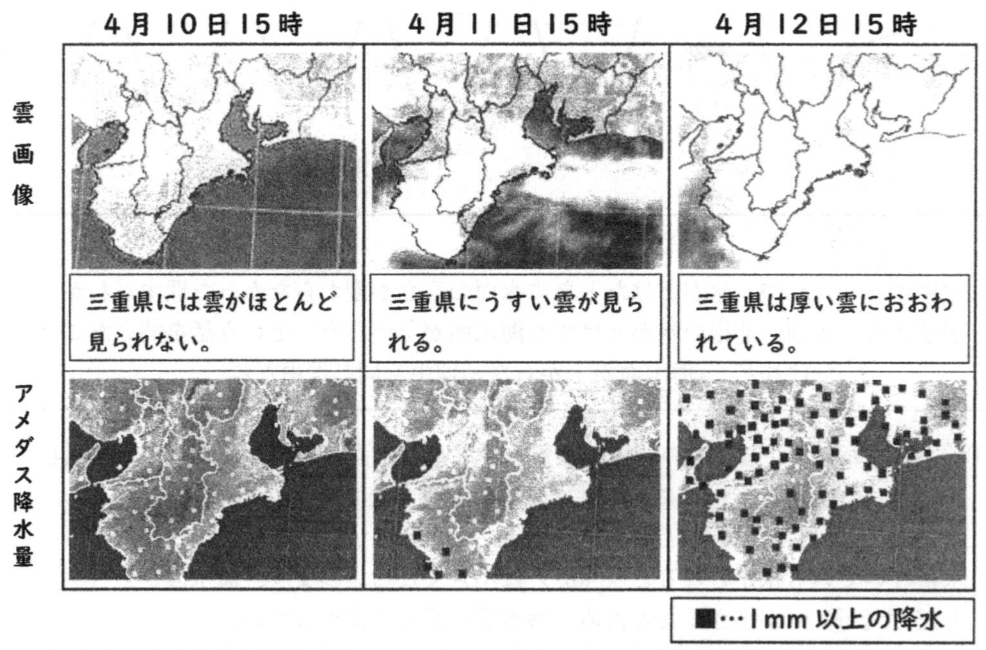


【図2】2020年4月10日～12日の15時の三重県を中心とした雲画像とアメダス降水量

出典）日本気象協会HP ( https://tenki.jp/)より作成。

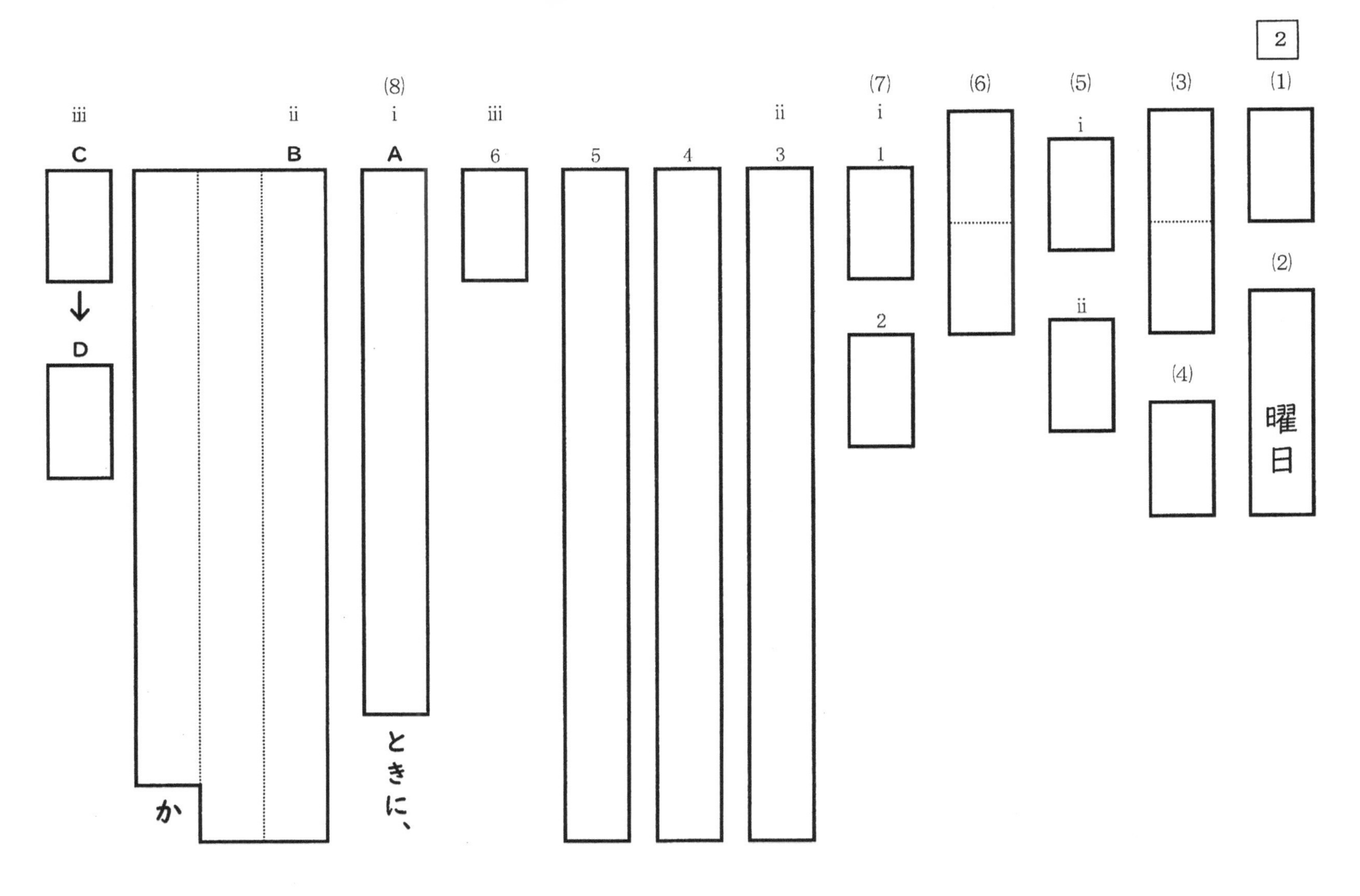
2
(1)
(2)
曜日
(3)
(4)
(5)
i
ii
(6)
(7)
i
1
2
ii
3
4
5
iii
6
(8)
i
A
ときに、
ii
B
か
iii
C
D

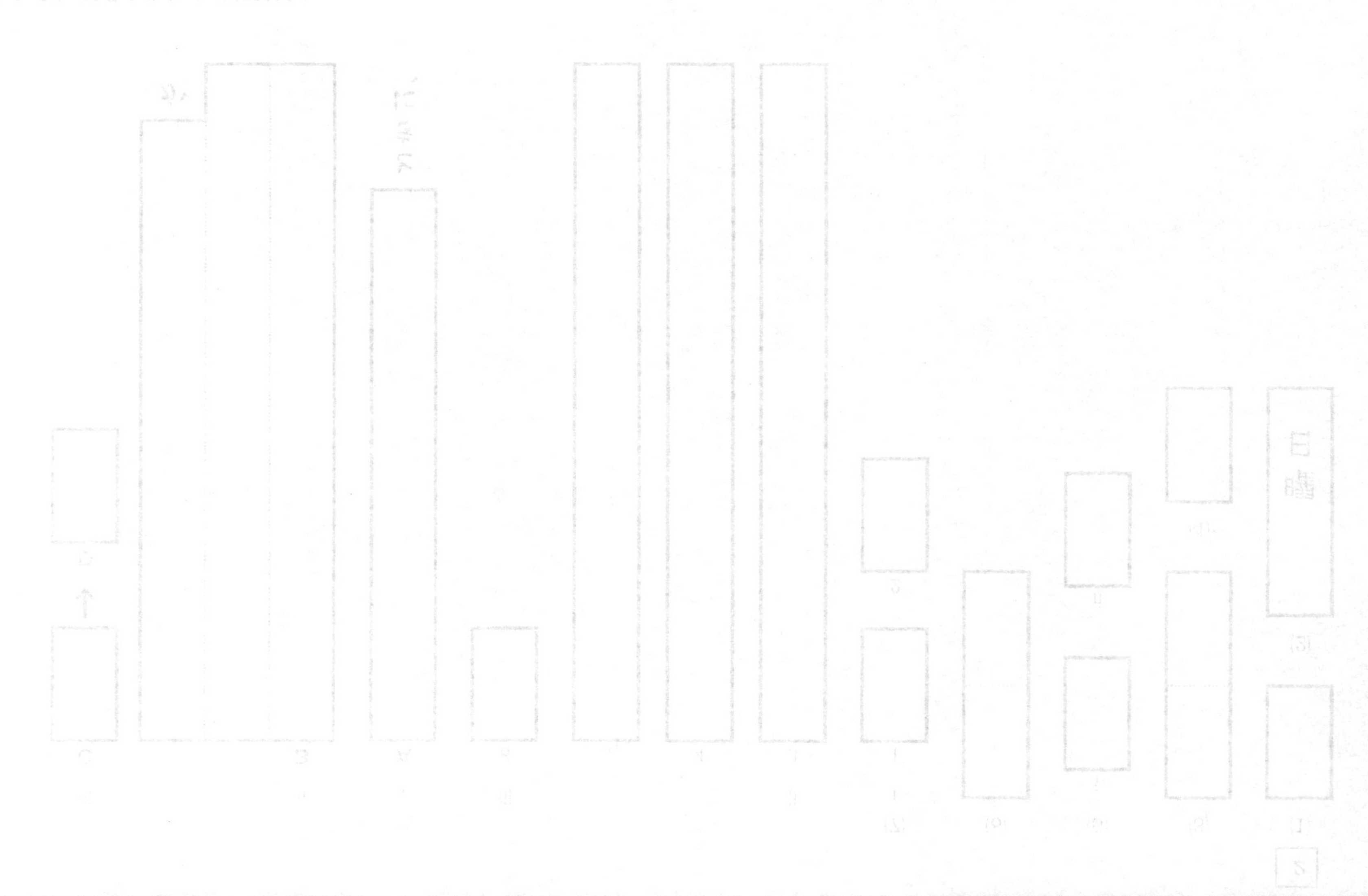
2
日曜

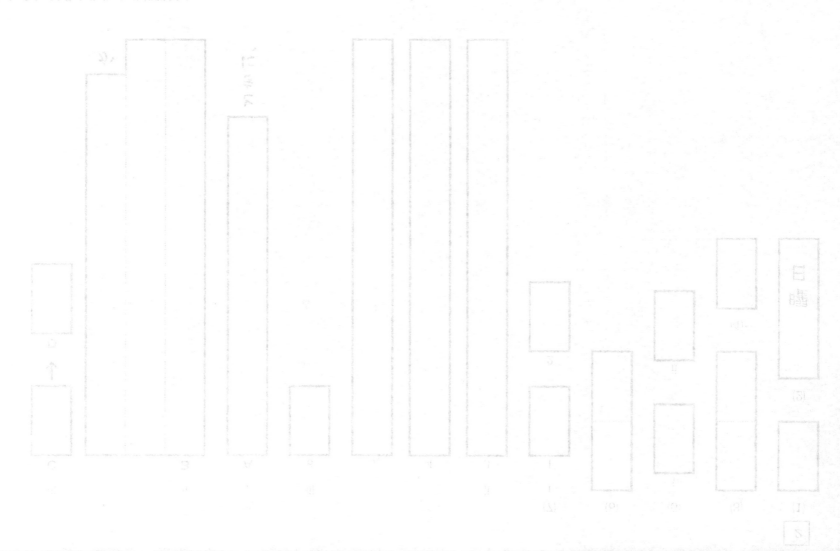

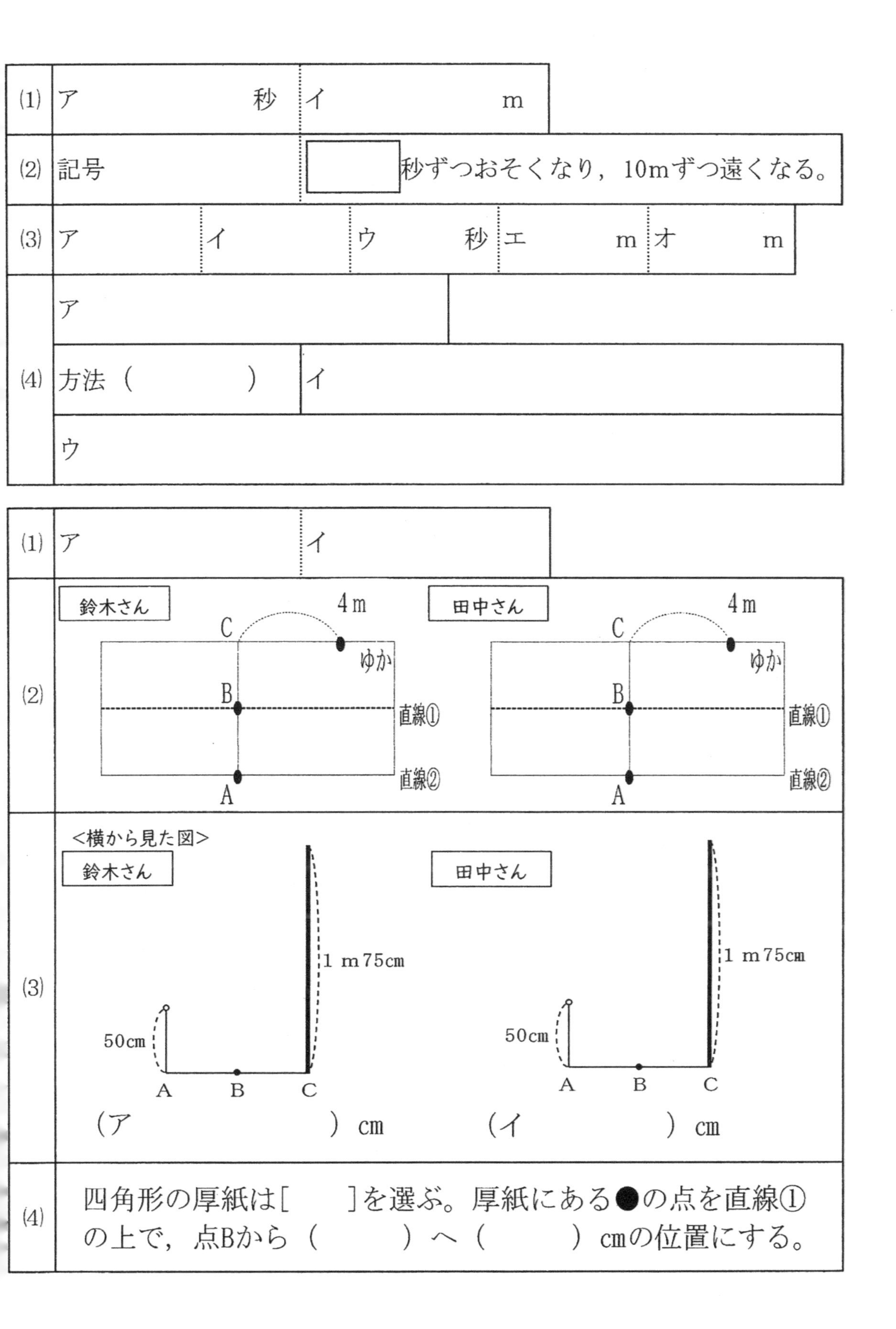

| | | |
|---|---|---|
| (1) | ア　　　　秒 | イ　　　　m |
| (2) | 記号 | [　　]秒ずつおそくなり，10mずつ遠くなる。 |

| | | | | | |
|---|---|---|---|---|---|
| (3) | ア | イ | ウ　　秒 | エ　　m | オ　　m |

| | | |
|---|---|---|
| (4) | ア | |
| | 方法（　　　） | イ |
| | ウ | |

| | | |
|---|---|---|
| (1) | ア | イ |

(2)



(3)



（ア　　　　）cm　　（イ　　　　）cm

(4)

四角形の厚紙は[　　]を選ぶ。厚紙にある●の点を直線①の上で，点Bから（　　）へ（　　）cmの位置にする。

| | | | | | | |
|---|---|---|---|---|---|---|
| (1) | あ | | い | | う | |
| (2) | ① | | | | | |
| | ② | 記号 | 正しい語句 | | | |
| (3) | ① | え | | お | | か |
| | ② | | | | | |
| (4) | | | | | | |

| | | |
|---|---|---|
| (1) | | |
| (2) | 記号 | 正しい語句 |
| (3) | | |
| (4) | | |
| (5) | | |

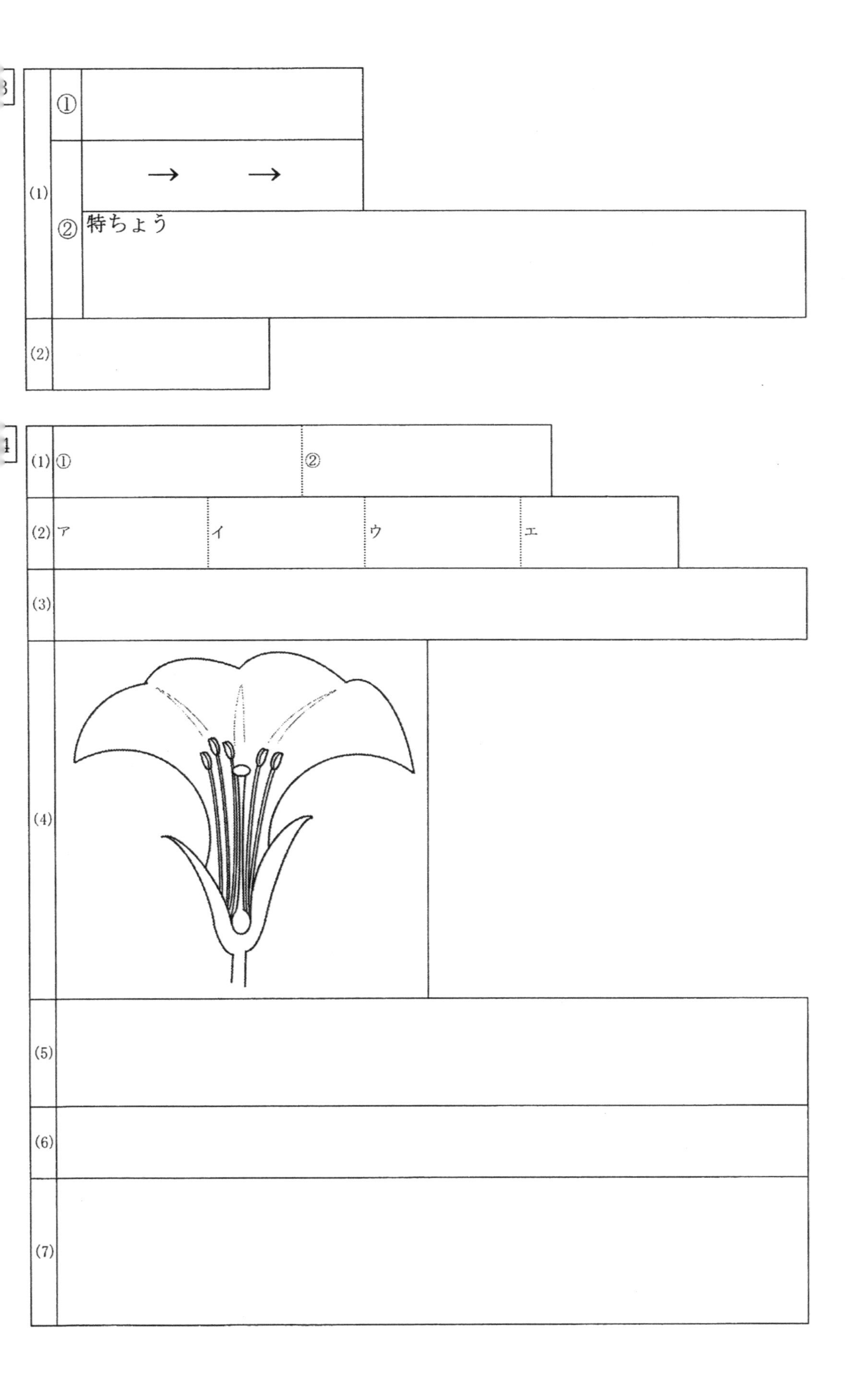
3
(1)
①
→ →
②
特ちょう
(2)
4
(1) ① ②
(2) ア イ ウ エ
(3)
(4)
(5)
(6)
(7)

| 受検番号 | | 得点 (配点非公表) |
|---|---|---|

# 令和３年度　学力検査　理科　解答用紙

1

| | |
|---|---|
| (1) | |
| (2) | |
| (3) | |
| (4) | |
| | 理由 |

2

| | | |
|---|---|---|
| (1) | | |
| (2) | | |
| (3) | | |
| (4) | ⑥ | ⑦ |

| 受検番号 | 得点 (配点非公表) |
|---|---|
| | |

# 令和３年度　学力検査　社会　解答用紙

1

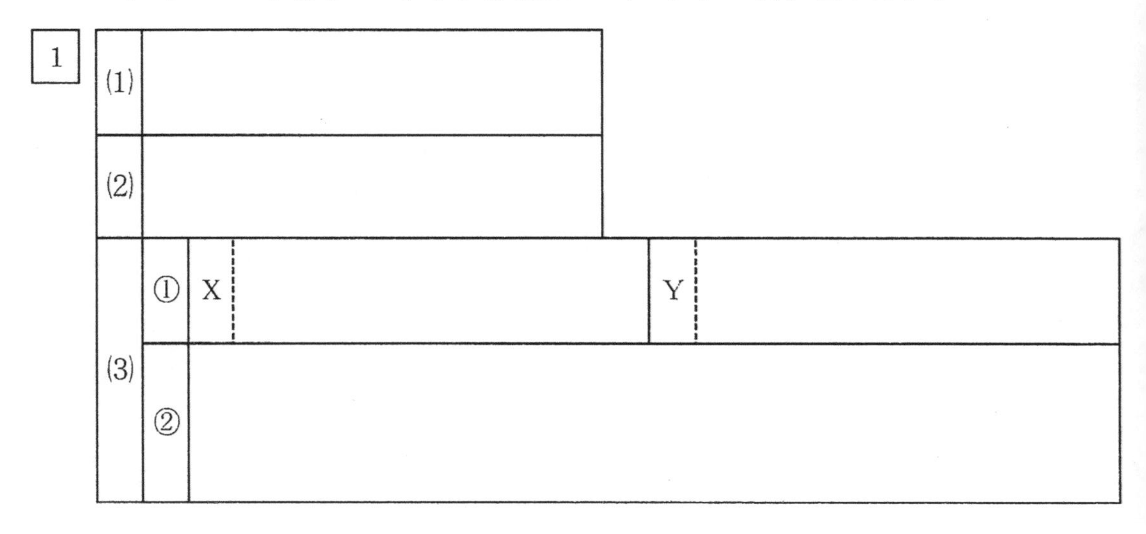


2

| | |
|---|---|
| (1) | |
| (2) | |

| 受検番号 | 得点 (配点非公表) |
|---|---|

# 令和3年度　学力検査　算数　解答用紙

**1**

| (1) | | (2) | | (3) | |
|---|---|---|---|---|---|
| (4) | | (5) | | | |
| (6) | 45° B | | | | |

**2**

| (1) | ① L | (2) | ② |
|---|---|---|---|
| (3) | ③ | | ④ |
| (4) | 問題2について考えたこと<br>計算は, $5 \div \frac{2}{3} = 5 \times \frac{3}{2} = \frac{15}{2} = 7\frac{1}{2}$<br>答えは, ペットボトル7本分になって, ジュースは $\frac{1}{2}$ Lあまる。 | | |

受検番号

得　点

（配点非公表）

# 令和三年度　学力検査　国語　解答用紙

1

(1) 大浦君が、　　を　もっていたから。

(2)

(3)

(4) 時　分

(5) から。

から。

(6)

(7)

(8) i

ii ため、「私」を中心にして書き直した。

【解答

① 4月10日～12日の15時の時点での津市の天気として，もっとも適切なものを次のア～カから1つ選び，その記号を書きなさい。

ア　10日…晴れ　11日…雨　12日…晴れ
イ　10日…くもり　11日…晴れ　12日…雨
ウ　10日…雨　11日…雨　12日…晴れ
エ　10日…晴れ　11日…晴れ　12日…雨
オ　10日…くもり　11日…くもり　12日…くもり
カ　10日…雨　11日…くもり　12日…くもり

② 次のア～ウは，4月10日～12日の15時に人工衛星でさつえいした日本広域(いき)の雲画像である。日付が早い順に，記号を並(なら)べなさい。また，並べたときにわかる雲の動きの特ちょうを書きなさい。

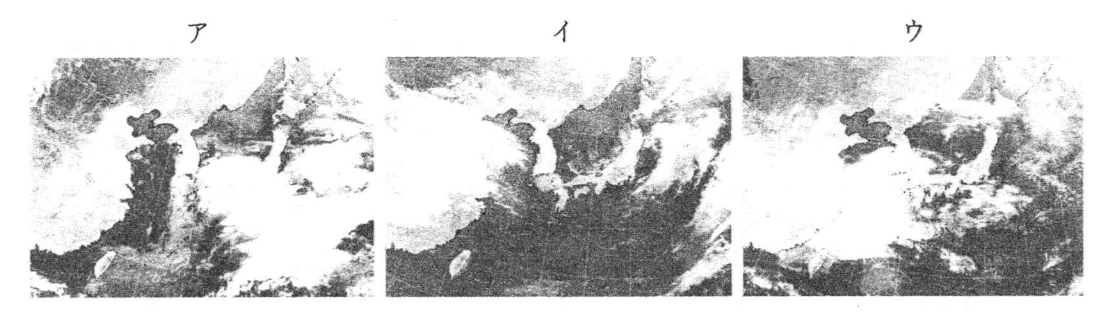


出典）日本気象協会 HP ( https://tenki.jp/)より作成.

(2) 雲や天気について述べた次のア～エの文のうち，正しいものをすべて選び，その記号を書きなさい。

ア　積乱(らん)雲は入道雲ともいい，かみなりが鳴ったり大雨を降(ふ)らせたりする。
イ　乱層(そう)雲は黒っぽい色で空一面に広がるが，雨を降らせる雲ではない。
ウ　空全体を10としたときの雲の量が8であれば，天気はくもりである。
エ　雲は，空気中の水蒸(じょう)気が冷えて水や氷の粒(つぶ)になってできたものである。



次のページへ⇒

4　中村さんが受粉にくわしい農家の鈴木さんと話をしている。
次の会話文1・会話文2・会話文3を読んで，各問いに答えなさい。

会話文1を読んで，(1)～(4)の各問いに答えなさい。

会話文1

中村さん：受粉の方法を工夫することで，食料難（なん）の地域を救うことができるって聞いたのですが，どのようにして食料難の地域を救うのですか。

鈴木さん：それは，受粉を利用した「品種改良」によって食料難の地域を救おうとしているんだ。まずは受粉の確認をしよう。

中村さん：授業では，【実験１】のようなアサガオを使った実験やヘチマを使った実験で受粉について学習しました。受粉とは（ ① ）のさきに（ ② ）がつくことでした。

鈴木さん：そうだね。受粉することで実ができるよ。リンゴなどの果物やお米などが実の部分にあたるよ。

【実験1】アサガオの受粉と実のでき方

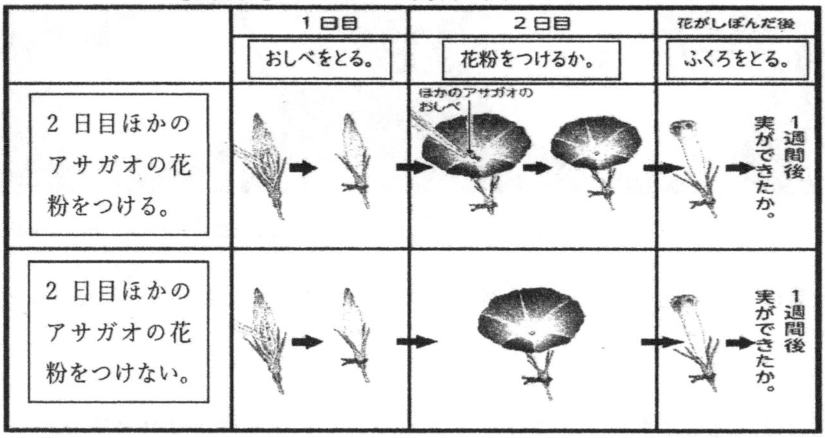

| | 1日目<br>おしべをとる。 | 2日目<br>花粉をつけるか。 | 花がしぼんだ後<br>ふくろをとる。 |
|---|---|---|---|
| 2日目ほかのアサガオの花粉をつける。 | | ほかのアサガオのおしべ | 1週間後 実ができたか。 |
| 2日目ほかのアサガオの花粉をつけない。 | | | 1週間後 実ができたか。 |

(1)（ ① ）・（ ② ）にあてはまる言葉を書きなさい。

(2) 次のア～エの条件で，【実験１】と同じように実験を行った。アサガオに実ができたものには○を，できなかったものには×をそれぞれ書きなさい。

ア　１日目つぼみの時おしべをとり，ふくろをかける。
　　２日目ほかのアサガオの花粉をつけて，ふくろをかけない。

イ　１日目つぼみの時おしべをとり，ふくろをかける。
　　２日目そのまま何もせずふくろをかけたままにする。

ウ　１日目つぼみの時おしべをとらずに，ふくろをかける。
　　２日目ほかのアサガオの花粉をつけて，ふくろをかけない。

エ　１日目つぼみの時おしべをとらずに，ふくろをかける。
　　２日目そのまま何もせずふくろをかけたままにする。

(3)　【実験１】のアサガオの実験ではおしべをとる作業があったが，ヘチマの実験では，おしべをとる作業がない。その理由を書きなさい。

(4)　【図１】のアサガオの断面図に，受粉後にアサガオの実がなる部分を，【ヘチマの断面図】にならって黒くぬりなさい。

【ヘチマの断面図】

【図１】

会話文２を読んで，次の(5)の問いに答えなさい。

会話文２

中村さん：自然の植物はどうやって受粉をしているのですか。

鈴木さん：花粉はハチやチョウなどのこん虫や風によって運ばれているんだよ。

中村さん：花粉はどんな形をしているんですか。

鈴木さん：【図2】は，アサガオの花粉をけんび鏡で観察してスケッチをしたものだよ。

【図2】アサガオの花粉

中村さん：アサガオの花粉のまわりにとげ状のものがついていますね。

鈴木さん：花粉のまわりがとげ状になっていると，花粉が運ばれるときに都合がいいんだよ。

(5)　アサガオの花粉が運ばれるとき，花粉のまわりがとげ状になっているとなぜ都合がよいのか書きなさい。

会話文３・会話文４を読んで，次の(6)・(7)の各問いに答えなさい。

会話文３

鈴木さん：受粉には，自然の力だけでなく，人の手で行われる受粉もあるよ。
中村さん：人の手で花粉をつけると確実に受粉させることができますね。
鈴木さん：それだけでなく，人の手で受粉させる理由は品種改良のためでもあるよ。
中村さん：品種改良は，社会の「米づくり」の授業で学習しました。
鈴木さん：お米を例に説明するね。日本のお米の品種改良は明治時代から始まった。当時のお米はおいしいけど，寒さに弱かった。そこで，品種改良をして，おいしくて寒さに強いお米をつくったんだよ。
中村さん：品種改良でかん境（きょう）に適応する植物がつくられるんですね。
鈴木さん：品種改良は世界中で行われていて，厳（きび）しいかん境の地域でも育つ植物がつくられているんだ。
中村さん：受粉で食料難の地域を救うという言葉の意味がよくわかりました。私もお米の品種改良について調べてみます。

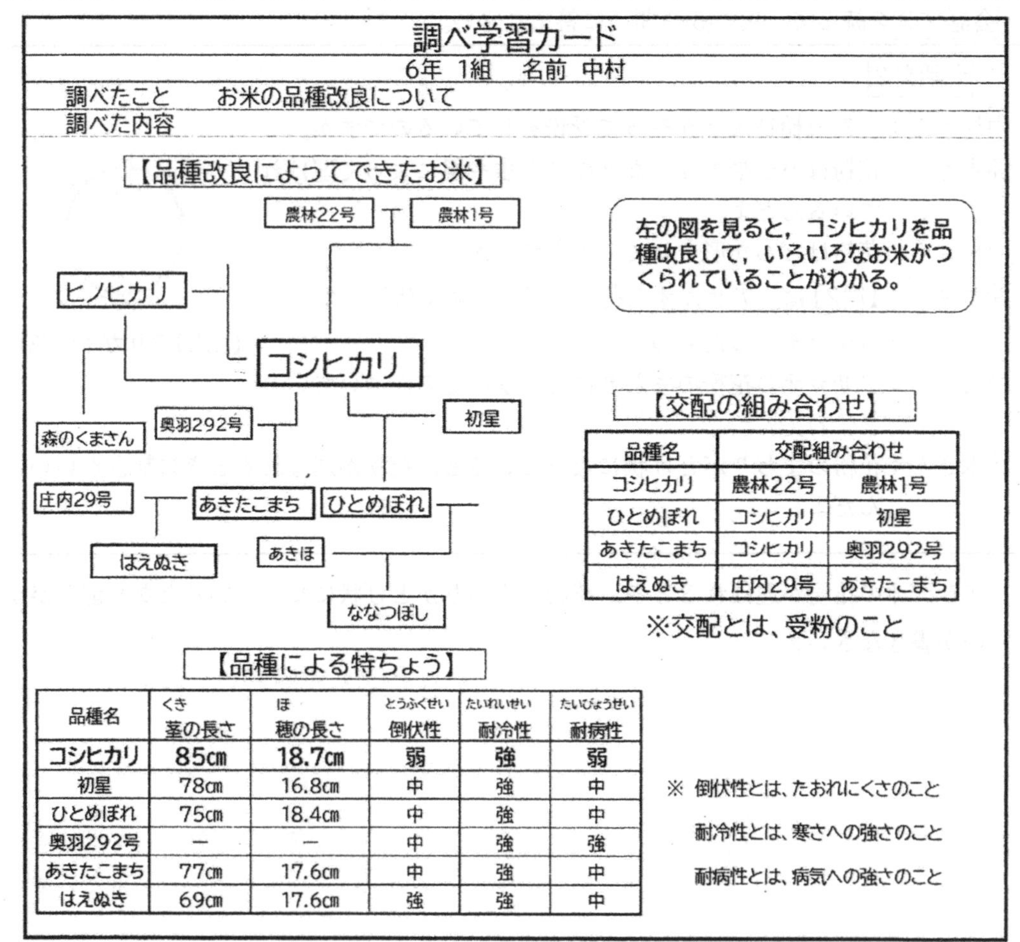

調べ学習カード

6年 1組　名前 中村

調べたこと　お米の品種改良について

調べた内容

【品種改良によってできたお米】



左の図を見ると，コシヒカリを品種改良して，いろいろなお米がつくられていることがわかる。

【交配の組み合わせ】

| 品種名 | 交配組み合わせ | |
|---|---|---|
| コシヒカリ | 農林22号 | 農林1号 |
| ひとめぼれ | コシヒカリ | 初星 |
| あきたこまち | コシヒカリ | 奥羽292号 |
| はえぬき | 庄内29号 | あきたこまち |

※交配とは、受粉のこと

【品種による特ちょう】

| 品種名 | 茎（くき）の長さ | 穂（ほ）の長さ | 倒伏性（とうふくせい） | 耐冷性（たいれいせい） | 耐病性（たいびょうせい） |
|---|---|---|---|---|---|
| **コシヒカリ** | **85cm** | **18.7cm** | **弱** | **強** | **弱** |
| 初星 | 78cm | 16.8cm | 中 | 強 | 中 |
| ひとめぼれ | 75cm | 18.4cm | 中 | 強 | 中 |
| 奥羽292号 | ー | ー | 中 | 強 | 強 |
| あきたこまち | 77cm | 17.6cm | 中 | 強 | 中 |
| はえぬき | 69cm | 17.6cm | 強 | 強 | 中 |

※ 倒伏性とは、たおれにくさのこと
耐冷性とは、寒さへの強さのこと
耐病性とは、病気への強さのこと

出典）東北農業研究センターHP（http://www.naro.affrc.go.jp/laboratory/tarc/）をもとに作成.

会話文4

鈴木さん：調べ学習をして，わかったことはありますか。

中村さん：コシヒカリとさまざまな品種を交配（こうはい）させて品種改良がおこなわれていることがわかりました。【品種改良によってできたお米】をみると，森のくまさんはコシヒカリとヒノヒカリを交配することでつくられたことがわかります。

鈴木さん：そうだね。コシヒカリはおいしくて耐冷性（たいれいせい）も強いから，品種改良に適しているといえるね。ほかにあるかな。

中村さん：【品種による特ちょう】から，ひとめぼれの倒伏性（とうふくせい）は「中」となっています。これは，倒伏性が「弱」のコシヒカリから，品種改良により（ ③ ）ことで，倒伏性を強くしたことがわかります。

(6) （ ③ ）にあてはまる内容を書きなさい。

(7) 調べ学習カードから，お米の品種改良をおこなうことにはどんな効果があるとわかるか書きなさい。



－おわり－

(2) 「よそうか」を「よす」という言葉を使わずに言いかえたものを書きなさい。

(3) 問題文[II]中の［　　　］には、「ものごとの変化の多いこと」という意味の四字熟語が入る。その四字熟語として最も適切なものを、次のア〜オから一つ選び、その記号を書きなさい。

ア　一石二鳥　イ　四方八方　ウ　十人十色　エ　千差万別　オ　千変万化

(4) 「気楽に『赤いバラを見ている』と言って済ますわけにはいかなくなり」とあるが、その理由として最も適切なものを、次のア〜エから一つ選び、その記号を書きなさい。

ア　私が見ている私自身が、本当に赤いバラを見ているかわからないから。
イ　私が、赤いバラを見ている私自身を自分の目で見て確認できないから。
ウ　私が見ている私自身が、本当に私自身かどうかを確かめられないから。
エ　私が私自身を見ようとすると、赤いバラを見ることができなくなるから。

(5) 「倒錯」の意味として最も適切なものを、次のア〜エから一つ選び、その記号を書きなさい。

ア　気持ちや考えが乱れに乱れて、すっかりおちつきをうしなうこと。
イ　思いちがいをして、事実でないものを事実のように感じてしまうこと。
ウ　正常な順序やありようをうしなってしまって、ふつうとは逆の状態になること。
エ　ある人やものごとにすっかり心をうばわれたり、それをふかく尊敬したりして、むちゅうになること。

(6) 本文の内容として正しいものを、次のア〜エから二つ選び、その記号を書きなさい。

ア　筆者は、哲学の楽しみは、日常では考えないようなことを、等身大の自分の言葉で考えることにあるとのべている。
イ　筆者は、はるか昔のとても有名なすぐれた哲学者の言葉を使いながら、はてしなく広い哲学の世界を楽しんでいる。
ウ　筆者は、哲学を知らない読者にとってはむずかしい用語を、身近な例をあげることで、わかりやすく説明している。
エ　筆者は、読者といっしょに考えていくような文章にするために、読者に語りかけるような表現を何度も使っている。

おわり

**①三重県の海洋プラスチック問題は深刻だが、海洋プラスチックの問題を三重県の多くの人は知らないし、行動もしていない。**
**②海洋プラスチックの問題を三重県の多くの人は知らないし、行動もしていないが、三重県の海洋プラスチック問題は深刻だ。**

**田中さん**：本文ほど印象は違わないね。こちらの『おまけ』もやってみたいな。

**③三重県の海洋プラスチック問題は深刻だ。しかも、海洋プラスチックの問題を三重県の多くの人は知らないし、行動もしていない。**

**鈴木さん**：うん、『しかも』を使ってみたけれど、やっぱりなんかちょっと……と感じるね。

**中村さん**：では、『だから私たちは［ 3 ］。』という一文を足してみよう。ほら、つながった。

i ［ 1 ］に入る内容を五字以内で書きなさい。

ii ［ 2 ］に入る内容を二十字以上三十字以内で書きなさい。

iii ［ 3 ］に入る内容を、次の条件に合わせて書きなさい。

〈条件〉
・言葉づかいを合わせること。
・書き出しの言葉に続けて、四十字以上、六十字以内にまとめて書くこと。なお、書き出しの言葉は字数にふくむ。
・原こう用紙の使い方にしたがって書くこと。◆から書き始め、とちゅうで行を変えずに続けて書くこと。

だから私たちは◆

※上の原こう用紙は下書き用なので、使わなくてもかまわない。
解答は解答用紙に書きなさい。

iv 水谷さんが海岸でプラスチックごみを拾ったのはいつか、日にちを漢数字で書きなさい。

次のページへ⇐

【別紙】

問題文 Ⅰ

空から落ちてくる雨粒はどのような形をしているのですか？　とたずねられたら、皆はどのように答えますか？　毎秒数メートルの速さで落ちてくる雨粒は、通常は糸を引くようにしか見えず、特殊な装置を使って観察しない限りその形を観ることはできません。それでも、よく絵本などに画いてあるように、らっきょうのような形と想像する人もいるでしょうし、水滴としての性質上、球形をしているはずだと考える人もいるでしょう。しかし、小さめの雨粒は球形であっても、少し大きい雨粒は［ 1 ］の形をして落ちてくるときいたら、驚くのではないでしょうか。

（中略）

雨粒が落ちる速さ

普通半径が０・１ミリ以上の水滴が雨粒とよばれます。その理由は、この大きさ以上になると、落下速度が雲の中を上昇する空気の速さよりも大きくなるため雲から落ち始めることと、落ちてくる間に雲の下で蒸発して消えてしまうことが少なくなるからです。

宇宙の無重力実験で、かなり大きな水滴が球形で浮かんでいるのを写真やテレビでみた人もいると思います。液体である水滴は、構成している水分子が互いに引っ張り合う力（表面張力）の結果として、少しでも表面積を小さくし

半径３ミリ以上の大きな雨粒が降ることはほとんどありません。

【図２】落下する大きな雨粒の形の変化

以前、豪雨についてのテレビの実況レポートでピンポン玉のように大きな雨粒が降ってきますと言っていましたが、そういうことはありません。まんじゅうの形をして落ちてくる大きな雨粒は、更に大きくなるとより平べったくなり、その形も保てなくなって、図２にみられるように③王冠状になり、ついには分裂してしまいます。この時、雨粒は多数の小さい水滴に分かれますが、王冠のへりにあたるところはやや大きめの水滴に分かれ、冠状に覆っている水膜は小さい水滴に分かれる傾向にあります。このような雨粒の分裂は、地球の引力のもとに高速で落ちてくる雨粒が、空気の粘性や密度に関係する抵抗力を受ける中で、水の表面張力の強さにも依存した変形の結果として起こるわけですから、半径３ミリ近くになると分裂する、あるいは半径３ミリ以上の雨粒は存在しないということは、まさに地球上の雨の特徴です。

雨粒の分裂は、半径２・５ミリ以上になると起こるようになり、雨粒が大きくなるにつれてその確率が高くなります。落下してくる雨粒のまわりにはさまざまな空気の乱れがあり、それに応答して雨粒の形がいろいろと変形します。

② N先生の試験は難しいけど、でも授業は面白い。

どうだろう。①は、「難しいからとる※1のはよそうか」となりそうなところであり、②は、「面白いからとろうか」となりそうな感じである。

さらに、同じ逆接の接続表現でも「ただし」を使うと、また伝わる内容が変わる。「N先生の授業は面白い。ただし、試験は難しい。」これだと、「授業とろうか、だけど、試験は覚悟しとかなくちゃね」という感じになる。

おまけ。「N先生の授業は面白い。しかも試験は難しい。」これはどうです？　ありえない？　そう、ふつうだったらこのつなぎ方はおかしい。だけど、こう言えちゃう場面も考えることはできる。このあとに、「だから、授業中寝ている学生は一人もいないんだ」と続ける。ほらね、つながった。

つなぎ方でこんなに変わる。もっと複雑な文章だと、本当につなぎ方で［　　　］することになる。まことに、難しい。難しいけれど、面白い。

※1 とる　大学では授業を自分で選ぶことができる。その授業を選ぶことを「とる」と表現する。

になる。

さらに、哲学は新しい見方・新しい考え方を提示する。例えば赤いバラを見ているときに、それを見ている私自身を私は見ることができない。このことを問題にしはじめると、②気楽に「私は赤いバラを見ている」と言って済ますわけにはいかなくなり、この「私」をどう言い表わすかで苦慮※5することにもなる。おそらく冒頭のレヴィナスの言葉も、既存※6の言葉では表現できない何かを示そうとしているのだろう。

だが、困ったことに、そんな難解な哲学の文章に触れるとかっこいいと思ってしまうのだ。しかもそのかっこよさだけに酔ってしまう。それは、しかし、③倒錯である。

（野矢茂樹『哲学な日々―考えさせない時代に抗して』講談社　二〇一八年）

※2 哲学　人生や世界、ものごとの基本となることを追究し、研究する学問。
※3 駆使　自分の思い通りに使うこと。
※4 微細　とてもこまごましている。
※5 苦慮　うまくいかないことについて、いい方法はないかとあれこれ思いなやむこと。
※6 既存　すでに存在していること。

【別紙】

問題文 Ⅱ

## 33 つなぎ方しだい

文章というのは、たんに一つ一つの文の寄せ集めではない。それらの文をどうつなぐかによって、伝わる内容も大きく変わってくる。

一つ単純（じゅん）な問題を出してみよう。「N先生の授業は面白い」と「N先生の試験は難（むずか）しい」という二つの内容をもつ文章を書いてください。

まず、そのままつないでみよう。「N先生の授業は面白くて、試験は難しい。」――なんかちょっと……と思った人は、つなぎ方に関して敏（びん）感。「授業が面白い」はプラスのことだが、「試験が難しい」は学生にとってマイナスのことだろう。主張の方向が逆である。だとすれば、「しかし」のような逆接の接続表現でつなぐのがよい。

だが、逆接でつなげるにしても、どの順番でつなげるかによって伝わるものが違（ちが）ってくる。次の二つ、読

## 46 哲学（てつがく）の言葉

※2哲学の本を開くと、ときに訳（わけ）の分からない言葉が並（なら）んでいる。「顔は、内容となることを拒絶（きょぜつ）することでなお現前している。その意味で顔は、理解されえない、言い換（か）えれば包括（ほうかつ）されることが不可能なものである。」（エマニュエル・レヴィナス／熊野純彦訳（くまのすみひこやく））

分かりますか？　正直に言って、私（わたし）には分からない。え、それでも哲学者かって？　とほほ。これでも哲学者なんだけどなあ。私はといえば、難解（なんかい）な用語や言い回しを※3駆使（くし）しない。というか、駆使できない。

哲学の問題というのは本当に難しいので、身の丈（たけ）に合った問題へと切り崩（くず）していかなければ、自分で考えることができない。私の場合、哲学の楽しみは偉（い）大な哲学者の肩（かた）に乗って遥（はる）か遠くを見やることにあるのではなく、ちっぽけでも自分の頭で考えることにある。そのためには、等身大の自分の言葉を使うしかない。

とはいえ、やはり哲学の言葉はどうしたって難しくならざるをえない。哲学の議論（ろん）はしばしば日常生活では意識しないような※4微細（びさい）な区別に立ち入らねばなら

れら二つの力がつりあった状態で落ちてきます。この速さを終端落下速度といいます。①図1に雨粒の大きさと終端落下速度の関係を示します。重力は重さのことですから、雨粒が大きくなれば、当然、雨粒を引っ張る重力も大きくなるはずです。つまり、速さも大きくなっていそうですが、面白いことに、終端落下速度は雨粒がある程度以上大きくなると、毎秒約9メートルと、ほぼ同じ速さになっています。言いかえると、同じ落下速度でも、大きい雨粒ほど抵抗力が大きいというわけです。実は雨粒が大きくなると、空気の抵抗力を受ける中で表面張力では球形を保てなくなり、下面が平らなまんじゅうの形がますます変形してしまうのです。

空気中を落下してくるものは、空気からの抵抗力が大きくなるような姿勢を保ちながら落ちてくる性質があります。大きな雨粒も同じで、まんじゅうの形をほぼ水平に保ちながら落ちてきます。決して、らっきょうのような形で落ちてくるのではありません。それにしても、毎秒約9メートルの速さで落ちてくるのですから、人間の眼でまんじゅうの形を見分けることは実際にはできませんね。

2

図1で、②半径3ミリ（まんじゅうの形の雨粒と同じ体積の球の半径）以上の雨粒が示されていないことに注意してください。実は、地球上では無重力実験でみられるような

いう現象は、それだけで終わらないことが面白いところです。

後の章で詳しく述べますが、小さな雲粒で構成されている雲から効率よく早く雨が降るためには、ある程度以上に④大きな水滴が雲の中に存在することが必要です。大きな雨粒が分裂してできた多数の⑤小さな水滴が再び雲の中に入っていくならば、それらをもとに雲の中で効率よく雨粒ができることになります。このような雨の降り方を連鎖反応と言います。分裂するような大きな雨粒がつくられること、分裂の結果できた多数の水滴が上昇する空気と共に再び雲の中に、あるいは隣の雲の中に入っていくことなどの条件が整えば、まるで鎖がつながっているように次々と雨が効率よくつくられていく反応が起こるということです。台風の目の壁付近では雲がぎっしりと並び、大きな雨粒を伴って激しく雨が降っていますが、雨滴形成の連鎖反応が起こっていると考えられます。

問題作成上の都合により、本文と図を一部省略した。

（武田喬男『雨の科学』講談社学術文庫 二〇一九年）

**2** 【別紙】問題文**Ⅱ**の文章を読んで、次の各問いに答えなさい。（決められた字数で答える問いは、句読点・記号も字数にふくむ。）

(1) 次の会話文をよく読んで、あとの問いに答えなさい。

**【一月十八日の朝の会話】**

**鈴木さん**：「逆接」って、どういう意味かな。

**中村さん**：「しかし」のように、「前の文から予想されないことや、反対のことが後ろに来る」ようなつなぎ方だよ。

**水谷さん**：調べてみたら、実は「ただし」はもともと、逆接とはちがったはたらきの言葉だったよ。

**鈴木さん**：でも今回のように、「しかし」や「でも」でなくても、反対の内容の文をつなげることがあるんだね。言葉って面白いね。

**田中さん**：「おまけ」のように「ただし」を「しかも」に変えるなら、ふつうは「しかも試験は［ 1 ］。」となるはずだよね。

**水谷さん**：私はまだ、「ほらね、つながった」って、何がどうつながったのか、はっきりわからないよ。

**中村さん**：N先生の授業は、面白いから寝ない。しかも試験が難しくて、［ 2 ］から寝ない。両方とも寝ない理由になるから、文章として成り立っているということだよ。

**鈴木さん**：そういえば、昨日の帰り道の会話で同じようなことを考えていたんだ。

**【昨日の下校中の会話】**

**水谷さん**：昨日、海岸のプラスチックごみを拾う活動に参加したんだ。とてもたくさんのプラスチックごみが落ちていて驚いたよ。

**鈴木さん**：私は海岸のごみ拾いには参加したことがないな。初めて聞いたけれど、みんな参加したことがあるのかな。

**田中さん**：私も聞いたことがないな。きっと三重県でも多くの人は、その問題を知らないし、行動もしていないんだろうね。

**中村さん**：海のプラスチックごみのなかには、一つ一つ拾えないほど小さいマイクロプラスチックもあって、それを食べた生き物への影響も心配されているんだ。この三重県の海洋プラスチック問題は新聞でも取り上げられるほど深刻なんだよ。

**鈴木さん**：よし、今度みんなで何かできることを考えてみよう。

**水谷さん**：このときの会話の内容を本文のようにまとめてみると、こうなるね。

(4) 本文中の「王冠[③]」に、最も形が近いものを次のア～ウから一つ選び、その記号を書きなさい。

ア

イ

ウ

(5) 「大きな水滴[④]」「小さな水滴[⑤]」の具体的な大きさを、問題文中の書き方に合わせてそれぞれ九字で書きなさい。

(6) [2] に入る小見出しとして、適切な言葉を問題文中から五字でぬき出して書きなさい。

(7) 次のｉ～ⅳの各文を読んで、問題文[Ⅰ]の内容に合っていれば「○」を、合っていなければ「×」を書きなさい。

ｉ 毎秒数メートルの速さで落ちてくる雨粒を、特殊な装置を使って観察すると、らっきょうの形をしている。

ⅱ 雲から落ち始めた雨粒が半径０・１ミリより大きい場合でも、落ちてくる間に蒸発して消えることがある。

ⅲ 地球上でも、台風の目の壁付近に雲が並んでいるときは、半径３ミリ以上の大きな雨粒が降ることがある。

ⅳ 地球上の雨粒の大きさを、同じ体積の球に置きかえて表すと、半径が０・１ミリ以上、３ミリ未満になる。

(8) 問題文[Ⅰ]の文章の書き方の工夫について、適切でないものを次のア～エから一つ選び、その記号を書きなさい。

ア 読者に興味や関心を持ってもらうために、疑問の形から文章を書きはじめている。

イ 読者が親しみやすいように、しゃべり言葉を使って気軽なふんいきを生んでいる。

ウ 身近なものをたとえに使って、専門的な内容をわかりやすく伝えようとしている。

エ 身近な現象について考える内容からはじめ、そのあと専門的な内容に続けている。

次のページへ⇐

**1** 【別紙】問題文**Ⅰ**の文章を読んで、次の各問いに答えなさい。

(1) 　1　 に入る言葉を、問題文中から五字でぬき出して書きなさい。

(2) ①図1で示されるべきグラフとして、正しいものを次のア～エから一つ選び、その記号を書きなさい。ただし、横軸の半径は、雨粒を球形とした時の半径とする。

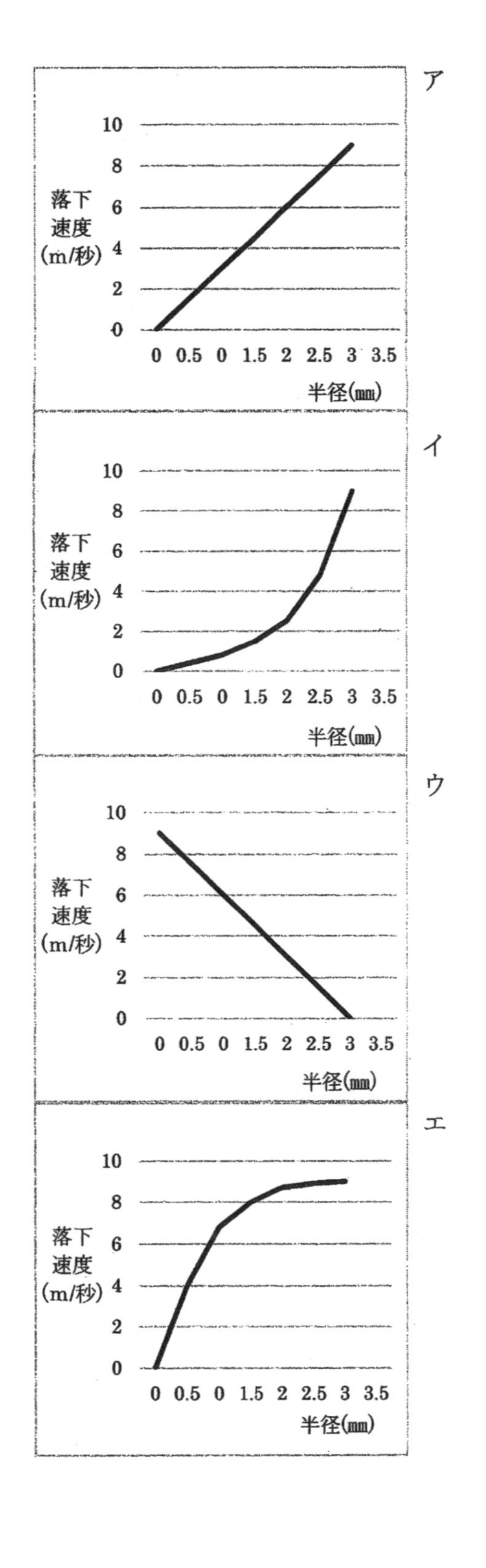


(3) 「②半径3ミリ以上の雨粒が示されていない」のはなぜか、「から」が後に続くように、問題文中から十六字でぬき出して書きなさい。

令和二年度　学力検査　問題用紙

# 第一検査

# 国語

（九時二十分～十時、四十分間）

【注意】

一、開始の合図があるまで、冊子を開いてはいけません。
二、答えは、すべて解答用紙に書きなさい。
三、問題は、1ページから5ページまで、印刷してあります。
　なお、問題用紙の他に【別紙】があり、Ⅰ・Ⅱの問題文が印刷してあります。
四、解答用紙には、黒えんぴつ（シャープペンシル不可）を使い、濃く、はっきりと、解答らんからはみ出さないように書きなさい。また、消すときは消しゴムできれいに消しなさい。
五、開始の合図で、解答用紙の決められた場所に、受検番号を書きなさい。
六、問題を読むとき、声を出してはいけません。
七、終了の合図で、すぐに筆記用具を置きなさい。
八、決められた字数で答える問いは、句読点・記号も字数にふくむものとして答えなさい。
九、漢字は省略せずていねいに書きなさい。

三重大学教育学部附属中学校

令和２年度　学力検査　問題用紙

## 第２検査

（10：15～10：55　40 分間）

【注意】

1．開始の合図があるまで，冊子を開いてはいけません。
2．答えは，すべて解答用紙に書きなさい。
3．問題は，１ページから８ページまで，印刷してあります。
4．解答用紙には，黒えんぴつ（シャープペンシル不可）を使い，濃く，はっきりと，解答らんからはみ出さないように書きなさい。
　また，消すときは消しゴムできれいに消しなさい。
5．開始の合図で，解答用紙の決められた場所に，受検番号を書きなさい。
6．問題を読むとき，声を出してはいけません。
7．終了の合図で，すぐに筆記用具を置きなさい。
8．円周率を用いて計算するときには，3.14 を用いなさい。
9．作図に用いた線は，消さずに残しておきなさい。
10．比を答えるときには，もっとも簡単な整数の比で書きなさい。分数を答えるときには，分子・分母をもっとも簡単な整数を用いて書きなさい。

三重大学教育学部附属中学校

1 次の問いに答えなさい。(1)～(3)については，□にあてはまる数を，それぞれ答えなさい。(4)～(6)については，その問いの指示にしたがって答えなさい。

(1) $24 + 12 \div 2 \times 3 =$ □ である。

(2) $\dfrac{8}{9} - \dfrac{7}{8} =$ □ である。

(3) 半径4cmの円の円周を4等分する点をとる。このとき色のついた部分の面積は □ cm² である。
ただし，円周率を3.14とする。

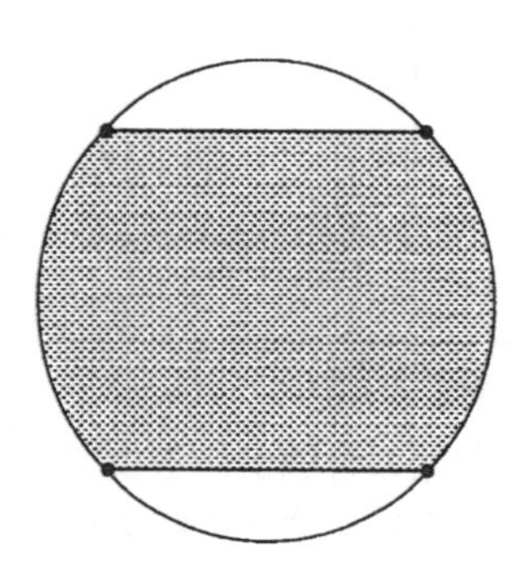

(4) あるスーパーは，Aという商品をいくらかの原価で仕入れ，その商品に20%の利益を見込んで定価をつけた。一日目はそのまま定価で売ったが，売れ残ったので二日目は定価から2割引いて1個528円で売り出し，すべて売り切れた。原価を求める式を，次のア～エから1つ選び，その記号を書きなさい。

ア $528 \times \dfrac{120}{100} \times \dfrac{80}{100}$

イ $528 \times \dfrac{100}{80} \times \dfrac{100}{120}$

ウ $528 \times \dfrac{120}{100} \times \dfrac{100}{120}$

エ $528 \times \dfrac{100}{80} \times \dfrac{80}{100}$

(5) 次の文を読み，日本国内の全発電量の内訳を表す図として適切なものを，次のア〜エから１つ選び，その記号を書きなさい。

> 2018 年の日本国内の全発電量における，再生可能エネルギー（「水力」「太陽光」「その他自然」）の割合は 17.4%で，そのうち「太陽光」の割合がおよそ 37.4%である。
>
> 出典）環境エネルギー政策研究所「自然エネルギー白書２０１８/１０１９サマリー版」をもとに作成.

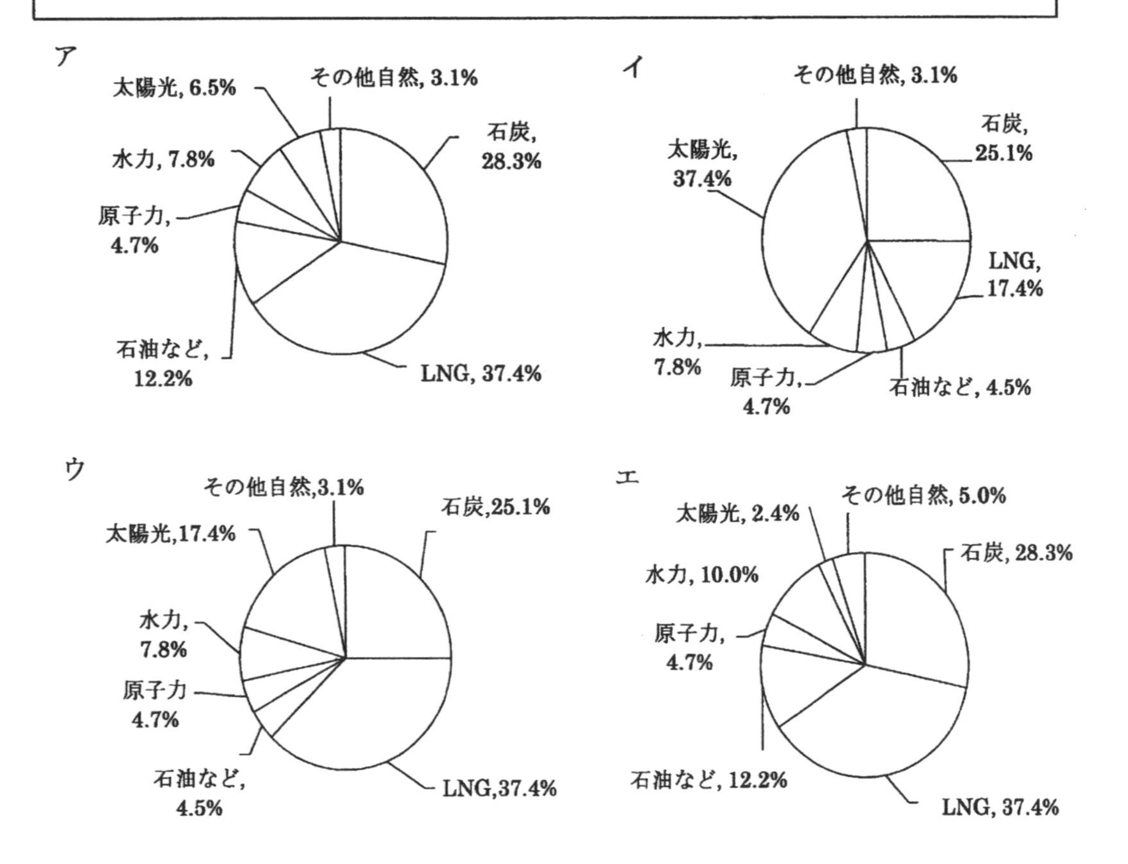


(6) 中村さんと鈴木さんと山本さんの３人は，それぞれが他の２人と等しい距離になるように位置を決めたい。中村さんの位置を点A，鈴木さんの位置を点B，山本さんの位置を点Cとする。図のように点A，Bの位置を決めたとき，点Cの位置をすべてとりなさい。

ただし，図をかくときにはコンパスを使い，用いた線は消さずに残しておきなさい。

● A

● B

次のページへ⇒

2 中村さんは，【図１】のような，たて30㎝，横60㎝，高さ20㎝の水そうを用意した。図の位置の蛇（じゃ）口から，毎秒120㎤の割合で水を注ぐ。また，水の深さをはかるため，図の位置に水位計を設置した。次の問いに答えなさい。

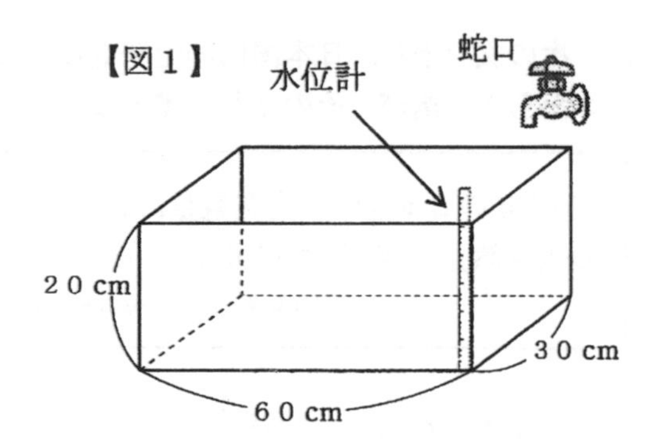


(1) 水を入れ始めてから，水そうが満水になるのは，何秒後か書きなさい。

次に，中村さんは水そうで２種類の生き物を飼うために，その水そうを【図２】のように底面に対して垂直になるように板で仕切ることにした。【図３】は，板で仕切った水そうに水を注いだときの，水位と時間の関係を表したグラフである。
なお，板のたての長さは20㎝より小さく，横の長さは30㎝，厚みは考えないものとする。

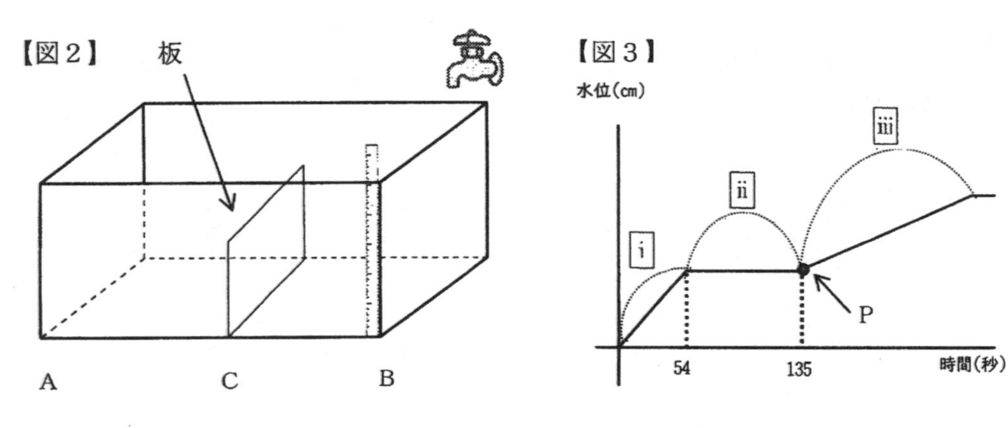


(2) 【図３】のグラフのiiについて，水平になっている理由を書きなさい。

(3) 下の文章は，【図３】のグラフのiとiiiを比べて分かることについてまとめたものである。①～③にあてはまる語句の組み合わせとして適切なものを，表のア～エの中から１つ選び，その記号を書きなさい。

iの方がiiiより，水位は（　①　）上昇する。　iでは（　②　）に水が注がれ，iiiでは（　③　）に水が注がれることになるからである。

| | ① | ② | ③ |
|---|---|---|---|
| ア | 速く | 仕切られたＢＣ側 | 水そう全体 |
| イ | 速く | 水そう全体 | 仕切られたＢＣ側 |
| ウ | おそく | 仕切られたＢＣ側 | 水そう全体 |
| エ | おそく | 水そう全体 | 仕切られたＢＣ側 |

⑷　【図３】の点Ｐは，水を入れ始めてから135秒後の水位を表している。このときの水の容量は，ある直方体の体積と同じである。その直方体を下のア～エから１つ選び，その記号を書きなさい。

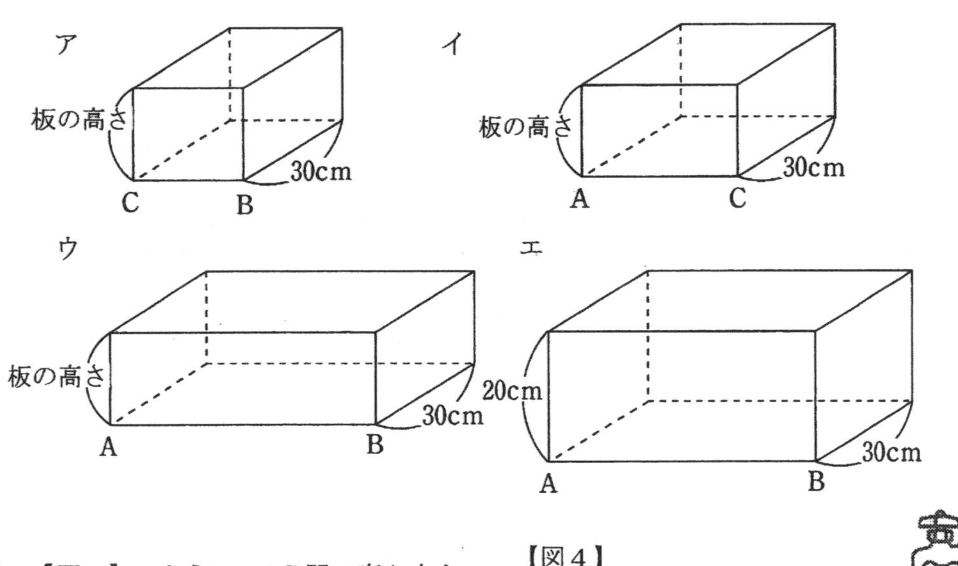


⑸　【図４】のように，AC間の真ん中を，１枚目の板より，たてが５cm高い板で仕切った。ここに，同じように毎秒120 cm³の割合で蛇口から水を注ぐ。その時の水位と時間を表したグラフはどれか。下のア～エから１つ選び，その記号を書きなさい。なお，２枚目の板も，たての長さは20 cmより小さく，横の長さは30 cm，厚みは考えないものとする。

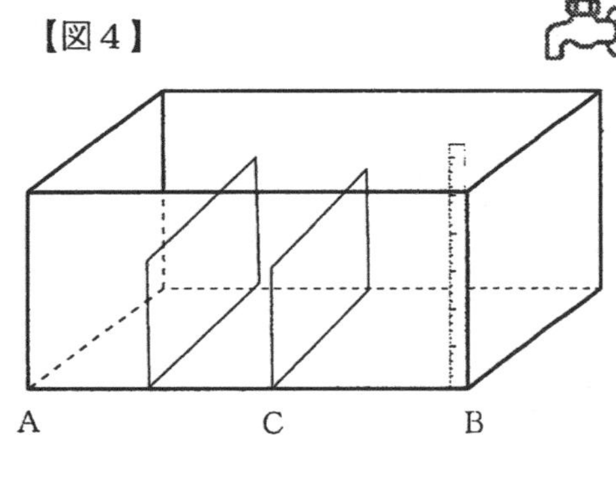


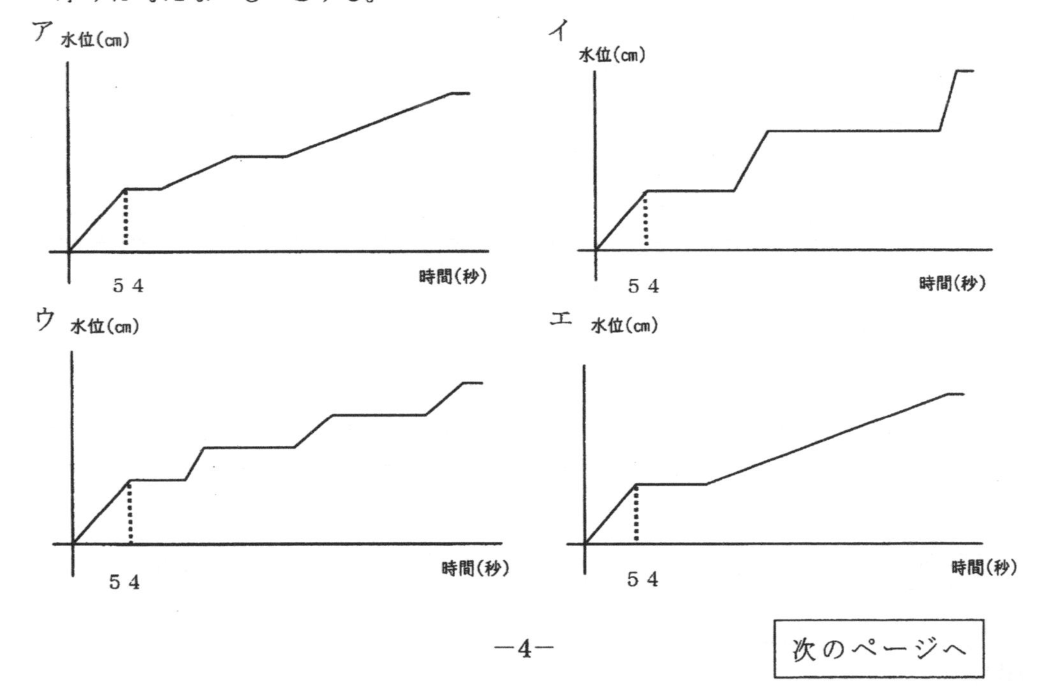




次のページへ

3 鈴木さんと田中さんは，３種類の電球を使用するときにかかる費用のちがいと，環境へのえいきょうについて調べた。資料と会話文を読んで，次の問いに答えなさい。

【資料１】

| | 白熱電球 | けい光ランプ | ＬＥＤランプ |
|---|---|---|---|
| 価　格 | 100円 | 1000円 | 2500円 |
| 寿　命 | 1000時間 | 6000時間 | 40000時間 |
| 消費電力 | 54W | 12W | 8W |

出典）資源エネルギー庁「省エネ性能カタログ2017冬」をもとに作成.

※消費電力とは…機器を動かすときに使われるエネルギーのこと。単位はW(ワット)。

会話文Ⅰ

鈴木さん：【資料１】から価格について比べてみよう。ＬＥＤランプはとても高いね。
田中さん：でもそれぞれ寿命があるから，白熱電球はすぐ取りかえる必要があるよ。
鈴木さん：白熱電球とけい光ランプをそれぞれ6000時間使用することを考えてみよう。
6000時間使用するためには，
白熱電球・・・購入個数６個　⇒　600円
けい光ランプ・・・購入個数１個　⇒　1000円
となり，購入金額を比べると白熱電球の方が400円安いね。

(1) 会話文Ⅰを読んで，白熱電球とＬＥＤランプをそれぞれ40000時間使用するための購入金額を比べたとき，どちらの電球の方がいくら安いか書きなさい。

会話文Ⅱ

鈴木さん：電球の価格だけでなく電力会社に支はらう電気料金についても考えてみよう。
田中さん：電気料金は下の【例１】のように求めることができるみたい。

【例１】＜ＬＥＤランプを100時間使用するときの電気料金の求め方＞
消費電力1Wの機器を１時間使用するときの電気料金を0.027円とすると，
0.027(円)×８(W)×100(時間)＝21.6(円)

鈴木さん：【例１】をもとにけい光ランプを100時間使用したときの電気料金を求めよう。

＜鈴木さんの求め方＞
式　0.027×12×100＝32.4(円)
理由【例１】の条件で変わるのは　A　だけだから。

＜田中さんの求め方＞
式　B　＝32.4(円)
理由 消費電力と電気料金の比は，ＬＥＤランプでもけい光ランプでも等しいから。

(2) 会話文Ⅱを読んで，A にあてはまる言葉，B にあてはまる式を書きなさい。

(3) 鈴木さんは，白熱電球を 10000 時間使用するときにかかる費用を下の【例２】のように考えた。けい光ランプとＬＥＤランプをそれぞれ 10000 時間使用するときにかかる費用を比べたとき，どちらの電球の方がいくら安いか書きなさい。

【例２】＜白熱電球を 10000 時間使用するときにかかる費用の求め方＞
寿命 1000 時間より，白熱電球の購入個数 10 個 ⇒ 100×10＝1000(円)
電気料金 ⇒ 0.027×54×10000＝14580(円)
合計 1000＋14580＝15580(円)

会話文Ⅲ

鈴木さん：消費するエネルギーが少なくなると，排出する二酸化炭素の量が減り，地球温暖化防止につながるよ。私たちに何かできることはないかな。

田中さん：自分の部屋の電球で，「１ヶ月で１kg二酸化炭素を減らす」ことを目標に，下の【資料２】を使って調べてみよう。

【資料２】 二酸化炭素排出量(ｇ)＝消費電力(Ｗ)×使用時間(時間)×0.5

出典）ツバルの森「CO2 排出量を計算してみる」をもとに作成.

鈴木さん：私は電球の種類を変えたらどれくらい減らせるか考えてみるね。

田中さん：私は使う時間を減らしたらどれくらい減らせるか考えてみるよ。

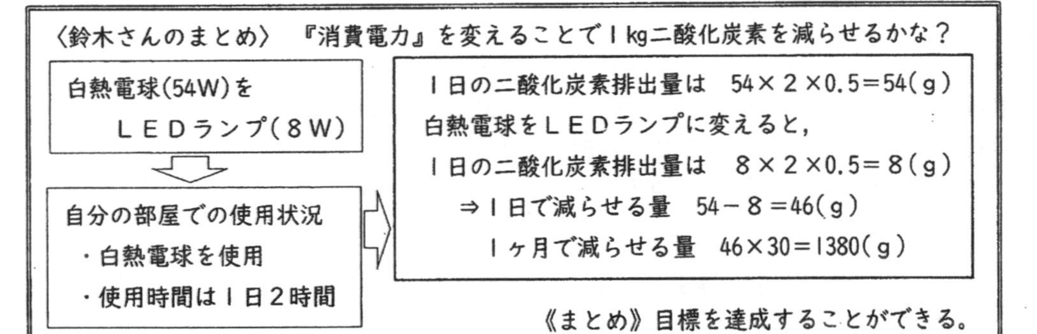

〈鈴木さんのまとめ〉 『消費電力』を変えることで１kg二酸化炭素を減らせるかな？
白熱電球(54W)を
ＬＥＤランプ(８Ｗ)
自分の部屋での使用状況
・白熱電球を使用
・使用時間は１日２時間
１日の二酸化炭素排出量は 54×２×0.5＝54(ｇ)
白熱電球をＬＥＤランプに変えると，
１日の二酸化炭素排出量は ８×２×0.5＝８(ｇ)
⇒１日で減らせる量 54－８＝46(ｇ)
１ヶ月で減らせる量 46×30＝1380(ｇ)
《まとめ》目標を達成することができる。


(4) 会話文Ⅲと〈鈴木さんのまとめ〉を読んで，下の＜田中さんのまとめ＞のア～エにあてはまるものを書きなさい。ただし，１ヶ月を 30 日として計算すること。

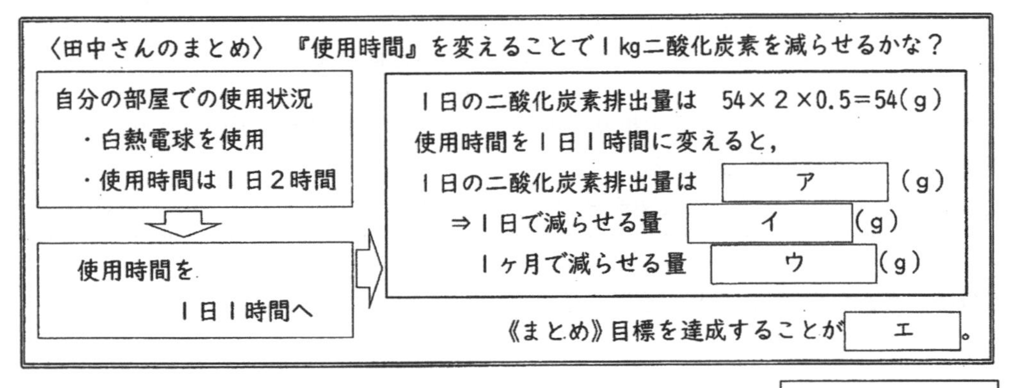

〈田中さんのまとめ〉 『使用時間』を変えることで１kg二酸化炭素を減らせるかな？
自分の部屋での使用状況
・白熱電球を使用
・使用時間は１日２時間
使用時間を
１日１時間へ
１日の二酸化炭素排出量は 54×２×0.5＝54(ｇ)
使用時間を１日１時間に変えると，
１日の二酸化炭素排出量は ア (ｇ)
⇒１日で減らせる量 イ (ｇ)
１ヶ月で減らせる量 ウ (ｇ)
《まとめ》目標を達成することが エ 。


次のページへ⇒

4 水谷さんと田中さんは，高さ10cmのかべで囲まれた，たて120cm，横240cmの長方形ＡＢＣＤの台の上で，球を棒(ぼう)で突(つ)いて穴(あな)に入れるゲームをしている。【図５】のような台の上で，点Ｐは点Ｃから60cmのところにある点である。その点Ｐから球を突き始めることとする。球は【図５】のようにあたったときと同じ角度ではね返る。ただし，球の大きさや棒で突く強さは考えず，球はと中で止まらないものとする。２人は，次の３つの条件で穴に入る場合について考えている。次の問いに答えなさい。

【図５】

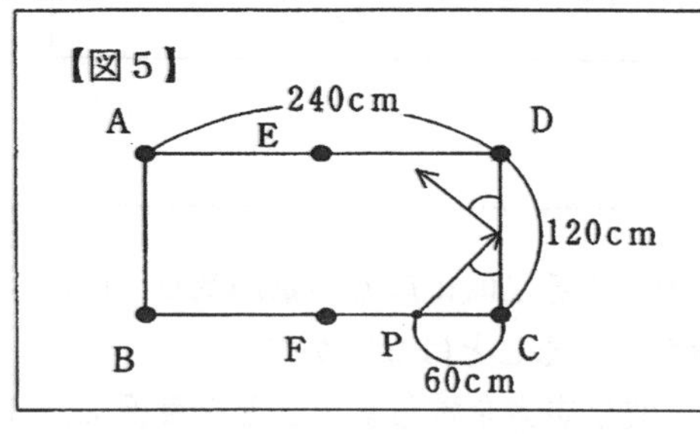


・点Ｅ，Ｆは，辺ＡＤ，ＢＣの真ん中の点とする。
・穴は６か所あり，点Ａ～Ｆにあるものとする。

<条件１>【図６】のように，点Ｐから球を突き，辺ＡＤ上の点Ｑで１回はね返らせて，点Ｂにある穴に入れる。

【図６】

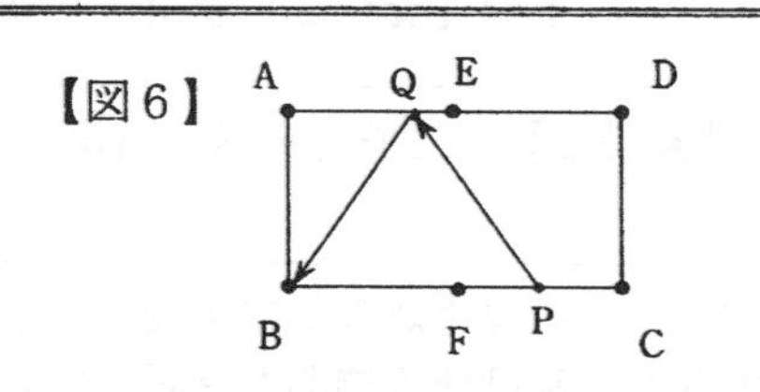


２人は，点Ｑの位置を辺ＡＤ上のどこにするとよいか，次のように考えています。

**水谷さんの考え**

直線ｍ（点Ｑを通り，辺ＡＢ，辺ＣＤに平行な直線）を折り目として２つに折り，ぴったり重なる三角形とあわせて二等辺三角形ＱＢＰを考える。球が通るあとは直線ＰＱ，直線ＱＢになる。

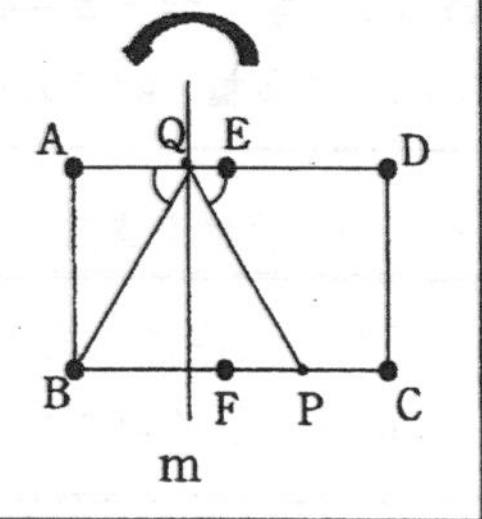


**田中さんの考え**

直線ｎ（辺ＡＤをふくんだ直線）を折り目として２つに折り，長方形ＡＢＣＤとぴったり重なる長方形を考える。球が通るあとは点Ｐ，Ｑ，Ｂを通る一直線になる。

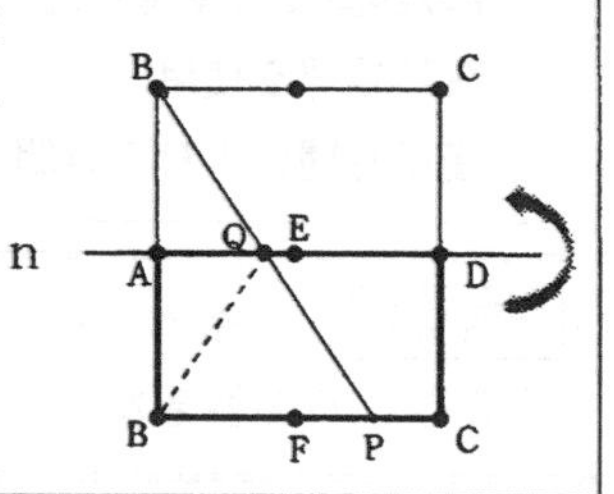


(1) ２人の考えについて，次のア，イにあてはまる言葉を書きなさい。

どちらの考えも，１本の直線を折り目として折り，折り目の両側がぴったり重なる図形を用いて考えようとしている。
このような図形を（ ア ）な図形という。また，折り目の直線を（ イ ）という。

(2) 点Ｑは，点Ａから何cmのところにするとよいか書きなさい。

＜条件2＞点Pから球を突き，辺CD，辺AD，辺ABの順に3回はね返らせて，点Fにある穴に入れる。

2人は，2回以上はね返る場合は，水谷さんの考えでは難しいので，田中さんの考えで考えることにした。＜条件2＞は，【図7】にある直線iとして表すことができる。

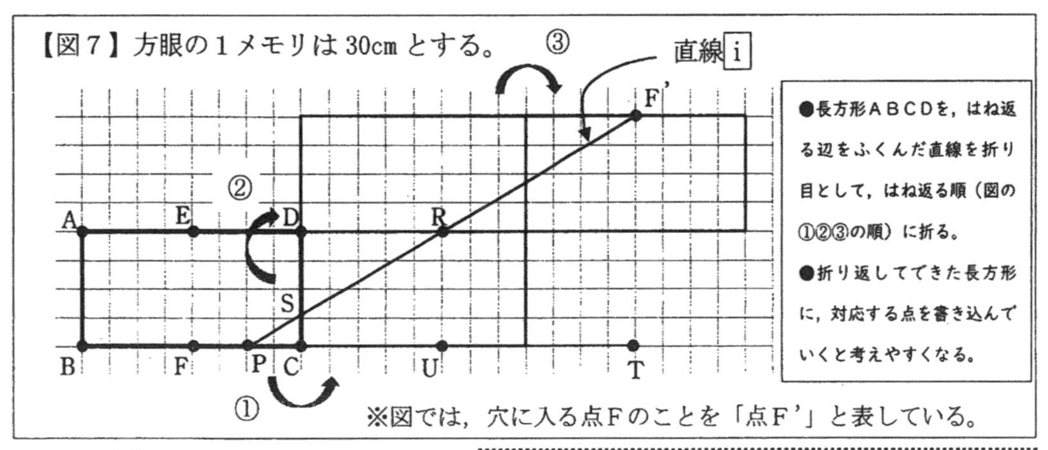

③
直線i
F'
②
A
E
D
R
S
B
F
P
C
U
T
①
●長方形ABCDを，はね返る辺をふくんだ直線を折り目として，はね返る順（図の①②③の順）に折る。
●折り返してできた長方形に，対応する点を書き込んでいくと考えやすくなる。

【図7】方眼の1メモリは30cmとする。
※図では，穴に入る点Fのことを「点F'」と表している。

(3) 直線i上にある点Rは，辺ADではね返った点を表している。
右の［点線の枠］は，「点Rは点Dから何cmのところにある点になるのか」考えたものである。次のア～ウにあてはまる数を書きなさい。

・直角三角形PURは，直角三角形PTF'を（　ア　）に縮小したものである。
・PUの長さはPTの（ア）なので，
　PU＝（　イ　）cmになる。
・PUからPCをひいた長さは，CUの長さになるので，点Rは点Dから（　ウ　）cmのところにある点になる。

(4) 直線i上にある点Sは，辺CDではね返った点を表している。点Sは点Cから何cmのところにある点になりますか。解答用紙の＜考え方＞を完成させなさい。
ただし，割り切れない場合は，小数第2位を四捨五入して書きなさい。

＜条件3＞点Pから球を突き，長方形の4つの辺AB，BC，CD，DAで，1回ずつはね返らせて，どこかの穴に入れる。

(5) 解答用紙にある直線ii，iiiの考えは，いずれもこの条件で穴に入るものではありません。その理由を，次のア～エから1つずつ選び，その記号を書きなさい。

ア　2回しかはね返っていないから。　　イ　3回しかはね返っていないから。
ウ　同じ辺で2回はね返っているから。　エ　途中で穴に入っているから。

(6) ＜条件3＞にしたがってどこかの穴に入る場合を，【図7】をヒントにして，**2通り**考え，解答用紙に直線で表しなさい。

－おわり－

令和２年度　学力検査　問題用紙

第３検査

(11:10～11:40　30分間)

【注意】

1．開始の合図があるまで，冊子を開いてはいけません。
2．答えは，すべて解答用紙に書きなさい。
3．問題は，１ページから１０ページまで，印刷してあります。
4．解答用紙には，黒えんぴつ(シャープペンシル不可)を使い，濃く，はっきりと解答らんからはみ出さないように書きなさい。
　また，消すときは消しゴムできれいに消しなさい。
5．開始の合図で，解答用紙の決められた場所に，受検番号を書きなさい。
6．問題を読むとき，声を出してはいけません。
7．終了の合図で，すぐに筆記用具を置きなさい。

三重大学教育学部附属中学校

1　水谷さんは，三重県北部で昨年３月に高速道路が開通したというニュースを知って以来，時間があれば，その辺り一帯の地形や土地利用がどのように変化したのかを調べている。水谷さんが現在調べている東員町（とういんちょう）のことについて，次の各問いに答えなさい。

【資料１】東員町と四日市市北西部（２００１年）

出典）「国土地理院 平成13年6月1日発行 2万5千分の1地形図」をもとに作成.

【資料２】東員町（２０１９年）

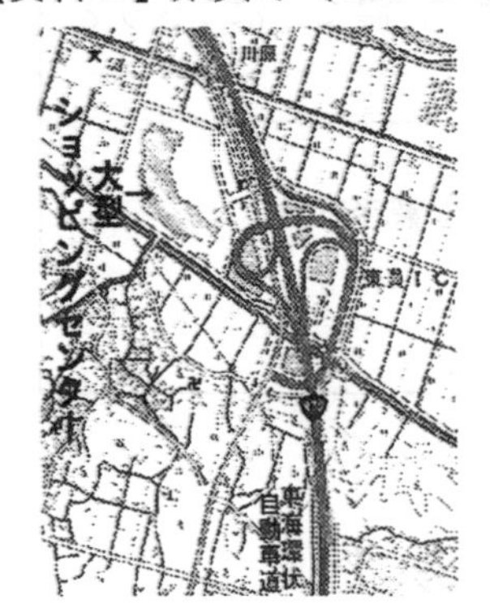


※【資料１】中の線で四角く囲んだ部分

出典）国土地理院 HP
https://www.gsi.go.jp/index.html
「電子地形図 25000」をもとに作成.

【資料３】東員 IC（インターチェンジ）から各 IC までの距離（きょり）・料金・時間

| IC | 高速道路名 | 東員ICまでの距離 | 普通車の料金 | 通常所要時間 |
|---|---|---|---|---|
| 大安 | 東海環状自動車道 | 6.4km | 240円 | 6分 |
| みえ朝日 | 伊勢湾岸道 | 7.9km | 390円 | 7分 |
| 四日市東 | 東名阪道 | 8.3km | 400円 | 7分 |
| 桑名 | 東名阪道 | 9.2km | 430円 | 8分 |
| 菰野 | 新名神高速道路 | 9.6km | 440円 | 7分 |
| みえ川越 | 伊勢湾岸道 | 12.0km | 500円 | 9分 |
| 東桑名 | 東名阪道 | 13.1km | 530円 | 11分 |
| 湾岸桑名 | 伊勢湾岸道 | 13.8km | 550円 | 10分 |
| 四日市 | 東名阪道 | 14.7km | 570円 | 12分 |
| 湾岸長島 | 伊勢湾岸道 | 16.3km | 620円 | 12分 |
| 長島 | 東名阪道 | 16.4km | 620円 | 13分 |
| 鈴鹿PAスマート | 新名神高速道路 | 17.6km | 650円 | 12分 |
| 弥富 | 東名阪道 | 20.1km | 720円 | 16分 |
| 鈴鹿 | 東名阪道 | 24.3km | 830円 | 19分 |

出典）NEXCO中日本HP https://www.c-nexco.co.jp/ をもとに作成.

※IC（インターチェンジ）とは「高速道路の出入り口」のことである。
※高速道路ではない一般道路を車が時速６０kmで走った場合，１０km先まで約２０分，２０km先まで約４０分，３０km先まで約６０分かかることが多い。

⑴　【資料１】を説明した文として正しくないものを，次のア～オから２つ選び，その記号を書きなさい。

ア　町役場から見て南東から南の方角にかけて工場が３つある。
イ　Ｃ地点とＤ地点の間には両地点よりも標高が高い所がない。
ウ　駅の南東側，長深（ながふけ）と小牧町西（こまきちょうにし）の間では，畑が広がっている。
エ　実際の２㎞は，２万５千分の１地形図上では８㎝である。
オ　線で四角く囲んだ場所のなかでは，畑の地図記号がない。

⑵　【資料２】と【資料３】を見た水谷さんは，大型ショッピングセンターがＩＣのすぐ近くにあることの良さを考え，次のようにまとめた。この①の文中にある□にあてはまる文を書きなさい。

①高速道路を使えば，使わない場合と比べて，□ので，遠くから買い物に来てもらいやすい。
②高速道路を走っていて，もともと行く予定がなかった人も，気軽に立ち寄りやすい。
③高速道路を使って旅行に行く前に，買い出しをしやすい。
④遠く離（はな）れた工場や倉庫から，物資を運び入れやすい。

⑶　【資料２】を見ると，【資料１】のＡ地点に，１８年後，大型ショッピングセンターができていることが分かる。【資料１】のＢ地点は，Ａ地点よりも高速道路の出入り口に近い。水谷さんは，どうしてＢ地点ではなくＡ地点に大型ショッピングセンターが作られたのか，疑問に思った。そこで，水谷さんは【資料１】を見直し，Ａ地点に作られた理由を考え，次のようにまとめた。この文中の□にあてはまる語句を書きなさい。

Ｂ地点の地形を見ると，土地が□ので，Ｂ地点に「約３５００台もの車が駐車可能」な大型ショッピングセンターを作ろうとすると，Ｂ地点一帯を平らに削（けず）らないといけない。その点，Ａ地点は水田の上にあり，その周りも水田が広がっているため，土地を削る手間と費用を省くことができる。



次のページへ⇒

2 次の鈴木さん，山本さん，田中さんによる会話文を読んで，次の各問いに答えなさい。

鈴木さん：この前の授業で，日本は海に囲まれた島国って学習したよね。私たちが暮らす三重県も伊勢湾や太平洋に面しているので，私は海を身近に感じるよ。地図帳で調べたことがあるんだけど，世界に１９０を越える数の国々がある中で，約１４０もの国が海に面しているんだ。

山本さん：日本って，海を通して，世界の約３分の２にあたる数の国々と直接つながっていることになるんだね。これって，すごいことだよ。海を通した世界との結びつきを考える場合，「港」という場所がすごく重要だね。

田中さん：①世界に対して日本がどのようなものを輸出しているのか，どのくらいお金をかせいでいるのか，その変化を表したグラフが【資料４】だけど，輸出入を実際に行う場所が「港」であるから，港についてみんなで考えたいな。

鈴木さん：世界との結びつきが深い港としては，四日市港があるね。四日市港がある伊勢湾内で見てみたら，名古屋港もあるよ。

山本さん：海ではないけど，空の「港」である中部国際空港も伊勢湾内にあるね。地図帳で確認すると，②名古屋港とは直線距離で２５kmほどしか離れていないね。この「海」と「空」の港にはどのような違いや特色があるんだろう。

田中さん：そうだね。他にも，みんなで調べたいことってあるかな。

鈴木さん：③名古屋港や中部国際空港，四日市港は伊勢湾内にあるけど，伊勢湾といえば，三重県や愛知県，岐阜県からゴミが伊勢湾に流入して，たいへんな問題になっているって，この前新聞を読んで知ったんだ。海は世界とつながっているから，きれいにしていかないと世界中の海がゴミで汚れてしまうことになる。何か良い解決策がないか，みんなで考えようよ。

【資料４】２０１０年と２０１８年の日本の輸出状況について

| 2010年 | | 2018年 | |
|---|---|---|---|
| 輸出総額　67兆円 | | 輸出総額　81兆円 | |
| 自動車 | 13.6% | 自動車 | 15.1% |
| 半導体等電子部品 | 6.2% | 半導体等電子部品 | 5.1% |
| 鉄鋼 | 5.5% | 自動車の部分品 | 4.9% |
| 自動車の部分品 | 4.6% | 鉄鋼 | 4.2% |
| プラスチック | 3.5% | 原動機（エンジン） | 3.6% |
| 原動機（エンジン） | 3.5% | 半導体等製造装置 | 3.3% |
| 船舶 | 3.3% | プラスチック | 3.1% |
| その他 | 59.8% | その他 | 60.7% |

出典）財務省HP https://www.mof.go.jp/index.htm をもとに作成.

【資料５】名古屋港と中部国際空港の輸出状況について（２０１７年）

| 名古屋港（2017年） | | | 中部国際空港（2017年） | | |
|---|---|---|---|---|---|
| 品名 | 輸出額の割合 | 全取扱貨物量 | 品名 | 輸出額の割合 | 全取扱貨物量 |
| 自動車 | 24.7% | 5,266万トン | 半導体等電子部品 | 9.0% | 8万トン |
| 自動車の部分品 | 18.4% | | 電気計測器 | 8.3% | |
| 原動機（エンジン） | 4.4% | | 電気回路等の機器 | 6.9% | |
| 金属加工機械 | 3.9% | | 化学光学機器 | 5.1% | |
| 電気計測器 | 3.5% | | 自動車の部分品 | 4.5% | |
| その他 | 45.1% | | その他 | 66.2% | |

出典）公益財団法人あいち産業振興機構HP http://www.aibsc.jp/Default.aspx
名古屋港管理組合HP https://www.port-of-nagoya.jp/index.html をもとに作成.

(1) 会話文にある下線部①より，【資料４】に興味をもった田中さんは，そこから分かったことを下のようにまとめた。この文中の（　　　）にあてはまる数字を書きなさい。

《田中さんが【資料４】から分かったこと》
日本の輸出総額は，８年間で約１．２倍になっている。２０１０年も２０１８年も，輸出額の第１位と第２位が同じ品名である。輸出額第１位の自動車は，３兆１，１９１億円も８年間で増加している。第２位の半導体等電子部品（はんどうたいとうでんしぶひん）は（　　　）億円減少している。

(2) 会話文にある下線部②より，山本さんは【資料５】から２つの港の「輸出」に見られる違いや特色について考え，次のようにまとめた。文中の（　Ａ　）～（　Ｅ　）にあてはまる語句を，次のア～カから１つずつ選び，その記号を書きなさい。

《山本さんが【資料５】から考えたこと》
名古屋港から輸出されるもののうち，輸出額の割合（わりあい）が一番高いものが（　Ａ　）である。輸出額が三番目に高いものまで（　Ａ　）に関係するものである。
中部国際空港から輸出されるものの全体量は名古屋港のものと比べて少ないが，このことと「品名」を結び付けて考えると，中部国際空港から輸出されるものは（　Ｂ　）ものが上位にあることが分かる。つまり，（　Ｃ　）ものは（　Ｄ　）で，（　Ｂ　）ものは（　Ｅ　）で輸出されるという，それぞれの「港」の違いや特色があることが分かる。

ア　飛行機　　イ　船　　ウ　自動車
エ　半導体等電子部品　　オ　重い　　カ　軽い

(3) 会話文にある下線部③より，山本さんは，鈴木さんの話が気になったので，その新聞記事を図書館で探して読んだ。その記事によると，各県から流れ出たゴミが，ある場所に集中して流れ着くことが書いてあった。その場所とはどのあたりか。【資料６】の★印ア～カから１つ選び，その記号を書きなさい。

【資料６】伊勢湾を中心として見た三重県と愛知県

※細い線は，主な河川を表している。



次のページへ⇒

3　歴史の内容が全て終わった後，自分の好きなテーマで調べ学習をして，３学期にクラスで発表をするためのポスターを作ることになった。田中さんは，「日本と海外の国々との深いつながり」というテーマで，下にあるポスターを作った後，当日に発表するための原稿(げんこう)を考えている。【資料７】を参考にして，次の各問いに答えなさい。

【資料７】田中さんがつくった発表用のポスター

# 日本と海外の国々との深いつながり

6年×組　田中

## 弥生時代でのつながり

①卑弥呼(ひみこ)は人々の前に姿を見せず，１０００人の女子に身のまわりの世話をさせている。宮殿(きゅうでん)には物見(ものみ)やぐらやさくがあり，いつも兵士が守っている。

この時代に日本で女王がいたことを証明する文章が発見されています！

## 奈良時代でのつながり

②日本から中国の唐へ行った阿倍仲麻呂(あべのなかまろ)。日本へ帰ることができず，ずっと中国で生活を送ることになりました。

天の原ふりさけみれば春日なるみかさの山に出でし月かも　阿倍仲麻呂

## ③明治時代でのつながり

出典）清水勲『ビゴーが見た明治ニッポン』講談社学術文庫，p.17.

## 昭和時代でのつながり

聯盟よさらば！
総会勧告書を採択し
我が代表堂々退場す
四十二対一票、棄権

④平和がどんどん遠ざかっていった時代。これからの平和を考えるときに，たくさん考えさせられる出来事がありました。

今の時代だけでなく，いつの時代も世界とのつながりは深いものがありました！



2020(R2) 三重大学教育学部附属中
教英出版

(1) 下線部①は，「ある国」の歴史の本の中に，邪馬台国(やまたいこく)の女王が倭(わ)を治めていたという様子が書かれていたものである。そこで，田中さんは，下線部①の文と「ある国」の場所を重(かさ)ねあわせて発表したいと考えた。「ある国」とはどこの国のことを示しているか。地図中にあるア～エから１つ選び，その記号を書きなさい。

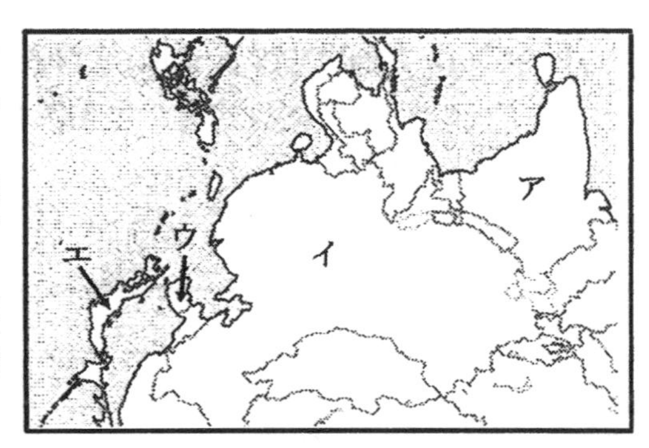


(2) 下線部②の人物を紹介(しょうかい)するために，田中さんは，百人一首をポスターにのせた。しかし，それだけでは情報が少ないと思ったので，当時の天皇のことも説明することを考えた。この天皇は，天皇中心の政治を進め，たくさんの遣唐使(けんとうし)や留学生が命がけで海をわたっていた時代に活動していた。下線部②以外で有名な人物として鑑真(がんじん)があげられるが，この天皇の名前を漢字２字で書きなさい。

(3) 下線部③に関わるふうし画は，鹿鳴館(ろくめいかん)にいた，ドレスの腰(こし)に着物の帯(おび)を巻きつけた女性を描(か)いたものである。田中さんは，こういった服装(ふくそう)をしている理由を調べていくうちに，意外なことを発見した。田中さんが発見したことについて，下の文中にある［　　　］にあてはまる内容を書きなさい。

> 当時の日本の様子から考えると，女性が西洋の服を着ていたのは，明治政府の念願(ねんがん)だった［　　　　　］を成功させるための取り組みの一つであった。

(4) 下線部④について，田中さんは昭和時代の平和に関わる内容を発表するために，まずは，日本が国際連盟(こくさいれんめい)を脱退(だったい)したころの，日本をとりまく海外の国々とのつながりを整理することにした。下のA～Dについて，年代の古い順に正しくならべかえたものを，次のア～カから１つ選び，その記号を書きなさい。

A　８月１５日，昭和天皇がラジオで日本の降伏(こうふく)を国民に伝えた。
B　１２月８日，日本軍がマレー半島とハワイのアメリカ軍基地を攻撃(こうげき)した。
C　日本軍は，南満州(みなみまんしゅう)鉄道の線路を爆破(ばくは)したのは中国軍のしわざとして，攻撃した。
D　ペキンの近くで日本軍と中国軍が衝突(しょうとつ)し，これをきっかけに日中戦争が始まった。

ア　B→C→D→A　　イ　B→D→C→A　　ウ　C→B→D→A
エ　C→D→B→A　　オ　D→B→C→A　　カ　D→C→B→A



次のページへ⇒

4　中村さんは，気温や気候に注目した歴史を調べることにして，【資料８】と【資料９】を探し出し，いろいろな角度から考察することにした。それぞれの資料を参考にして，次の各問いに答えなさい。

【資料８】「過去２０００年間の平均気温」との差

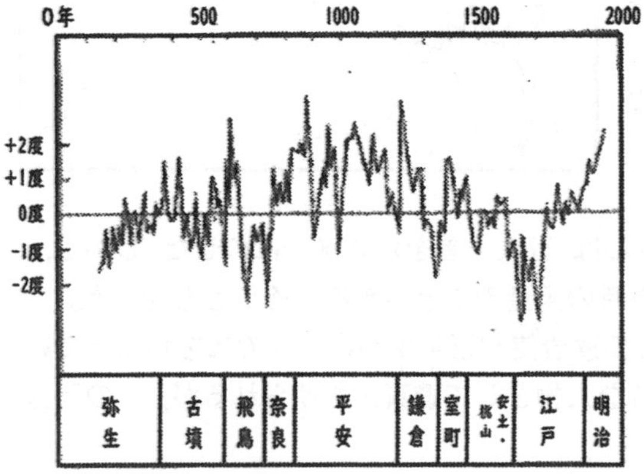

0年　500　1000　1500　2000

+2度　+1度　0度　-1度　-2度

弥生　古墳　飛鳥　奈良　平安　鎌倉　室町　安土・桃山　江戸　明治

出典）安田喜憲『NHK人間大学　森と文明』NHK出版，1997年，p.117をもとに作成.

【資料９】江戸時代における農業の状況

| 年 | 青森県 | 岩手県 | 秋田県 | 山形県 |
|---|---|---|---|---|
| 1832 | ― | 中作 | 凶作 | 不作 |
| 1833 | 凶作 | 不作 | （Ａ） | （Ａ） |
| 1834 | 豊作 | 豊作 | 豊作 | 豊作 |
| 1835 | 半作 | 不作 | 凶作 | （Ａ） |
| 1836 | 不作 | 不作 | 凶作 | （Ａ） |
| 1837 | ― | 豊作 | 凶作 | （Ａ） |
| 1838 | （Ａ） | 不作 | 凶作 | ― |
| 1839 | ― | 豊作 | 凶作 | ― |

出典）田家康『気候で読み解く日本の歴史』日本経済新聞社，2013年，p.247をもとに作成.

※凶作とは，栽培している農作物の収穫量がいつもと比べてかなり少ない状態のこと。
※不作とは，収穫された農作物のできが悪いこと。

(1)　【資料８】は，各時代の平均気温のちがいを示しており，【資料８】の真ん中の線は，「過去２０００年間の平均気温」のことを表している。中村さんは，考察していくうちに，江戸時代のほとんどが「過去２０００年間の平均気温」よりも気温が低いことに気付いた。さらに，【資料９】を見てみると，気温の低さが影響して，農作物が収穫できずに人がうえ死にする（　Ａ　）が起きていたことが分かった。（　Ａ　）にあてはまる語句を書きなさい。

(2)　中村さんは，江戸時代に凶作や不作が多かった理由やその影響について，いくつかの内容を思いついた。しかし，それを後で調べてみると，その中に勘ちがいだと分かったものがあった。中村さんが勘ちがいしていたものを，次のア～エから１つ選び，その記号を書きなさい。

ア　太平洋側からふいた季節風の影響で，農作物をたくさん収穫できなくなった。
イ　収穫された農作物のできが悪かったことで，農作物の値段が上がっていった。
ウ　百姓一揆や打ちこわしが起きたことで，農作物を収穫できる状況になかった。
エ　梅雨あけがおそくなったことで，日照時間が減って農作物が育ちにくくなった。

5　山本さんのクラスでは，地域の問題について班ごとにテーマを決めて調べ学習をしている。下の文は，山本さんの班でテーマを決める話し合いをしている会話の一部である。この会話文と，それぞれの資料を参考にして，次の各問いに答えなさい。

山本さん：地域の課題といってもいろいろなことがあると思うけど，この【資料 10】の新聞記事について班で話し合いたいんだ。
鈴木さん：病院の問題か。医療や福祉に関わる市や町の仕事について勉強したね。
中村さん：記事の中に出てくる病院は①<u>町が運営しているのに，国が再編の議論をするのはなぜかな</u>。
田中さん：「増え続ける医療費を抑えるため」とあるけど，②<u>お金のこと</u>ばかりを優先したら困る人だって出てくるんじゃないのかな。
山本さん：そうなんだ。私のおばあちゃんが南伊勢町に住んでいるんだけど，腰を痛めているから，町の病院がなくなると困ると思うんだよ。
鈴木さん：困っている人を助けることは，先週の授業で学習した③<u>日本国憲法の基本的な考え方</u>にも通じることじゃないかな。
中村さん：今は遠い話だと感じるけど，大人になったら私たちが国や地域の問題をどうするか決めていくんだよね。
田中さん：この問題について，クラスのみんなの意見も聞いてみたいね。先生に授業で取り上げてもらうように提案しよう。そのために各自で資料を作ってみよう。

【資料 10】山本さんが家から持ってきた新聞記事

厚労省は高齢化で増え続ける医療費を抑えるため、病床の計画的な削減を求めてきた。今回の公表も再編議論を促す目的で、県内では二十八病院が調査対象となった。

〔中略〕

町立南伊勢病院（南伊勢町）は、病床数をこれまでの七十六から五十に減らして、来月に高台に新築移転する。同病院の事務長は「なぜ過去のデータをもとに、今ごろ発表したのか。開院直前にがっくりきた。患者さんにも病院がなくなるのではとの無用の不安が起きている」と憤る。

※厚労省とは、医療や労働問題をあつかう国の機関「厚生労働省」の略である。
※病床とは、ベッドのことである。

出典）『中日新聞』2019 年 10 月 9 日朝刊「なぜ今ごろ 病院側反発」をもとに作成.



次のページへ⇒

(1) 会話文にある下線部①について，中村さんは国の政治と地方自治の関係について調べ，下のようにまとめた。しかし，先生に提案する前に確認すると，1か所誤りがあることに気付いた。それは下線部ア～オのどの部分か。ア～オから1つ選び，その記号を書きなさい。そして，選んだ記号の部分を正しく書き直しなさい。

> 実際に国民の暮らしを支える仕事（行政）をしているのが ア内閣 です。さまざまな府・省・庁が置かれ，仕事を分担して進めます。イ国務大臣 は各省庁の長として，仕事の指示を出します。【資料10】に出てくる「厚労省（厚生労働省）」は，医療や健康，子育て，年金，就職などに関わる仕事をしており，ウ補助金を出す などして市や町の取り組みを支えています。しかし，最近20年間で医療費は右のグラフのように エ増加していて ，国の オお金の使い道（予算）を決定する 権限をもつ内閣は，医療費を抑えるために，市や町に病床の削減を強く求める必要があったのだと考えました。

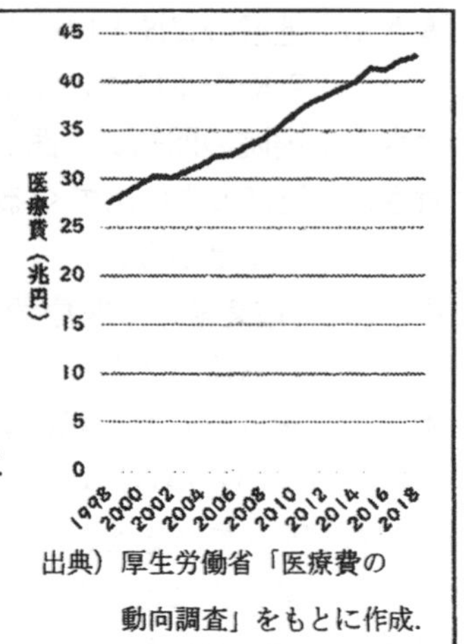

出典）厚生労働省「医療費の動向調査」をもとに作成.

(2) 会話文にある下線部②について，田中さんは南伊勢町と津市のお金について調べ，下の【資料11】を作った。【資料11】や，市や町のお金のことについて説明した文として正しくないものを，次のア～エから1つ選び，その記号を書きなさい。

ア　私たちが買い物の時にはらっている消費税は，市や町，国の仕事に使われている。
イ　南伊勢町は住民の税金が少なく，国や県からの交付金や補助金に依存している。
ウ　津市の方が人口などの規模が大きく，国からの交付金をより多くもらっている。
エ　市や町の収入は，人口の多さにほぼ比例しており，人口が多い所ほど豊かになる。

【資料11】南伊勢町と津市の収入（歳入）と人口の比較

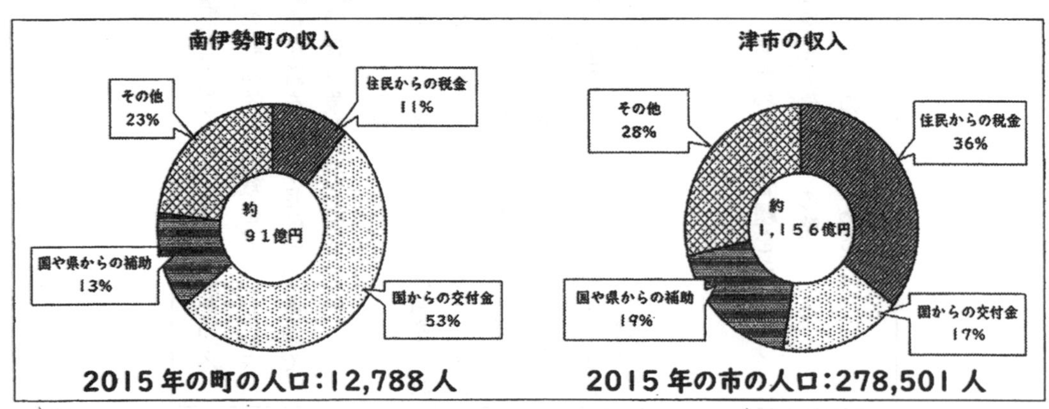


出典）南伊勢町役場 HP https://www.town.minamiise.lg.jp/admin/gyousei/toukei/1185.html
津市役所 HP https://www.info.city.tsu.mie.jp/www/contents/1001000000814/index.html をもとに作成.

(3) 会話文にある下線部③について，市や町の医療や福祉のしくみづくりと最も関わりが深いと考えられる憲法の条文を，次のア～エから１つ選び，その記号を書きなさい。

ア　何人も，裁判所において裁判を受ける権利を奪われない。
イ　何人も，公共の福祉に反しない限り，住居，移転及び職業選択の自由を有する。
ウ　すべて国民は，健康で文化的な最低限度の生活を営む権利を有する。
エ　集会，結社及び言論，出版その他一切の表現の自由は，これを保障する。

(4) 山本さんの班の提案を受けて，クラスで「南伊勢町の病院の今後について」というテーマで意見を出し合った。次の【資料 12】は，その時出た意見をまとめた黒板の内容で，【資料 13】は山本さんが授業に持ってきた資料である。山本さんはどんな意見を述べたと考えられるか。【資料 12】の［　　　］にあてはまる内容を書きなさい。

【資料 12】授業の黒板の内容

**南伊勢町の病院の今後についてどう考えますか？**

**お金に注目**

**中村**　医療費について調べると増加
→南伊勢町でも削減必要

**田中**　国や県の支援で予算を確保
（【資料 11】）

**水谷**　町の収入を増やす→病院に使う

**困っている人を助ける** ＝ **福祉**

**鈴木**　困っている人の権利 ＞ お金

**山本**　南伊勢町で［　　　］（【資料 13】）
→病院を必要とする人の割合は増加？

【資料 13】南伊勢町の人口ピラミッド

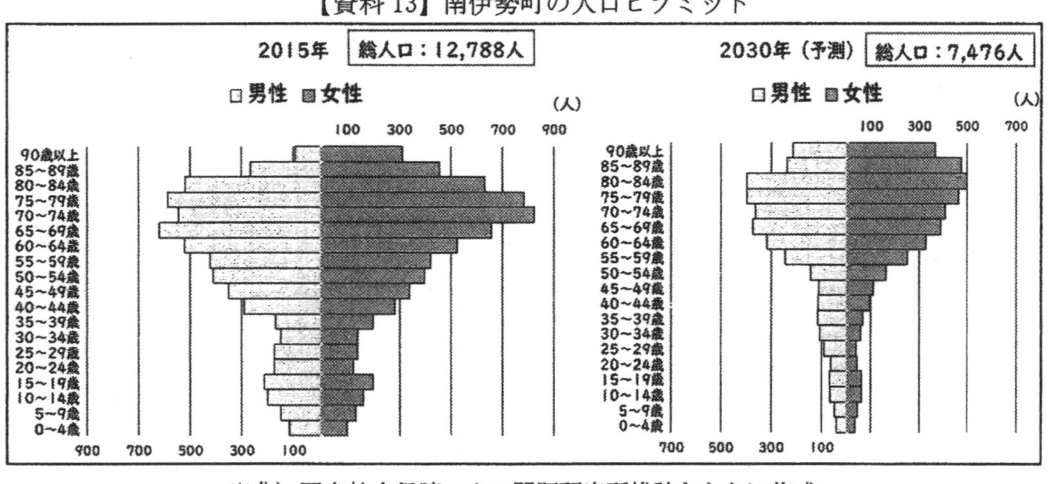


出典）国立社会保障・人口問題研究所推計をもとに作成.



―おわり―

令和２年度　学力検査　問題用紙

# 第４検査

# 理　科

(11:55～12:25　30 分間)

【注意】

1．開始の合図があるまで，冊子(さっし)を開いてはいけません。
2．答えは，すべて解答用紙に書きなさい。
3．問題は，１ページから９ページまで，印刷してあります。
4．解答用紙には，黒えんぴつ(シャープペンシル不可)を使い，濃(こ)く，はっきりと解答らんからはみ出さないように書きなさい。
　また，消すときは消しゴムできれいに消しなさい。
5．開始の合図で，解答用紙の決められた場所に，受検番号を書きなさい。
6．問題を読むとき，声を出してはいけません。
7．終了の合図で，すぐに筆記用具を置きなさい。

三重大学教育学部附属中学校

1　鈴木さんは，中村さんと一緒に自分の家のまわりで野生のメダカがいるかを探したが，見つけることができなかった。その原因について話しているときの会話文を読んで，次の問いに答えなさい。

鈴木さん：『三重県レッドデータブック 2015』によると，メダカは準絶滅危惧種の１つに指定されているから，メダカの数はだんだん減っているんだね。
中村さん：なんで数が減っているんだろう。地球温暖化の影響かな。メダカのえさになる①水中の小さな生物が減っているのかな。
鈴木さん：いろいろ原因があるけど，田んぼや用水路が整備されてメダカがすみにくくなったり，外来種といって，本来は日本にいない②ブラックバスなどの魚が人の手で池に放流されて，メダカが食べられたりしていることが関係しているそうだよ。
中村さん：そうなんだ。野生のメダカを守らないといけないね。そのために，③鈴木さんが飼っているメダカを増やして，放流してみようか。
鈴木さん：実はそれも良くないことらしいよ。私が飼っているメダカは，もともと三重県にすんでいたメダカと種類がちがうからね。
中村さん：では、もともと三重県にすんでいるメダカを守るための取り組みをしないとね。

(1)　中村さんは，下線部①を観察するためにけんび鏡を準備した。けんび鏡の使い方として正しいものを次のア～エからすべて選び，その記号を書きなさい。

ア　目を痛めるので，日光が直接当たるところではけんび鏡を使わない。
イ　最初に使う対物レンズは，いちばん倍率が高いものにする。
ウ　ピントを合わせるときは，対物レンズとプレパラートを近づけていく。
エ　けんび鏡を運ぶときは，両手で持つ。

(2)　下線部②について，鈴木さんはメダカをふくむ生物の食物連鎖の関係を【図１】のようにまとめようとしている。【図１】の（　A　）と（　B　）にあてはまる生物をア～イからそれぞれ選び，その記号と生物の名前を書きなさい。

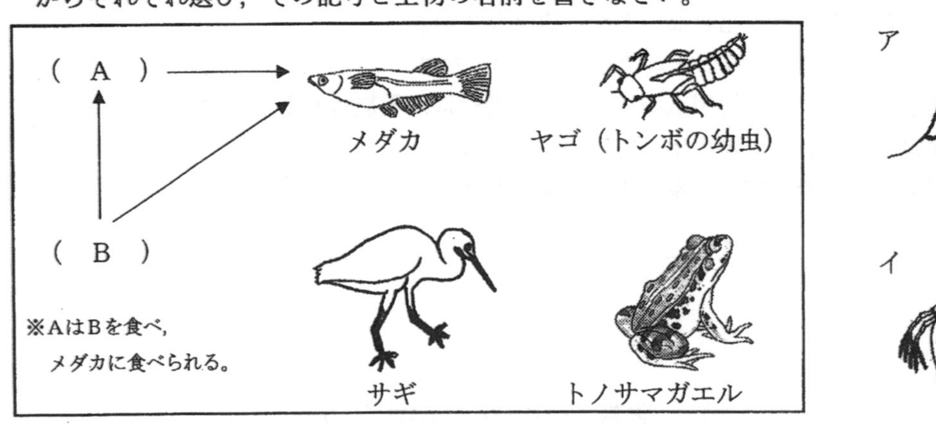


【図１】メダカをふくむ生物の食物連鎖の関係

(3) 鈴木さんは，もしメダカがブラックバスに食べつくされて絶滅すると，他の生物にどんな影響(えいきょう)がでるか考え，次のようにまとめた。鈴木さんがまとめた文を参考にして，解答用紙の図に，必要だと考えられる矢印をすべて書き入れなさい。

> メダカが絶滅すると，ヤゴがメダカを食べることができなくなり，数が減る。トノサマガエルは，メダカとヤゴを食べることができなくなり，数が減る。サギは，メダカとヤゴとトノサマガエルを食べることができなくなり，最終的に数が減る。

(4) 下線部③について，鈴木さんは，水そうで4か月以上メダカを飼っている。ちょうどいい水温に保ち，えさも十分な量与えているが，メダカは卵を産まない。メダカが卵を産まない理由を，【図2】を見て説明しなさい。

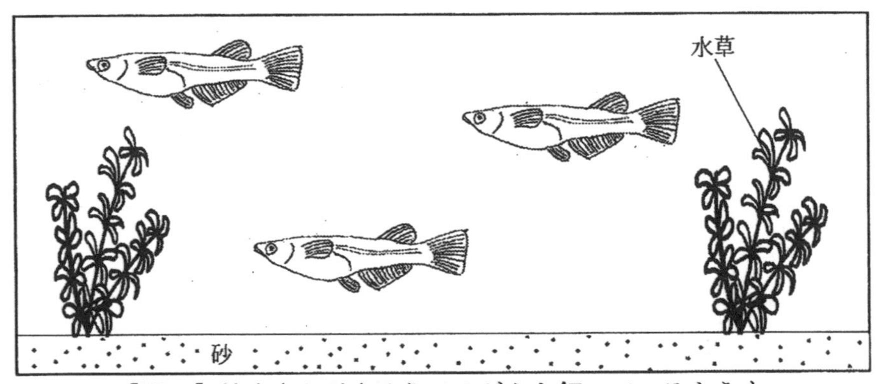
水草
砂

【図2】鈴木さんが水そうでメダカを飼っているようす

(5) (4)の問題点を解決したところ，鈴木さんのメダカは卵を産んだ。次のア～オは，産まれた卵のようすをかいた観察記録である。ア～オを，正しい順番に並びかえ，記号で書きなさい。

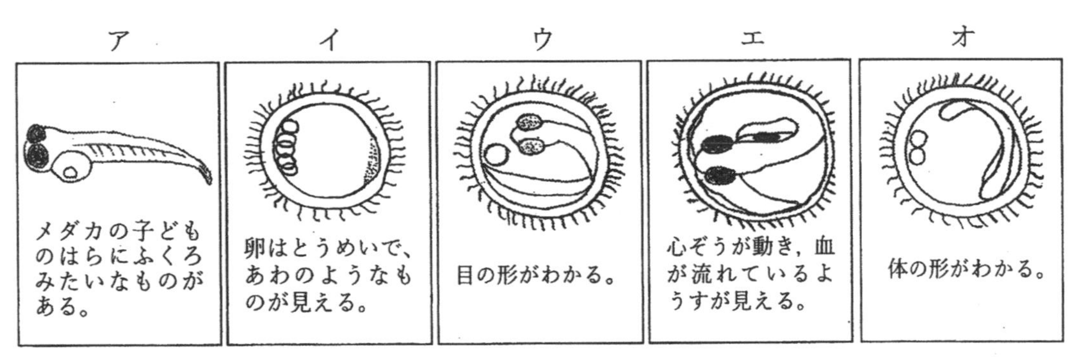
ア
メダカの子どものはらにふくろみたいなものがある。
イ
卵はとうめいで、あわのようなものが見える。
ウ
目の形がわかる。
エ
心ぞうが動き，血が流れているようすが見える。
オ
体の形がわかる。

次のページへ⇒

**2** 田中さんはジャガイモの葉を使い，下のような実験を行った。次の問いに答えなさい。

①実験をする前日の夕方に，アルミニウムはくでおおった葉を３枚用意する。
②次の日の朝，ＢとＣはアルミニウムはくをはずし，Ｃは葉にでんぷんがあるかどうか，ヨウ素液を使って調べる。
③ＡとＢの葉を５時間ほど日光に当てる。
④ＡとＢの葉にでんぷんがあるかどうか，ヨウ素液を使って調べる。

【表１】ジャガイモの葉を使った実験とその実験結果

| | 前日の夕方 | 次の日の朝 | 日光 | ５時間後 |
|---|---|---|---|---|
| Ａ | アルミニウムはく | そのままにする | ５時間ほど当てる | アルミニウムはくをはずし，ヨウ素液で調べると，でんぷんがなかった |
| Ｂ | アルミニウムはく | アルミニウムはくをはずす | ５時間ほど当てる | アルミニウムはくをはずし，ヨウ素液で調べると，でんぷんがあった |
| Ｃ | アルミニウムはく | アルミニウムはくをはずし，ヨウ素液で調べると，でんぷんがなかった | | |

(1)　Ｃの実験をすることで確かめられることは何か，最も適切なものを次のア～エから１つ選び，その記号を書きなさい。

ア　前日の夕方には，葉にでんぷんがないこと。
イ　次の日の朝には，葉にでんぷんがないこと。
ウ　ヨウ素液のはたらきが正しいかということ。
エ　日光をあてた後に，でんぷんができること。

(2)　次のア～オのうち，この実験から分かることをすべて選び，その記号を書きなさい。

ア　葉に日光を当てると二酸化炭素を取り入れ，酸素を出す。
イ　アルミニウムはくで葉をおおうと，でんぷんができない。
ウ　根から吸い上げた水は，水蒸気になって葉から出ていく。
エ　葉に日光を当てると酸素を取り入れ、二酸化炭素を出す。
オ　葉に５時間ほど日光を当てることで，でんぷんができる。

3 水にとける食塩とミョウバンの量について，山本さんと鈴木さんが話をしている。二人の会話文を読んで，次の問いに答えなさい。

【図３】

山本さん：【図３】の大きいつぶは何かな。
鈴木さん：これはミョウバンだよ。
山本さん：授業で使ったミョウバンは細かい粉だったと思うんだけど。
鈴木さん：ミョウバンの水よう液をゆっくり冷やすと，このように大きなつぶが取り出せるんだよ。
山本さん：一度とけたものを，もう一度取り出すことができるんだね。
鈴木さん：そうだよ。【表２】を見ると，なぜ取り出すことができたのかわかるよね。

【表２】水の温度とものがとける量（50ml）

| | 10℃ | 30℃ | 60℃ |
|---|---|---|---|
| ミョウバン | 4g | 8g | 28g |
| 食塩 | 18g | 18g | 18g |

山本さん：水の量を変えると，ものがとける量も変わるのかな。
鈴木さん：【表３】から，水の量を変えると，ものがとける量も変わることがわかるよね。

【表３】ものが水にとける量（10℃）

| | 水 50ml | 水 100ml | 水 150ml |
|---|---|---|---|
| ミョウバン | 4g | 8g | 12g |
| 食塩 | 18g | 36g | 54g |

(1) 山本さんは，ミョウバンの水よう液と同じように，食塩の水よう液の温度を下げて食塩のつぶを取り出そうとしたが，取り出すことができなかった。その理由を，【表２】の結果をもとに書きなさい。

(2) 一度水にとけた食塩を，つぶとして取り出す方法を書きなさい。

(3) 鈴木さんは，60℃の水 150ml にできる限りミョウバンをとかして，ミョウバンの水よう液をつくった。この水よう液の温度を 10℃まで下げると，ミョウバンのつぶを何 g 取り出すことができるか，予想して書きなさい。



次のページへ⇒

**4** 中村さんと山本さんは，授業で地層の学習をした。興味がわいたので自分たちが住む町の地層の重なり方を調べることにした。そこで，ボーリング試料をもとに，下の【図4】のA地点とB地点の地表からの地層の積み重なり方を下の【図5】のように表した。また，この地域の地層は平行にたい積していることがわかっている。次の問いに答えなさい。

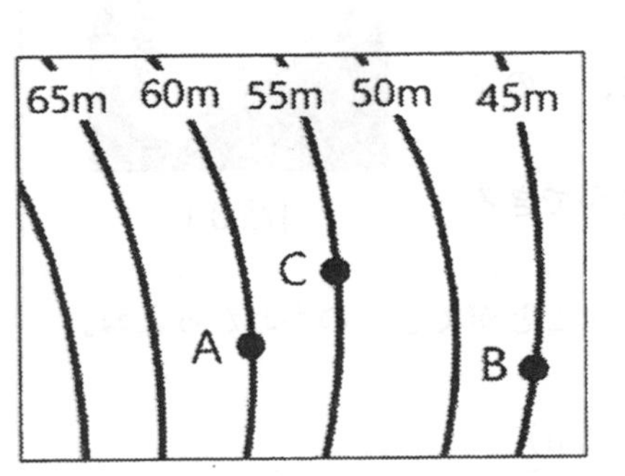

【図4】2人の住む地域の等高線の模式図

A地点　B地点
0m
10m
20m
地表からの深さ
どろの層
すなの層
れきの層
火山灰をふくむ層

【図5】地表からの地層の積み重なり方

(1) 中村さんは，【図5】のA地点の地層の図からわかることを次のようにまとめてみた。（　①　）～（　④　）にあてはまることばや数字を書きなさい。

- これらの地層がたい積したころ，この地域は海の底であった。
- 火山灰が降り積もったあと，地層は（　①　）の層，（　②　）の層，（　③　）の層の順でたい積した。
- 砂の層は（　④　）mたい積している。

(2) 【図4】のC地点の地層はどのような積み重なり方をしていると考えられるか。次のア～カから最も適切なものを1つ選び，その記号を書きなさい。

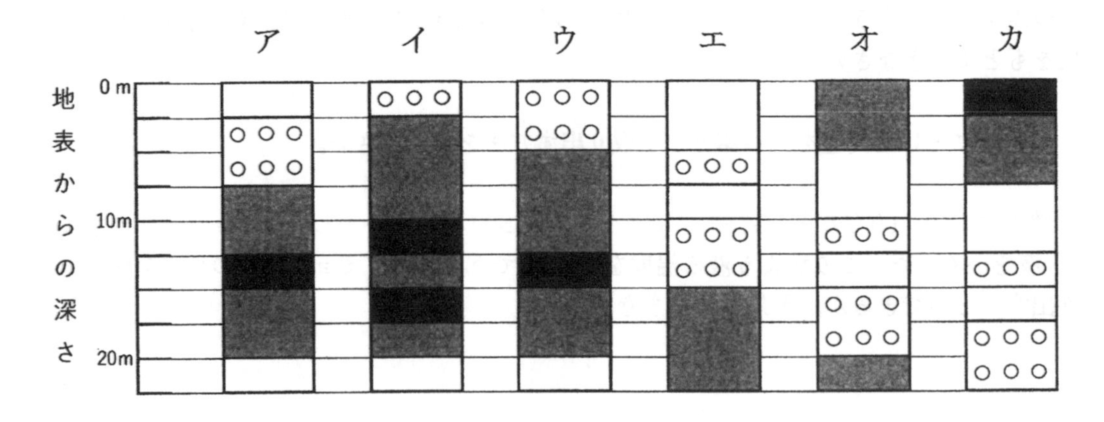




2020(R2) 三重大学教育学部附属中
K 教英出版

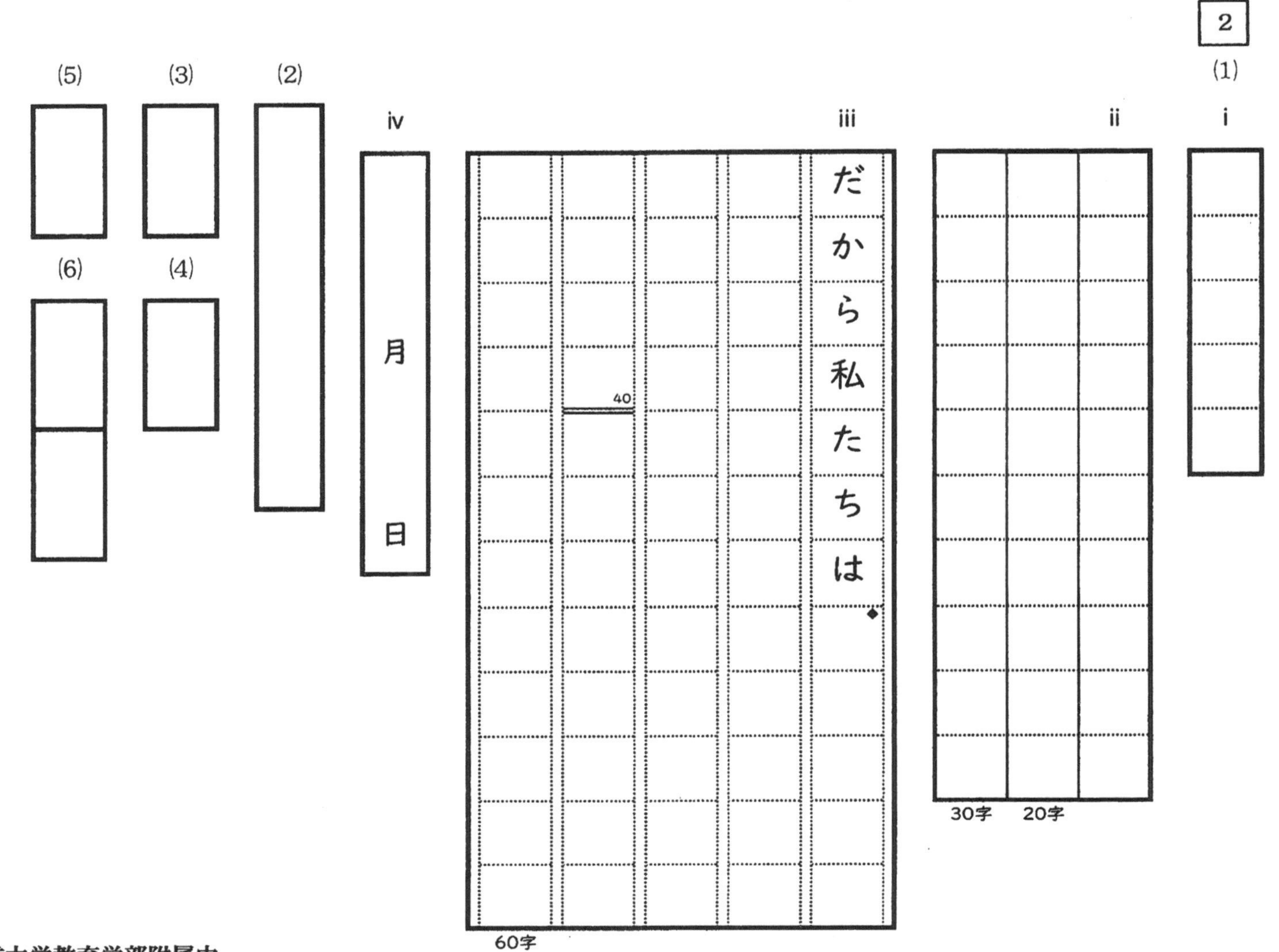
2
(1)
i
ii
30字
20字
iii
だから私たちは
40
60字
iv
月
日
(2)
(3)
(4)
(5)
(6)

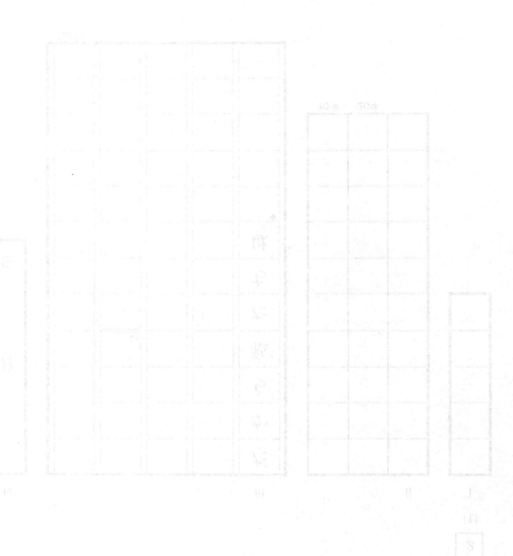

| | | |
|---|---|---|
| (1) | の方が　　　円安い。 | |
| (2) | A | B |
| (3) | の方が　　　円安い。 | |
| (4) | ア ＿＿＿＿ ＝ ＿＿＿＿ | イ ＿＿＿＿ ＝ ＿＿＿＿ |
| | ウ ＿＿＿＿ ＝ ＿＿＿＿ | エ |

| | | | | |
|---|---|---|---|---|
| (1) | ア | イ | (2) | 点Aから　　　ｃｍ |
| (3) | ア | イ | ウ | |

(4)

<考え方>

直角三角形ＰＣＳは，直角三角形＿＿＿＿＿＿を＿＿＿＿＿に縮小したものである。

よって，点Ｓは点Ｃから＿＿＿＿＿＿ｃｍのところにある点になる。

(5) ii　　iii

(6)

直線iii

直線ii

A　E　D

B　F　P　C

3

| (1) | | (2) | 天皇 |
|---|---|---|---|
| (3) | | | |
| (4) | | | |

4

| (1) | | (2) | |
|---|---|---|---|

5

| (1) | 記号 | 正しく書き直したもの |
|---|---|---|
| (2) | | |
| (3) | | |
| (4) | | |

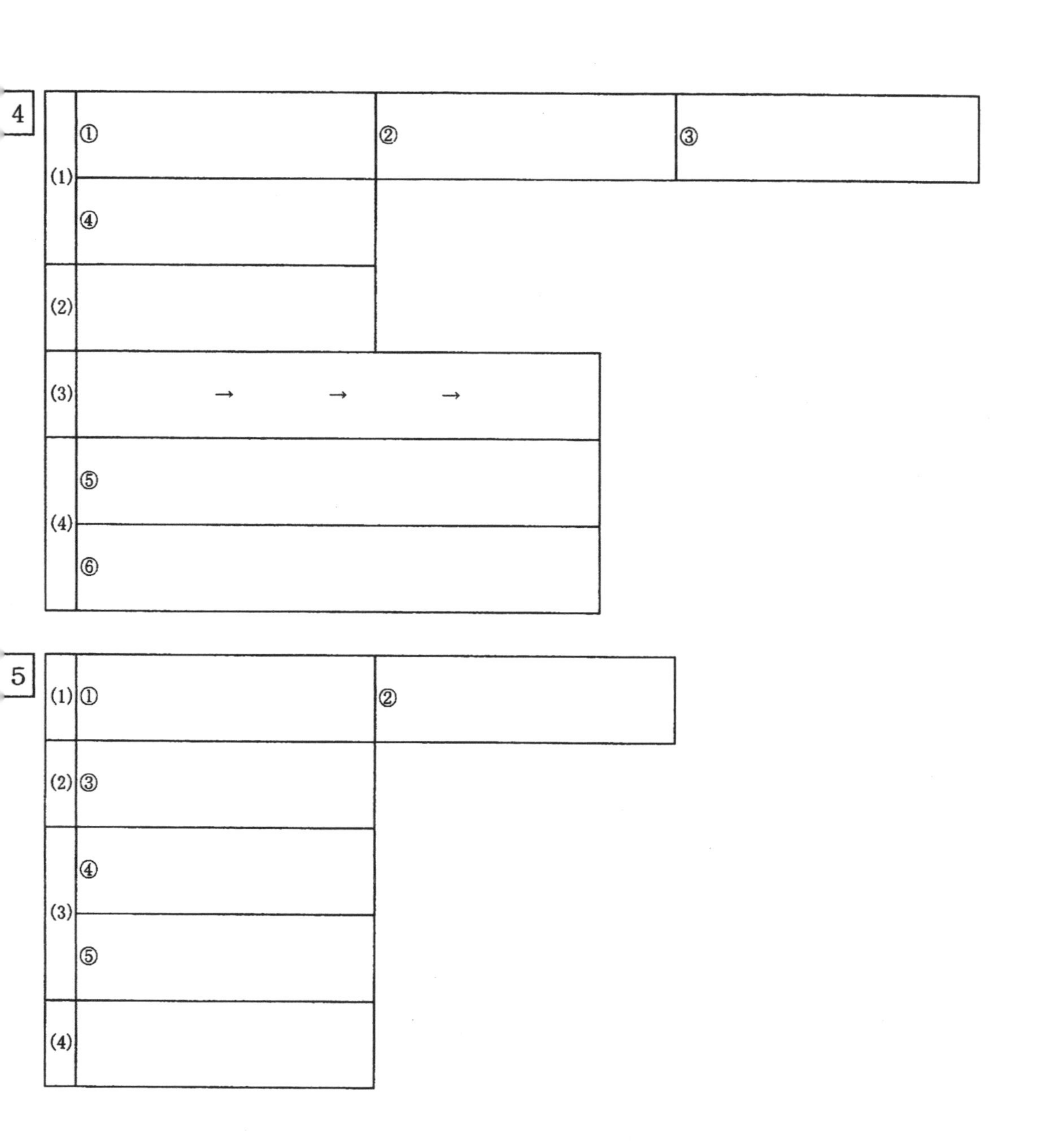

4

| | | | |
|---|---|---|---|
| (1) | ① | ② | ③ |
| | ④ | | |
| (2) | | | |
| (3) | → → → | | |
| (4) | ⑤ | | |
| | ⑥ | | |

5

| | | |
|---|---|---|
| (1) | ① | ② |
| (2) | ③ | |
| (3) | ④ | |
| | ⑤ | |
| (4) | | |

| 受検番号 | 得点 (配点非公表) |
|---|---|

令和２年度　学力検査　理科　解答用紙

**1**

| (1) | | | | |
|---|---|---|---|---|
| (2) | A 記号　名前 | | B 記号　名前 | |
| (3) | | | | |
| (4) | | | | |
| (5) | → → → → | | | |

**2**

| (1) | | (2) | |
|---|---|---|---|

**3**

| (1) | |
|---|---|
| (2) | |
| (3) | g |

| 受検番号 | | 得点 (配点非公表) |
|---|---|---|

# 令和２年度　学力検査　社会　解答用紙

1

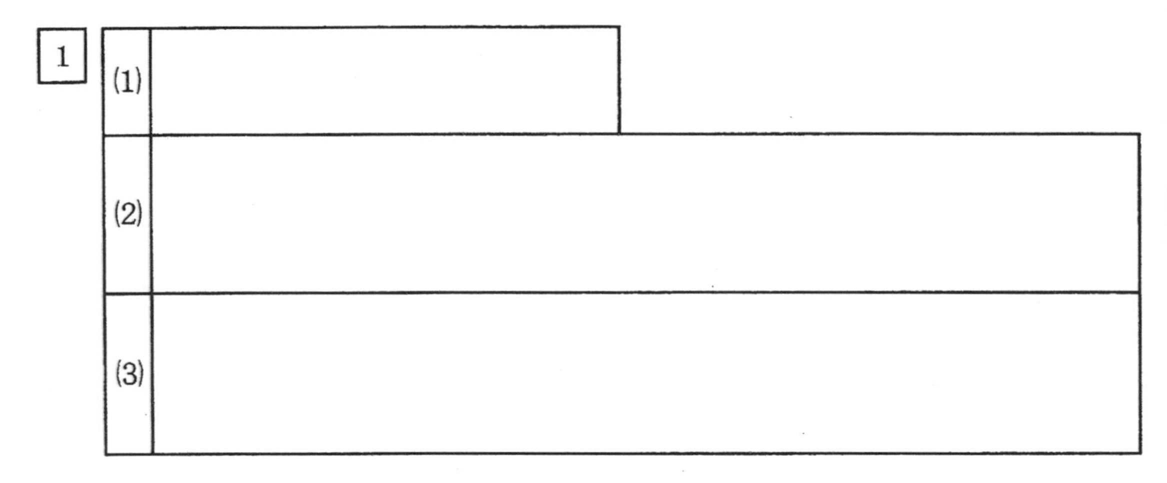


2

| | | | | | |
|---|---|---|---|---|---|
| (1) | | | | | |
| (2) | A | B | C | D | E |
| (3) | | | | | |

| 受検番号 | 得点 (配点非公表) |
|---|---|
| | |

# 令和２年度　学力検査　算数　解答用紙

1

| (1) | | (2) | | (3) | |
|---|---|---|---|---|---|
| (4) | | (5) | | | |
| (6) | A<br>●<br><br>●<br>B | | | | |

2

| (1) | 秒後 | | | | |
|---|---|---|---|---|---|
| (2) | | | | | |
| (3) | | (4) | | (5) | |

受検番号

得　点
（配点非公表）

# 令和二年度　学力検査　国語　解答用紙

1

(1)

(2)

(3)
から

(4)

(5) ④ **大きな水滴**

⑤ **小さな水滴**

(6)

(7) i　ii　iii　iv

(8)

(3) 中村さんは，他の地点の地層の積み重なり方が気になり，【図６】の標高 90mのＤ地点について調べてみたところ，下の【図７】のようであった。【図５】と【図７】をもとに，下のア～エの地層を標高が高い位置にある順に並べかえなさい。なお，ア～エの地層は，【図６】のＢ地点からＤ地点の間にある地点の地層である。

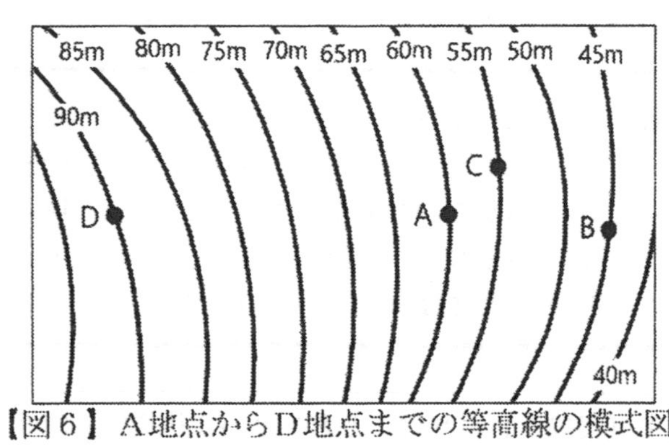

【図６】 Ａ地点からＤ地点までの等高線の模式図

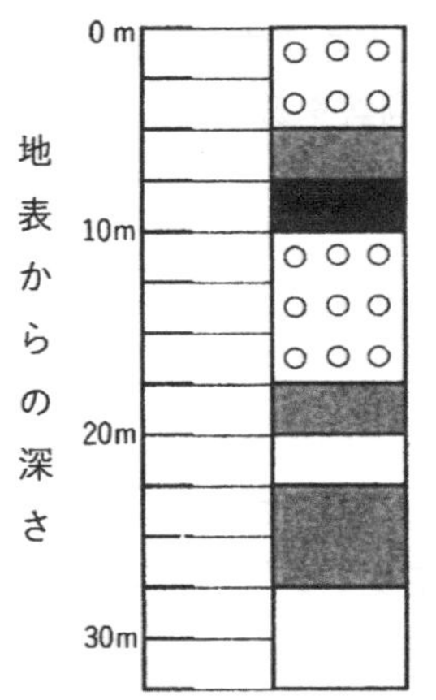

【図７】Ｄ地点の地層

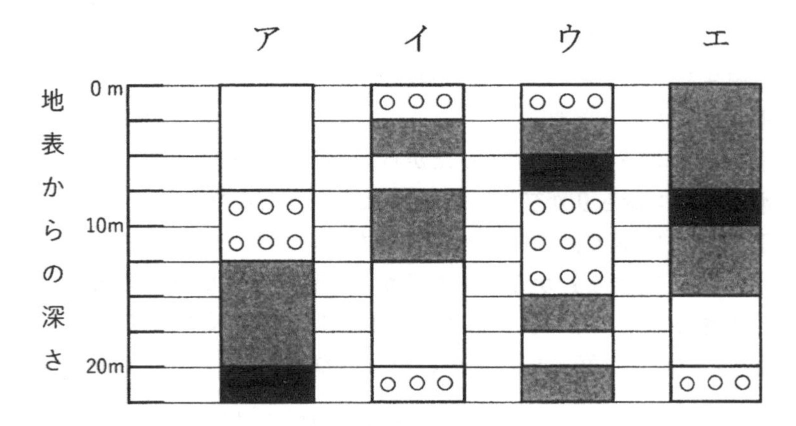


(4) 山本さんは，自分の家から 100 ㎞はなれたところにある親せきの家の近くのがけで地層のようすを観察した。そして，その観察した結果を次のようにまとめた。（　⑤　）と（　⑥　）にあてはまることばを書きなさい。

〈火山灰について〉
・この地層にも火山灰をふくむ層があった。
・この火山灰と私の住む町の地層の火山灰は，成分が同じであった。
・（　⑤　）をふくむ地層を見つけたことで，この場所と私の住む町は，はなれているけれど，火山灰をふくむ層は，広いはん囲に同時にたい積したことがわかった。

〈断層について〉
・【図８】のように，私の住む町にはない地層のずれがあった。
・このことから，この場所で，昔（　⑥　）が起こったことがわかった。

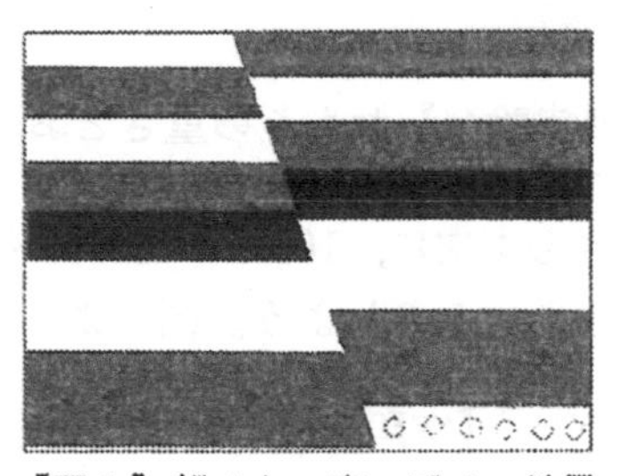
【図８】親せきの家の近くの地層

どろの層
すなの層
れきの層
火山灰をふくむ層



次のページへ⇒

## 5 水谷さんと田中さんが，ふりこのきまりについて話している。次の問いに答えなさい。

水谷さん：今からふりこの実験をしよう。今回は15㎝の糸を用意して，
　　　　　10gのおもりをつけてふりこをつくったよ。
田中さん：「ふりこのきまり」にはどんなものがあるのか調べてみよう。
　　　※ 手からおもりを放す角度は30°にした。
　　　※ 糸の重さは考えないものとする。

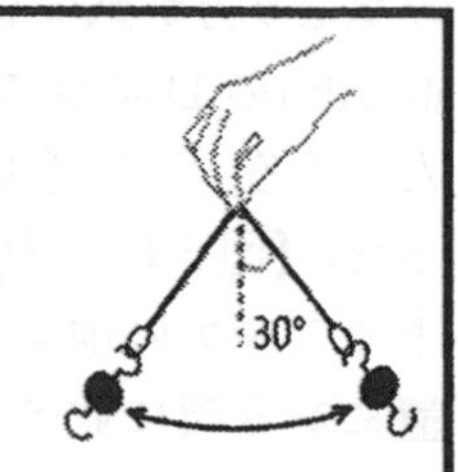


**【実験1】ふれはばとおもりが1往復する時間の関係**

水谷さん：まずは，おもりが1往復する時間を調べてみよう。私がおもりから手を放してからの経過時間をはかるから，田中さんは，おもりが往復した回数を数えて。
田中さん：ふりこのふれはばは，だんだん小さくなっていくね。
水谷さん：そうだね。
田中さん：16秒まではかったから，ふりこを止めるよ。
水谷さん：おもりが往復した回数はわかったかな。
田中さん：【表4】にまとめておいたよ。
水谷さん：【表4】から，おもりが1往復する時間を求めると，（　①　）秒だね。
田中さん：そうだね。そして，ふれはばが小さくなってもおもりが1往復する時間は常に（　②　）ことがわかったね。

【表4】実験1結果

| 手を放してからの経過時間（秒） | 0 | 4 | 8 | 12 | 16 |
|---|---|---|---|---|---|
| 10gのおもりが往復した回数（回） | 0 | 5 | 10 | 15 | 20 |

⑴　会話文の（　①　）にあてはまる数字と，（　②　）にあてはまる言葉を書きなさい。

**【実験2】おもりの重さとおもりが1往復する時間の関係**

水谷さん：次に，10gのおもりから20gのおもりに変えて同じ実験をしてみよう。
田中さん：そうしよう。同じように，16秒まで調べるんだね。

⑵　下は，【実験2】の結果を書き入れる表である。③に入る数を書きなさい。

| 手を放してからの経過時間（秒） | 0 | 4 | 8 | 12 | 16 |
|---|---|---|---|---|---|
| 20gのおもりが往復した回数（回） | | | | ③ | |

【実験3】糸の長さとおもりが1往復する時間の関係

水谷さん：次に糸の長さを変えて実験してみよう。まず，30 cmの糸に 10g のおもりをつけ，1往復する時間を調べてみよう。
田中さん：10g のおもりが1往復する時間は 1.16 秒だね。
水谷さん：では，糸の長さを 60 cm，120 cm，240 cm，480 cmと変えて実験してみよう。
田中さん：糸の長さが長くなると，実験が難(むずか)しいね。いろいろ調べてみたら，【表5】を見つけたよ。

【表5】

| 糸の長さ（cm） | 30 | 60 | 120 | 240 | 480 |
|---|---|---|---|---|---|
| おもりが1往復する時間（秒） | 1.16 | 1.62 | 2.28 | 3.24 | 4.60 |

水谷さん：何か，規則性があるのかな。
田中さん：【表5】をみても，規則性はわからないね。
水谷さん：おもりが1往復する時間が，何秒ずつふえているか調べようか。
田中さん：そうだね。調べてみよう。

| 糸の長さ（cm） | 30 | 60 | 120 | 240 | 480 | 960 |
|---|---|---|---|---|---|---|
| おもりが1往復する時間（秒） | 1.16 | 1.62 | 2.28 | 3.24 | 4.60 | ⑤ |

0.46　0.66　0.96　1.36　④

田中さん：わかった。私の考えが正しければ，糸の長さを 960 cmにしたら，480 cmから 960 cmまでにふえる時間は（　④　）秒で，おもりが1往復する時間は（　⑤　）秒になるんじゃないかな。
水谷さん：田中さん，すごい。

⑶　（　④　）と（　⑤　）にあてはまる数を答えなさい。



次のページへ⇒

【実験4】30gのおもり1個と10gのおもり3個

水谷さん：30gのおもり1個と10gのおもり3個でふりこを作って，同時に実験してみよう。

田中さん：ふれはばもおもりの重さも糸の長さも同じなのだから，きっとおもりが1往復する時間は同じになるね。

水谷さん：そうだね。私が30gのおもり1個のふりこを持つから，田中さんは10gのおもり3個のふりこを持ってね。

田中さん：わかったよ。さあ，やってみよう。

水谷さん：あれ。全然そろわないね。

田中さん：本当だ。私の方が1往復する時間が長くなっているね。

(4) 田中さんのふりこが1往復する時間を水谷さんのふりこに近づけるために，田中さんはどのようにおもりをつければよいか。最も適切なものをア～エから1つ選び，その記号を書きなさい。

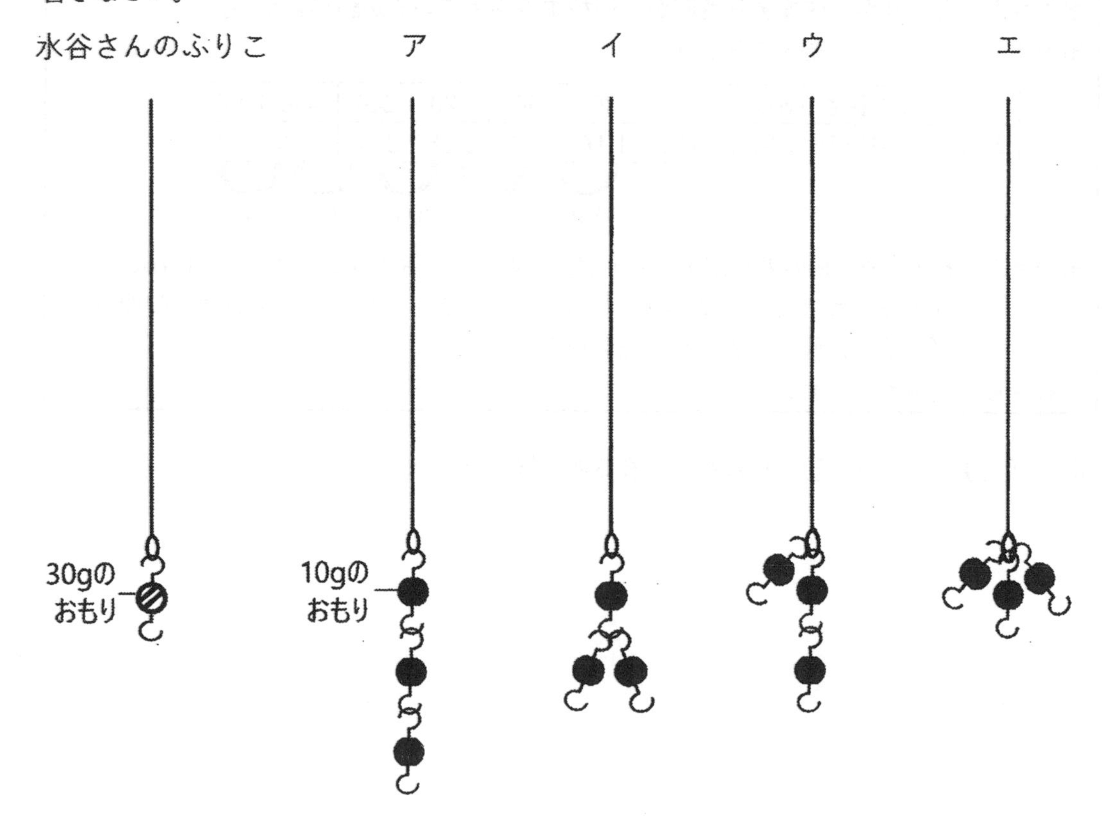




—おわり—